필름 10000 수거 캠페인

페가서스 10000마일

초판 2쇄 발행. 2013년 2월 23일

지은이. 이영준
감수. 김수룡

편집. 박활성
디자인. 워크룸 프레스
인쇄 및 제작. 대정인쇄공사

펴낸곳. 워크룸 프레스
출판등록. 2007년 2월 9일
(제300-2007-31호)

110-034
서울시 종로구 창성동 129-2
전화. 02-6013-3246
팩스. 02-725-3248
workroom@wkrm.kr
www.workroom.kr
www.workroompress.kr

ISBN 978-89-94207-13-1 03300

페가서스 10000마일

이영준

work
rk
ro
om

머리말

중국 상하이에서부터 영국 사우샘프턴까지 10000마일의 항로. 길이 363미터의 배에 실린 6700개의 컨테이너와 90끼의 식사, 디지털카메라와 HD급 캠코더, 노트북 컴퓨터와 바다의 역사에 대한 세 권의 책, 호기심 어린 눈동자와 귀, 거친 바다에서 벌어진 온갖 일들에 대한 수많은 대화와 한 마리의 죽은 고양이. 이것이 내가 초대형 컨테이너선 CMA CGM 페가서스를 타고 겪은 여행의 내용이다. 나는 그 여행에서 내가 본 것, 들은 것, 생각한 것들을 다 기록했다. 그 여행에서 물 빛깔이 다른 전 세계의 바다들을 관찰하고, 그 바다를 항해하는 배의 겉과 속을 속속들이 관찰하고, 그 배에서 일하는 사람들의 일과와 생각과 입맛을 관찰하고, 그 배들이 닿는 항구들을 일일이 관찰했다. 무엇보다도, 나는 이 모든 것들이 어우러져서 이루어내는 인간-기계-환경의 인터페이스를 관찰했다. 우리가 일상생활을 하는 곳과는 멀리멀리 떨어진 곳에서 뭔가 특수하고 무시무시한 일을 해내는 기계는 어떤 것일까, 그것들을 부리는 인간이란 어떤 존재인가를 알아보고자 했다.

    오늘날 항해의 기술은 최첨단화돼 있지만 항해의 경험은 항상 인간이 보잘것없는 뗏목으로 바다를 건너던 문명의 시작점과 맞닿아 있다. 그때나 지금이나 바다는 한없이 넓고 거칠고, 인간은 한없이 나약하며 자연은 알 수 없는 위험으로 가득 차 있다는 점은 변함이 없다. 디지털 테크놀로지라고 해서 사납게 요동치는 바다를 잠재울 수는 없다. 아무리 튼튼하게 만든 배라고 해도 산더미 같은 너울성 파도를 견딜 수는 없다. 항해는 긴 역사 속에 발전해온 최첨단 테크놀로지를 이용하여 태곳적부터 지금까지 아무런 변화도 없고 역사도 없는 바다를 누비는 활동이다. 그것은 인간이 하는 일이라기보다는 바다의 신이 허락해야 가능한 일이다. 이 글을 쓰는 지금도 한국과 전 세계의 바다에서 크고 작은 해상 사고가 끊이지 않고 일어나고 있다. 바로 얼마 전에도 서해상에서 유조선 두라3호가 폭발하여 사상자가 났으며, 지중해에서는 초호화 유람선 코스타 콩코르디아 호가 어이없이 좌초해버려 또 사상자를 냈다. 이런 사고는 인간의 잘못인 탓도 있지만, 근본적으로 바다가 알 수 없는 것이기 때문이다. 한 달간의 항해에서 나는 인간이 그 알 수 없는 검은 심연의 바다를 어떻게 헤쳐나가는지 보았다. 바다의 인간들은 밥 먹고 잠자고 텔레비전 볼 때는 여느 인간과 다를 바가 없으나 바다의 힘을 대할 때는 전혀 다른 인간이 된다. 그것은 인간과 바다가 맺는 아주 특수한 관계이다. 그 중간에 초대형 컨테이너선 CMA CGM 페가서스가 있다.

    그러나 이 책은 단순한 여행기로 쓰인 것은 아니다. 이 책은 비평서이다. 그것은 나 혼자 몇 년 전부터 실행해오던 기계비평이라는 기획의 일부이다. 우리의 삶을 가득 채우고 있는 기계란 도대체 무슨 존재일까 파헤쳐보는 것이 기계비평이다. 그러나 이번 여행 자체가 거대한 배와 거친 바다, 복잡한 항만 시설에 대한 놀라움과 감탄, 호기심과 당혹감으로 가득 찬 것이었기 때문에 체험으로부터 거리를 두고 비평적인 태도를 유지한다는 것은 상당히 어려운 일이었다. 이 책에 실려 있는 200자 원고지 1000매 분량의 원고 중 비평적인 부분을 가려내면 그렇게 비중이 크지 않을 것이다. 나머지는 다 "우와 크다!" "엄청 세다!"는 식의 감탄문들이다. 사실 바다-배-인간이라는 네트워크는 너무 크고 복잡해서 비평적으로 다루기가 쉽지 않다.

    그것을 비평적으로 다루기 위해서 주제들은 어떤 경우는 여행의 날짜별로, 혹은 여행의 경로에 따라 나눠지기도 하고 어떤 경우는 강철과 바닷물과 음식 같은 물질별로 나눠지기도 하고 혹은 거기서 일하는 인간들의 역할과 태도에 따라 나눠지기도 했다. 한마디로 그것은 바다-배-인간이라는 네트워크를 가능한 한 많은 선들로 가로지르는 작업이었다. 기계비평은 단일한 지식이라기보다는 그런

선들이 만들어내는 지식들의 집합체일지도 모른다. 그것은 사물이 주위의 다른 사물이나 지식과 맺고 있는 네트워크를 따지는 일이다. 배라는 기계는 바닷물을 끌어올려 선체의 균형을 잡기도 하고 엔진 냉각수로도 쓰고, 걸러서 각종 용수로도 쓰는 복잡한 관계에 있다. 그리고 무엇보다도, 바다는 배를 뜨게 만드는 모태이면서 또한 배를 파멸에 빠트리는 무서운 어머니이기도 하다. 엔진은 공기를 숨 쉴 뿐 아니라 바닷물로 자기 몸을 식히고 벙커씨유를 들이마시고 윤활유로 자기 내장을 적시고 뜨거운 공기와 매연이라는 배설물을 내뱉는 복잡한 작용을 한다. 항해는 항법과 지리, 기상학과 항만 운영, 안전수칙 등의 지식과 관계를 맺고 있는 복잡한 활동이다. 그리고 인간은 이 모든 것의 중심에 서 있으면서 끊임없이 주변부로 밀려날 것이라는 위협을 느끼며 자신을 중심에 세우려고 애쓴다. 기계비평은 그런 작동들을 읽어내려는 활동이다.

대개 비평은 하나의 텍스트 뒤에 숨어 있는 또 다른 의미의 층위를 읽어내는 활동이다. 예를 들어 어떤 문학 작품의 이면에 어떤 욕망의 상징이 숨어 있는가를 찾는 것이다. 그것은 하나의 층 밑에 숨어 있는 또 다른 층을 찾아내는, 공간적 구조의 놀음이다. 텍스트 밑에는 또 다른 텍스트가, 의미의 층 밑에는 또 다른 의미의 층이 겹겹이 숨어 있기 때문에 그걸 찾아내는 비평이라는 숨바꼭질 놀이는 끝이 없다. 물론 기계에 대해서도 그런 것을 할 수 있다. 전화기나 텔레비전 같은 일상적인 기계만이 아니라 군사 무기 같은 비일상적인 기계에도 뭔가 상징적인 면이 있을 것이고 뭔가가 숨어 있는 텍스트의 층이 있을 것이기 때문이다. 그러나 페가서스의 항해에 대한 비평은 그런 식의 비평을 추구하지 않는다. 그것은 숨어 있는 층위를 찾아서 밑으로 파헤쳐 들어가는 게임이 아니라 눈앞에 펼쳐진 사물들이 얽혀서 만들어내는 직조 혹은 매트릭스에 관심이 있다. 초대형 컨테이너선이라는 기계는 인간으로 하여금 바다와 어떻게 만나게 하는지, 디지털 테크놀로지는 인간이 배와 어떻게 만나게 하는지, 강철이라는 물질은 배가 어떻게 바다와 만나게 하는지, 그리고 그런 만남은 역사적으로 어떤 단계에 와 있는지가 이번 항해 여행 겸 비평 여행에서 알고자 하는 것이다. 기계비평은 그런 만남의 본질이나 그 뒤에 숨어 있는 의미를 찾아내려는 것이 아니라 만남의 양상을 알아보려고 한다. 예를 들어 증기 엔진을 쓸 때의 항해와 컴퓨터로 제어되는 디젤엔진을 쓸 때의 항해는 어떻게 다른가 하는 것이 기계비평이 관심 있는 문제다. 양자 사이에 끼어 있는 변수들이 어떻게 작동하는지 살펴보는 것도 기계비평의 관심이다.

사실 결론은 분명하다. 대자연 앞의 인간은 한없이 나약하다는 것이다. 게다가, 거대한 기계 앞에 선 인간도 한없이 나약하다. 인간은 지위가 높은 다른 인간들 앞에서도 나약하다. 인간은 3중으로 나약한 것이다. 그렇게 따지고 보면 나약한 인간들은 다 도태되고 사라져야 할 것만 같다. 그러나 인간은 쉬 사라지지 않는다. 기계를 가지고 있기 때문이다. 인간이 기계를 가지고 있는가, 기계가 인간을 가지고 있는가. 인간은 기계를 이용해서 힘든 일을 하기 때문에 강한 것이 아니라 기계와 맺고 있는 복잡한 관계망 속에서 생존해나갈 수 있기 때문에 강한 것이다. 물론 저절로 강해지는 것은 아니다. 인간은 투쟁을 통해서 강해진다. 내가 페가서스의 항해에서 본 것은 인간과 바다의 투쟁만이 아니라 인간과 기계의 투쟁이기도 했다. "배가 크면 말썽도 크다(Big ship, big trouble)"라는 선장의 말이 함축하듯이, 인간은 힘과 크기에서 인간을 완전히 압도하고 초월하는 기계를 만들어놓고 그 기계를 제어하느라 투쟁하고 있었다. 조금만 잘못 제어되면 대형 사고를 일으키는 길이 363미터, 재화 중량 13만 톤의 배는 그런 투쟁의 현장이었다. 그것이 페가서스가 내게 가르쳐준 교훈이다. 1000매에 달하는 원고를 꼼꼼히 읽고 비전문가가 저지를 수 있는 실수를 바로잡아주신 김수룡 도선사님과 사진에 나타난 세부 사항을 확인하는 데 도움을 주신 한국해양연구원 이종무 박사님께 감사드린다.

머리말 ………… 4

꿈속의 항해 ………… 14
사람은 왜 바다로 나아갔을까? ………… 18
출항, 상하이 양산 터미널 ………… 28
밝게 빛나는 큰 그릇, 페가서스 ………… 38
컨테이너선, 왜 커질까 ………… 50
비평가의 안복 ………… 60
기계의 소리, 조화로운 불협화음 ………… 78
바닷사람답다는 것 ………… 90
기항지, 홍콩 ………… 114
오늘날의 항해술, 대항해시대와 무엇이 다를까? ………… 126
사물의 변증법 ………… 136
컨텍스트 속의 사물 ………… 172
기항지, 포트켈랑 ………… 175
21세기의 해적 ………… 188
비평과 관찰의 일과 ………… 199
선박이라는 기계, 인간과 환경의 인터페이스 ………… 214
바다의 힘, 넓음 ………… 222
시나이반도와 수에즈운하 ………… 229
항해와 미신 ………… 256
항해의 어려움 ………… 261
바다의 노동 ………… 267
지브롤터해협 ………… 278
기항지, 사우샘프턴 ………… 290
에필로그, 죽은 고양이 ………… 299

부록: 바다에서 만난 갖가지 배들 ………… 304

꿈속의 항해

맨몸으로 깊은 바닷속을 잠항한다. 바닷속에서는 바로 앞만 보이지만 갈 길은 멀다. 울릉도 앞바다를 출발한 나는 보길도를 향해 가고 있다. 해저에는 모래만 있을 뿐, 수초나 물고기 같은 생물은 거의 찾아보기 어렵다. 헤엄치면서 계속 지도를 대조하는데, 열쇠 모양의 보길도 지형이 눈에 들어온다. 울릉도에서 보길도까지 두 시간 걸렸으니 오늘의 목표인 오스트레일리아 북동부 해안까지는 두 시간이 더 걸릴 것이다.

아무리 깊이 잠수해서 헤엄쳐도 숨도 안 차다. 수도 없이 지도를 들여다보면서 헤엄치다 보니 오스트레일리아가 보길도에서 두 시간 만에 닿을 수 있는 곳은 아니라는 것을 알게 된다. 그 중간에 추자도와 상태도도 들러야 하는데 거기까지 가는 데만 두어 시간이 걸릴 것 같았다. 잠항하는 내내 아득하게 먼 곳을 간다는 불안감과 기대감이 교차하고 있었다. 아무런 문명의 보호 장치도 없이 맨몸으로 거친 자연과 맞선다는 불안감이 내내 나를 따라다녔다. 하지만 미지의 거친 것과 마주 대한다는 로망도 따라다녔다. 결국 보길도에 상륙해서 잠깐 쉬었다 가기로 했다. 보길도에서 필요한 물품을 구해서 등에 멘 배낭에 넣은 후 다시 잠항 항해를 계속하기 위해 바닷가로 나갔을 때 바다에는 거친 파도가 일고 있었다. 바다는 이제까지 헤엄쳐 온 것보다 더 깊고 푸르고 거칠어 보였으며 해변에는 온통 흰 파도가 뒤덮여서 나의 앞날을 가로막고 있었다. 이제 어쩌나 하며 막막해 하고 있는데 꿈은 깼다. 이 꿈은 아무리 시간이 지나도 잊히지 않을 만큼 강렬했다. 탐험의 막막함과 불안감이 가득 찬 미지의 여행이었다.

그 꿈이 그렇게도 강렬하게 기억에 남는 이유는 인류가 수만 년 전부터 품어 왔을 먼 곳에 대한 깊은 동경과 닿아 있기 때문이다. 독일어에서는 향수(Heimweh)와 반대되는 '먼 곳에의 그리움(Fernweh)'이라는 단어로 그런 동경을 표현하고 있다. 인간은 집을 그리워하는 욕구만이 있는 것이 아니라 먼 곳으로 떠나고 싶은 욕구도 있는 것이다. 하임(Heim)은 집이며, 페른(Fern)은 멀다는 뜻이다. 아주 먼 옛날 아시아에 살던 사람들이 베링해를 거쳐 아메리카 대륙으로 이주한 것으로부터, 오늘날 까마득히 먼 우주공간으로 우주선을 띄우는 일, 혹은 기분이 안 좋을 때 차를 몰고 일상의 범위를 살짝 벗어나서 어딘가 바람 쐬러 갔다 오는 일에 이르기까지, 인간은 항상 먼 곳을 동경해왔다. 그것이 순수한 지식에 대한 욕구 때문이건 피비린내 나는 정벌이건 혹은 돈과 명예를 찾아서건 멀다는 것은 항상 묘한 매력으로 인간을 잡아 끌어왔다. 그 끝에 파멸이 기다리고 있을지라도.

항해란 인간이 아주 원시적인 수단에만 의존하여 오로지 하늘만 믿고 먼 곳으로 떠날 때 가장 진정한 모습이 아닐까 싶다. 그때 인간은 복잡한 문명과 기계의 매개 없이 바다와 하늘이라는 자연을 그대로 만날 수 있다. 물론 자연은 결코 인간에게 우호적이지 않기 때문에 그런 만남은 인간 쪽에는 패배를 의미했다. '발해 해상 항로 학술뗏목 대탐사대'의 장철수 대장은 발해의 해상 항로를 탐사하기 위해 1997년 발해 건국 1300주년을 기념하는 의미의 뗏목 '발해 1300'호를 타고 러시아 블라디보스토크에서 제주 성산포로 항해하다가 악천후를 만나 일본의 시마네현 오키섬 앞바다에서 산화했다. 역사 자료에 따르면 발해 사람들은 주로 겨울철에 부는 북서 계절풍을 이용해 일본을 왕래했다고 한다. 장철수 대장은 바로 그 방법을 이용해서 항해하다가 산화한 것이다. 기록에 따르면 발해 당시 727년부터 929년까지 35회에 걸쳐 항해를 한 것으로 나타나 있다.* 짐작하건대, 당시에 성공한 사람보다 자연의 위력 앞에 무릎을 꿇은 사람이 더 많았을 것이다. 그래서 중국의 채근담은 뗏목에 탈 때는 내릴 때를 생각하라고 했던 모양이다.

현대인 중에 원시적인 방법으로 바다와 만나서 성공한 대표적인

최재석, 「통일신라, 발해와 일본의 관계」(일지사, 1993), 발해 1300호 추모 홈페이지에서 재인용.
www.balhae1300ho.org

비상용 드라이슈트: 페가서스의 모든 선실에는 겨울 바다에 빠져도 체온을 한 시간 유지해주는 드라이슈트가 비치돼 있다. 드라이슈트는 물이 들어오지 않는 잠수복으로 물이 들어와서 몸을 적시는 (제주도 해녀가 입는) 웨트슈트와 달리 체온을 잘 유지해준다. 드라이슈트는 진한 오렌지색의 네오프렌으로 만들어져 있으며 양팔에는 야광 패치가 붙어 있어서 밤에도 눈에 잘 띄도록 했다. 워낙 두껍고 튼튼한 옷이라 이걸 입고는 거의 행동을 할 수가 없다. 겨울 바다가 얼마나 거친지 말해주는 장비이다.

사람이 노르웨이의 인류학자이자 탐험가인 토르 헤위에르달(Thor Heyerdahl)이다. 그는 남미 사람들이 원시적인 항해 수단을 이용해 폴리네시아로 이주했다는 것을 증명하기 위해 1947년 페루에서 폴리네시아까지 8000킬로미터를 101일간 항해하는 데 성공했다. 그가 탄 콘티키라는 이름의 뗏목은 길이 13미터였으며 재료는 발사나무와 대나무로만 된 것이었다. 현대적인 도구라고는 세 대의 무선 송수신기가 전부였다. 그러나 그가 항해한 방식이 철저히 원시적인 것은 아니었다. 무전기를 가지고 있었고 1톤의 물을 깡통에 담아 갔으며 미군으로부터 전투식량을 제공받았다. 헤위에르달이 좀 더 원시적인 방식으로 항해했더라면 과연 성공했을지는 미지수다.

꿈속에서 바닷속을 헤엄쳐서 울릉도에서 오스트레일리아까지 간 항해나 장철수와 헤위에르달이 뗏목을 타고 먼 옛날의 인류가 했던 항해를 재연하는 모험을 하는 것이나 다 오늘날의 고도로 산업화되고 체계화된 해상 운송의 관점에서 보면 판타지 같은 얘기들이다. 오늘날 항해에 반드시 필요한 튼튼하고 정교한 선박과 GPS나 자이로스코프, 전자 해도와 레이더 같은 항법 장치, 고도로 정밀한 해도와 각종 데이터들 없이 항해한다는 것은 상상할 수 없는 일이기 때문이다. 그런데 항해의 기원은 그 판타지 속에 있을지도 모른다. 실현이 가능한 일인지 정확히 알 수 없는 상태에서 인간으로 하여금 수평선 저 너머에 뭐가 있나 찾아 나서게 하는 가장 주된 원동력은 현실적인 계산이 아니라 판타지였을지도 모른다. 내가 기계비평가로서 오늘날 가장 크고 정교한 초대형 컨테이너 선박인 CMA CGM 페가서스를 타보기로 한 것은 모든 것이 철저히 자동화되고 디지털화된 오늘날의 항해에서 그런 판타지가 어떻게 변형되어 남아 있는지 알아보기 위해서였다. 한 달간의 항해 끝에 그 판타지가 깨진다고 해도 아쉬울 것은 없었다. 비평가가 이런 여행을 한다는 것 자체가 지적인 모험이기 때문이다.

사람은 왜 바다로 나아갔을까?

배가 물속에 잠겨 있는 깊이.

TEU: twenty foot equivalent unit의 약자로서 길이 20피트 기준으로 컨테이너 한 개를 세는 단위이다. 원래는 twenty feet이라고 써야 하는데 누군가의 실수로 twenty foot이 돼버렸다. 지금 사용되는 대부분의 컨테이너는 길이가 40피트나 46피트인데 컨테이너가 처음 사용되던 1960년대에 대부분의 컨테이너 길이가 20피트였기 때문에 20피트가 기준이 된 것이다.

CMA CGM 페가서스(Pegasus). 참 멋진 이름이다. 신화에 나오는 날개 달린 흰 말, 별자리 이름, 그리고 재화 중량 13만 톤에 길이 363미터, 흘수• 15.4미터의 무지막지한 배. 신화적 표상으로서의 페가서스와 현대의 컨테이너선 페가서스 사이에 공통점은 없다. 굳이 관계가 있다면 CMA CGM이라는 프랑스 해운 회사가 1만 1300티이유(TEU)• 급의 컨테이너선 11척에 별자리 이름을 주욱 붙였는데 그중의 하나가 페가서스라는 점뿐이다. 이 회사의 5000~8000티이유 급 컨테이너선들은 음악가 이름을 가지고 있다. 모차르트, 바그너, 베르디, 쇼팽, 베를리오즈 등이며, 3000티이유 급은 화가들 이름이다. 마네, 마티스, 위트릴로 등이며, 2000티이유 급 이하는 철학자들 이름이다. 아리스토텔레스, 플라톤, 호머 등이다. 예술과 철학을 아우르겠다는 대단한 의지가 있어서 그런 것은 아니고 CMA CGM이라는 회사의 대표 딸이 그렇게 하고 싶어서 그렇게 붙인 것일 뿐이다.

하지만 이름은 운명을 준다고 했던가. 1976년 한때 포항에서 석유가 나왔다고 해서 난리가 났던 적이 있다. 그 석유를 박정희 대통령이 한 컵을 쭉 들이켰다는 말도 있었고 그 석유로 불고기를 구워 드셨다는 얘기도 있다. 그때 석유를 캤다고 해서 일약 유명해졌다가 지옥으로 떨어진 사나이의 이름은 정장출(鄭長出)이었다. 아이러니하게도 이름과 달리 그의 석유는 오래 나오지 않았다. 이름이 뭔가 작용을 한 거 같다. 페가서스란 이름은 이 무겁고 큰 배에 캐릭터를 부여해준다. CMA CGM 페가서스는 13만 톤이라는 엄청난 무게에도 불구하고 아주 날렵한 배다. 화물선이라는 것이 되도록 짐을 많이 실어야 하기 때문에 해군 구축함처럼 날씬한 선형을 가질 수는 없겠지만 그래도 탱커(유조선)나 벌크 캐리어(살물선) 같은 다른 형태의 화물선에 비하면 선형이 날씬한 편이며 그 무게와 크기에 순항속도 24노트(44.4킬로미터), 최대 속도 26노트(48.1킬로미터)라는 것은 상당히 빠른 것이다. CMA CGM 페가서스는 날개 달린 말처럼 빠르게 물살을 가르며 나아간다. 상하이에서 사우샘프턴에 가는 한 달간의 항로에서 도선사 스케줄에 맞추느라 일부러 속도를 늦출 때를 빼고는 한 번도 다른 배에 뒤지는 것을 본 적이 없다. CMA CGM 페가서스는 날 듯이 탱커, 벌크 캐리어, LNG 캐리어, 잡화선, 심지어 해적선까지 모든 배들을 따돌리고 다른 컨테이너선들도 추월한다.

CMA CGM 페가서스는 오늘날 빨라지고 거대해진 글로벌 운송의 표상이다. 재화 중량 13만 톤의 무게로 신화 속의 페가서스처럼 날 수는 없겠지만 6000여 개의 컨테이너를 싣고 시속 24노트로 순항할 수 있다는 것은 신화 속 페가서스 이상의 힘을 가지고 있음을 보여준다. 페가서스의 심장에 붉은 피가 돌고 있다면 CMA CGM 페가서스의 몸 속 깊은 곳에 있는 출력 10만 마력의 엔진에는 검은색의 찐득찐득한 벙커씨유라는 피가 돌고 있다. CMA CGM 페가서스는 신화 속 페가서스의 물질적 환생이면서 동시에 에너지는 10만 배로 증폭된 확대 변형판이다. 아시아에서 유럽을 잇는 끝없는 바다를 숨 가쁘게 헤쳐 나가면서, CMA CGM 페가서스는 마침내 신화 속의 페가서스와 이름만 같은 것이 아니라 성질도 같아졌다.

CMA CGM 페가서스(이하 페가서스로 씀)가 태어난 곳은 울산에 있는 현대중공업이다. 1970년대 초에 한국이 아무런 중공업 기반도 없을 때 정주영 현대그룹 회장이 영국에 건너가 1000원짜리 돈에 찍혀 있는 거북선 그림을 보여주면서 한국이 큰 배를 만들 수 있다는 것을 확신시켜 돈을 대출받은 것은 유명한 신화이다. 대단한 얘기라서 신화고 많은 뒷얘기가 대중에게는 알려지지 않은 채 숨어 있기 때문에 신화다(정부에서 지급보증을 서줬기 때문에 대출이

가능했었다. 영국의 은행이 돈에 찍힌 그림 한 장 보고 큰돈을 대출해줬을 리 없는 것이다). 40년이 흐른 지금, 페가서스는 또 다른 의미에서 신화다. 도대체 저 거대한 물건이 어떻게 내 앞에 있게 된 것인지, 그 물건이 어떻게 해서 울산에서 태어나게 된 건지, 모든 것이 신비롭기만 한 신화다.

    큰 배를 지어 먼 바다로 나아간다는 것은 호숫가에서 손으로 노를 젓는 유람용 보트를 타는 것과는 많이 다른 일이다. 그것은 온갖 위험과 어려움, 때로는 지루함도 견뎌야 하는, 인간이 지닌 능력의 극한을 시험하는 일이다. 바다는 사막이나 높은 산처럼 인간에게는 큰 시험장이자 도전 욕구를 불러일으키는 매력도 갖추고 있는 영역이다. 사람이 바다로 나가는 가장 큰 이유는 경제적인 것이다. 험한 바다에서 일하면 많은 돈을 벌 수 있다. 오늘날 대부분의 선원들은 육지에서 일하는 것보다 최소 두 배 이상의 돈을 벌 수 있다. 하지만 꼭 돈만일까? 페가서스라는 상상을 초월할 만큼 거대하고 복잡하고 정교한 컨테이너선을 만들어서 운항하는 이유가 오로지 돈뿐이라면 너무나 단순한 설명 아닌가? 페가서스의 모든 의미가 돈이라는 하나의 차원으로 축소되고 말 것이라면 비평을 하겠다고 접근할 필요도 없는 것이다. 이미 결론이 나 있기 때문이다. 그러나 오늘날의 해상 운송은 오래된 해상 탐험의 역사와 닿아 있고 그동안 인간들이 만들어온 배들은 다양한 형태로 진화하고 변형되어 왔다. 거기에는 인간이 어떻게 거친 자연환경을 극복하고 목적지에 이르려는 의지를 관철해왔는가 하는 근본적인 문제가 숨어 있다. 배는 그런 의지를 실현해줄 인터페이스이다. 그 인터페이스의 구조와 성격이 간단하지가 않은 것이다. 페가서스의 기관장은 그 배의 모든 것을 한 번씩 만져보는 데만도 1년이 걸린다고 말한다. 페가서스를 이루고 있는 셀 수 없이 많은 장치와 부속들의 의미를 '돈 때문에'로 환원해서 설명할 수는 없는 것이다. 물론 페가서스라는 배가 바다에 떠서 어디를 가는 이유는 CMA CGM이라는 해운 회사의 이윤을 위해서다. 그러나 회사에 다니는 사람의 삶 전체가 이윤을 위해서 희생되지 않듯이, 거대한 배도 오로지 이윤을 위해 만들어지고 운용되지는 않는다. 다른 모든 기계들과 마찬가지로 페가서스도 기능과 의미의 복합체이다. 기계비평가는 그 복합체의 실타래를 풀어보려고 한다.

바다로 나간다는 것은 돈을 조금 더 벌기 위해서 약간 멀리 떨어진 직장으로 옮기는 것과는 좀 다른 일이다. 그것은 목숨이 걸린 일이며 바다라는 매우 특수한 자연조건에 자신의 운명을 바치는 일이다. 바다로 나간 사람은 그냥 직장이 바다인 것이 아니라 바다의 위험을 감수하는 바닷사람(seaman)이다. 그들은 거친 파도, 조야한 음식, 험한 인간관계, 불편한 잠자리 등 모든 악조건을 견디며 바다에 사는 사람들이다. 바다를 누빈다는 것은 어떤 차원에서 보느냐에 따라 다른 얘기다. 미국이 세계 제1의 군사 대국이고 경제 강국이지만 해운업에서는 그렇지 않다. 한때 APL(America President Line), 시랜드(Sealand) 같은 미국의 해운 회사들이 전 세계의 바다를 주름 잡았으나 지금 APL은 싱가포르에, 시랜드는 덴마크에 팔린 상태다. APL이 1956년에 최초로 오늘날과 같이 규격화되고 표준화된 컨테이너 시스템을 운용한 회사라는 사실을 떠올리면 이런 역사적인 사실은 참 아이러니해진다.

오늘날 바다에 관한 일은 나라마다 그 특성이 나눠져 있다. 큰 해운 회사들은 유럽 쪽에 많고 중국에 좀 있다. 미국은 해운업에는 관심이 없는 대신 해군에는 관심이 많다. 미국을 제외한 전 세계의 해군을 다 합해도 미국 해군보다 작은 규모다. 항구의 규모로 보면 세계에서 제일 큰 항구는 아시아에 몰려 있다. 상하이, 싱가포르, 부산 등이 그것이다. 바다에서 항해하기 위한 규정과 해도 등의 정보를 가장 강력하게 장악하고 있는 나라는 영국이다. 영국의 애드머럴티(Admiralty)에서 출간하는 해도와 규정집 등이 전 세계에서 표준으로 통용되고 있다. '애드머럴티'는 영국 해군을 말한다. 즉 한때 영국 해군에서 펴내던 해도가 이제는 전 세계의 민간 해운에서 표준으로 쓰이고 있는 것이다. 선주가 많은 나라는 그리스이다. 특히 유조선은 그리스 쪽에 많다. 전 세계의 배들은 파나마와 라이베리아 선적으로 등록된 것이 많다. 세금이 싸기 때문이다. 이런 식으로 해운업은 여러 분야에서 나라마다 쪼개져 강세를 보이고 있는데 그중에서 한국이 강세를 보이는 것은 하드웨어인 배를 만드는 일이다. 즉 한국 사람들은 큰 배를 많이 만듦으로써 바닷사람이 되었다.

질문은 그런 것이다. 현대조선소가 큰 배를 짓기 시작한 것이 1970년대 초반이라면 한국 사람들은 그때부터 먼 바다로 진출하기 시작했다고 볼 수 있는데, 어떤 요인이 그렇게 하도록 했는가. 무엇보다도 경제 성장을 들 수 있다. 1960년대까지의 경공업 위주에서 산업 대국으로 발돋움하기 위해서는 중공업을 키워야 했고, 그런 국가 시책에 호응하여 대규모 조선업이 시작된 것이다. 물론 그때 조선소만 생긴 것이 아니라 현대자동차도 생겼고 포항제철도 생기는 등 한국의 산업은 중공업 쪽으로 강하게 선회한다. 물론 왜 자동차냐, 왜 철강이냐 하는 질문을 할 수 있지만, 여기서의 관심은 왜 하필이면 거칠고 무서운 바다로 나갔느냐 하는 것이다. 물론 사람이 먹고살려면 못 할 것이 없지만 바다에서 산다는 것은 매우 특수한 일이기 때문에 왜 1970년대의 한국 사람이 바다로 나갔느냐는 쉽게 대답할 수 있는 질문은 아니다.

바다로 나가는 동기를 몇 가지로 꼽을 수 있다. 첫째는 아직 모르는 새로운 세계에 대한 호기심이다. 콜럼버스나 마젤란, 아메리고 베스푸치 같은 사람들이 그 경우다. 그들은 저 수평선 너머에 무엇이 있는지 모르는 상태에서 목숨을 걸고 항해하여 유럽 사람들이 모르던 땅을 발견했다. 어떤 곳을 처음 여행할 때 비행기를 어디서 타야 하는지, 그 지역에서 어떤 화폐를 쓰는지, 이메일은 쓸 수 있는지 모르면 얼마나 막막한지 겪어본 사람은 알 것이다. 그러나 대항해시대의 막막함은 그보다 스케일이 훨씬 큰 것이었다. 바다에서 정말로 모험이 이루어진 것은 그때이다. 그러나 이 호기심은 저 수평선 너머에 무엇이 있을까 하는 순수한 궁금증만은 아니고,

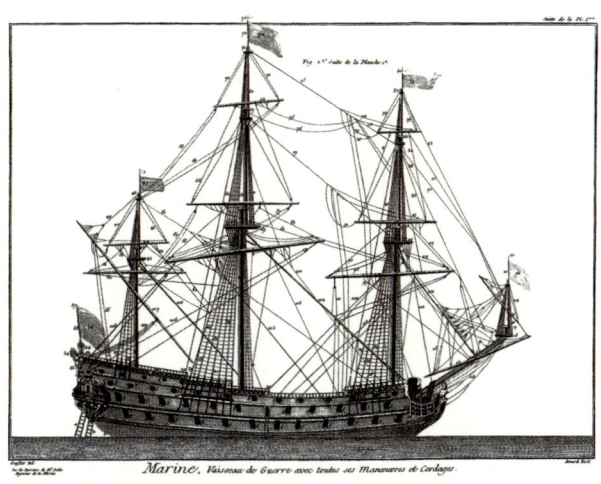

디드로와 달랑베르가 편집한 백과전서
(1750~1765)의 「항해」편. 항해와 관련된 배와
조선시설, 배를 부리는 기술에 대한 서술과
도판들이 실려 있다. 아래의 도판은 항해에 필요한
삭구(索具)들을 완전히 갖춘 전함의 모습이다.

새로운 지역을 개척해서 패권을 넓히려는 속셈도 다분히 있었다. 그다음은 과학이다. 바다의 움직임과 생물, 해양 환경, 바닷속의 구조 등 인간이 아직도 모르는 넓고도 깊은 바다를 파헤쳐서 그 속에 숨은 무한한 과학적 진리를 찾아내려는 욕구이다. 바다의 과학은 책상에 앉아서 책만 보며 할 수 없는 것이어서, 실제로 바다에 나가서 조사 연구를 해야 한다. 그러므로 바다의 과학을 연구하는 사람들은 어느 정도 바닷사람이라 할 수 있다. 그다음은 돈과 재화의 축적이다. 실제로 대항해시대 이래로 지구 곳곳에 바닷길이 열리면서 유럽과 아시아, 남미 간에 해상 교역이 활발해졌고 후추, 감자, 고구마, 커피, 카카오 등의 식료품이 전 세계로 퍼지게 되어 지구환경은 큰 변화를 겪는다.

    대항해시대에 교역을 위해 새로운 바닷길을 트는 것 자체가 모험이었으므로 교역과 탐험은 별개가 아니다. 그리고 바닷길은 배가 많이 다닌다고 해서 부드러워지는 것이 아니라 대항해시대나 오늘날이나 똑같이 거칠다. 다만, 거친 바다에 대해 예측하고 정보를 전달하는 수단이 빨라지고 정확해졌을 뿐이다. 육지의 길은 많이 다니면 점점 길이 넓어지고 포장이 되어 다니기 편해지나, 바닷길은 항상 똑같은 물이다. 그다음은 해상 패권 장악이다. 아주 옛날부터 바다는 언제나 싸움터였다. 교역을 위해 항해하다 보면 다른 나라의 배들과 만나게 되고, 그러다 보면 싸우게 된다. 17세기부터 네덜란드 배와 포르투갈 배는 바다에서 만나면 항상 싸웠고, 그래서 상선에 대포와 전투 병력을 싣고 다녔다. 물론 전적으로 무력으로서의 해군력은 의미가 없다. 옛날부터 교역은 무력을 앞세워 이루어졌으며, 바다로 나간다는 것은 결국 해군력이 뒷받침해 준다는 것을 의미한다. 오늘날 인도양에서 해적들에게 당하는 나라들이 해군을 파견하는 것도 같은 맥락이다.

    바닷사람이 아닌 나도 배를 타고 바다로 나아갈 수 있는가? 바닷사람이 아닌 내가 바닷사람 흉내를 내본다는 것은 매우 어려운 일이었다. 해수욕장 같은 바다가 아니라, 큰 배가 다니는 대양에 접근하기가 어려운 것이다. 그 대양으로 가는 통로는 일반인에게는 열려 있지 않다. 우선은 대형 선박을 통한 화물 운송은 일반인을 고객으로 하지 않기 때문에 일반인이 접근할 일이 없다. 또한 일의 위험성 때문에 일반인의 접근을 금지하고 있기도 하다. 마지막으로, 대형 선박들이 접안하는 항구는 국가 기간산업 시설이며 보안 시설이기 때문에 어느 나라도 항구에 일반인이 접근할 수 있도록 허용하고 있지 않다. 또 하나의 이유를 추가하자면 화물선을 이용하는 밀항자들이 있기 때문에 인가를 받지 않은 사람이 항구에 쉽게 접근할 수 없기도 하다. '기계비평가'라는 직함은 가지고 있지만 그것은 어디까지나 나 혼자 만든 것이므로, 나는 그 직함을 가지고 어떤 산업 현장에도 접근할 수 없다. 내가 큰 배와 항구에 접근할 수 없는 이유가 참 많은 것이다.

저녁의 수평선을 향해 컨테이너선 한진 헬싱키(4172티이유, 재화 중량 6만 8000톤)가 항해하고 있다. "아침 바다 갈매기는 금빛을 싣고" 하는 동요 가사가 생각나는 장면이다. 맥락은 많이 다르지만 말이다.

출항, 상하이 양산 터미널

페가서스를 타기까지 5년간의 수소문과 섭외가 있었고, 오랜 기다림이 있었다. 화물선을 타는 것은 표를 사서 비행기를 타는 것과는 많이 다르다. 비행기를 타는 과정은 보편적으로 모든 사람들에게 열려 있다. 거기에는 비용과 비자 이외에는 별 어려움이 없으며 그런 것들을 처리하는 절차는 보편화돼 있고 일반화돼 있다. 그러나 일반인이 화물선을 타는 절차는 아예 없다. 간신히 컨테이너선을 탈 수 있는 기회를 잡아서 비용을 처리했을 때 나에게 남은 문제는 언제 어떻게 배 타는 곳에 가서 누구를 만나느냐 하는 것이었다. 원래는 부산에서 출항하는 CMA CGM 쇼팽을 타려고 했으나 일정이 안 맞아서 페가서스로 바꾸었는데 그 배는 부산에 오지 않는다. 그래서 나는 페가서스를 타기 위해 상하이까지 가야만 했다. CMA CGM의 상하이 지사 직원도 항구 에이전시도 배가 떠나는 전날까지 배가 언제 떠나는지, 배를 타려면 어디로 가야 하는지 명확하게 알려주지 않았다. 그저 이 사람 저 사람에게 전화만 바꿔줄 뿐이었다. 나는 카프카의 미완성작 소설 『성』의 주인공 K처럼, 도저히 들어갈 수 없는 성에 들어가려고 이리저리 애만 쓰다가 좌절하는 게 아닌가 하는 불안감도 들었다. K는 페가서스가 정박하고 있는 부두에 접근하기 위해 애쓰는 나를 너무나 닮았다. 토지측량 기사인 K는 성에 들어가기 위해 전날 밤 도착하여 그 앞에 있는 여관에 들지만 마을 주민들의 노골적인 적대감과 마주친다. 여관 주인은 성에 들어가려면 백작의 허가를 받아야 한다며 전화를 하지만 감감무소식이다. K는 성의 관리를 만나려 하지만 기껏해야 관리의 비서나 심부름꾼만 만날 수 있을 뿐이고 여관마저도 이상한 규칙과 제약 때문에 오래 머무를 수 없다. 그가 만나는 모든 사람들은 정체가 모호하여 도대체 정말로 K에게 도움을 줄 수 있을지도 알 수 없는 채 소설은 미완성으로 끝나고 K는 끝내 성에 못 들어가고 만다. 내가 전화와 이메일로 접촉해본 모든 중국 사람들은 정체가 모호하여 과연 그들이 나에게 정말로 도움을 줄 수 있을지 알 수 없었다. 그들이 CMA CGM의 직원인지, 다른 회사 직원이 대행하고 있는 것인지, 정부 공무원인지 도무지 알 수 없었다. 페가서스 혹은 중국이라는 나라 자체가 거대한 성 같았다.

결국 내가 페가서스 앞까지 간 것은 일단 택시에 타서 전화를 건 뒤 나를 배에 태워줄, 누구인지도 알 수 없는 에이전트를 바꿔주면 그가 택시 기사에게 길을 설명해주는 식으로 가능했는데 그 과정은 심리적으로 대단히 피곤한 것이었다. 처음에는 구글 지도에서 상하이를 찾아보고는 상하이 시내에서 가까운 바닷가에 컨테이너 터미널이 많기 때문에 그곳에서 페가서스를 타는 줄 알았다. 그런데 이번 항해 여행을 통해 나는 중국의 어마어마한 실체를 보게 되었다. 그것은 페가서스가 나를 기다리고 있는 양산 컨테이너 터미널이었다. 상하이 시내에서 택시로 두 시간 반이 걸릴 정도로 먼 이 터미널은 상하이 앞바다의 섬에 새로 건설된 곳으로서, 길이 35킬로미터의 동하이 대교로 육지와 연결되어 있다. 이 터미널은 현재 1년에 1500만 티이유의 컨테이너 처리 용량을 가지고 있으며 계속 공사가 진행되어 2020년에는 2500만 티이유의 용량을 가질 것이다. 그때는 선석(berth 船席)•의 길이가 20킬로미터가 될 것이라고 한다. 그때 가서 이 항구를 드나들 컨테이너선의 용량을 대략 척당 평균 1만 티이유라고만 따져도 1년에 2500척의 컨테이너선이 드나든다는 뜻이 된다. 상하이 항이 세계 제1의 규모라는 말이 실감난다. 유럽에서는 로테르담 항이 제일 크다고 하지만 이 정도로 확장하고 있지는 않을 것이다.

아직 동하이 대교에 가기 한참 전인데도 고속도로의 왕복 차선에는 오로지 세계 각국의 수많은 해운 회사들의 컨테이너를 실은 트레일러들만 보인다. 물론 그중에는 내가 탈 CMA CGM의 컨테이너도 아주 많이 보인다. 그런데 정말로 엽기적인 것이, 중국

부두에서 배가 접안하는 부분

사람들이 얼마나 큰 컨테이너 터미널을 지어놨는지 길에는 온통 컨테이너를 실은 트레일러뿐이다. 전 세계에서 쓰는 거의 모든 물건을 만들고 있는 나라 중국의 위력이 정말로 뼈저리게 실감 나는 순간이다. 중간에 갈림길이 나올 때마다 나는 다시 전화해서 택시 기사와 에이전트를 통화시키고, 그러기를 수차례 반복한 끝에 마침내 광활하게 넓은 인공 콘크리트의 땅 양산 컨테이너 터미널에 닿을 수 있었다. 인천항에 들어가는 게이트보다 열 배는 더 커 보이는 게이트에는 정말로 대문짝보다 훨씬 더 큰 글씨로 '楊山 Container Terminal'이라고 쓰여 있었다. 드디어 온 것이다! 그런데 아직 반의 반도 안 온 것이었다. 여기서부터가 길이 35킬로미터의 동하이 대교의 시작이다. 길이 35킬로미터 다리의 왕복 4차선이 완전히 컨테이너 트레일러로 꽉 차 있었다. 정말로 무서운 광경이다. 내가 이제까지 본 것 중에 가장 규모가 크고 삭막한 산업도로다. 이 모든 것을 사람이 만들고 사람이 운영한다는 것이 도저히 믿기지 않는 광경이다. 이것은 인간의 스케일을 훨씬 초월한 어떤 거인의 역사이지 인간이 할 수 있는 일이 아니다. 세계 제1의 강대국으로 급부상하고 있는 중국의 힘이 어떤 것인지 정말로 머리칼이 쭈뼛 설 정도로 실감하는 순간이다. 도대체 중국은 어디까지 커갈 것인가….

    수많은 기다림과 혼란과 초조함 속에 양산 터미널 안에 있는 출입국관리소에서 여권 검사를 마치고 배 앞에 섰을 때에야 나는 안도의 한숨을 내쉴 수 있었다. 처음 마주 대한 페가서스는 정말로 성이었다. 이래서 내가 접근하기 쉽지 않았던 것인가 하는 생각이 들 정도였다. 길이 363미터, 부두 바닥에서 갑판까지의 높이 20미터, 6000여 개의 컨테이너를 싣고 있는 페가서스는 정말로 성 그 자체였다. 그 높은 성벽을 따라 나 있는 사다리를 무거운 가방을 들고, 중간에 몇 번이나 쉬면서 숨은 헐떡거리고 팔은 아파가면서 올라가는 고통스런 과정은 차라리 즐거웠다. 5년간 기다려온 길고 긴 기대와 인내의 정점이 바로 그 순간이었기 때문이다. 마침내 배에 올라탔을 때 나는 마치 사이공을 극적으로 탈출한 난민처럼 안도의 숨을 쉬며 나를 맞아준 선원들에게 반갑게 인사했다. 그 후의 과정은 육지에서 불안과 초조 속에 보낸 것과는 달리 익숙함과 환대의 세계였다. 선장께서 나를 기다리고 있다는 말을 듣고 서둘러 만나본 크로아티아 사람 다미르 후버 선장은 카리스마 있는 수염이 나고 목소리가 우렁우렁한 것이 정말로 큰 배의 선장 이미지에 딱 맞는 분이었다. 내가 디자인예술대학의 교수라고 소개하니까 후버 선장은 자기 딸이 암스테르담에 있는 헤릿 리트벌트 학교에서 그래픽 디자인을 전공하고 졸업했다고 한다. 헤릿 리트벌트라면 내 졸업생들도 몇 명 유학 가 있고, 교수들 중에는 내 친구도 있는, 친숙한 학교다. 선장에게 그런 얘기를 했더니 매우 반가워했다. 불안하고 초조한 기다림의 끝에는 반가운 만남이 있었던 것이다. 이렇게 후버 선장과의 만남은 유쾌하게 시작됐다. 이후 한 달 동안 그는 나에게 식사 때마다, 혹은 브리지에서 아주 많은 얘기를 해줬고 많은 것을 가르쳐줬다.

　이제 배에도 탔고 따뜻한 환대도 받았으니 남은 것은 출항밖에 없었지만 출발은 순탄치 않았다. 페가서스가 항구를 빠져나가 먼 바다로 나갈 길을 안내할 도선사까지 올라타서 선장과 인사하고 모든 컨테이너를 다 싣고 갠트리 크레인(gantry crane)•의 붐까지 올라갔는데 양산 항에 짙은 안개가 끼어 항구가 폐쇄된 것이다. 처음에는 "항구가 폐쇄되었다(Port is closed)"는 말이 무슨 뜻인지 몰랐다. 안개가 끼어 공항에 항공기의 이착륙이 금지되는 것은 보았지만 안개 때문에 항구가 폐쇄될 수도 있다는 것을 처음 알았다. 바다와 지구를 지배하는 페가서스도 안개 앞에는 속수무책이었다.

컨테이너를 배와 트럭 사이에 옮겨주는 전용 크레인. 갠트리 크레인이 컨테이너 한 개를 들어서 트럭에 올려놓는 평균 시간은 1분 미만이다.

브리지에서 본 밤의 양산 항은
강철과 조명이 만들어내는
빛의 향연을 보여준다.

다음 쪽. 예인선이 MSC 사보나(1만 4000티이유, 재화중량 16만 5000톤)의 뒷부분을 밀어서 양산 컨테이너 터미널에 접안할 수 있게 도와주고 있다. MSC 사보나는 현재 세계에서 가장 큰 축에 속하는 컨테이너선으로서 앞쪽의 흰색 덱하우스와 뒤쪽의 노란색 연돌, 즉 엔진실이 분리돼 있는 것이 특징이다. 컨테이너를 아주 많이 실어야 하는 특성상 앞에 실은 컨테이너 때문에 시야가 가리지 않도록 덱하우스를 앞쪽에 배치했기 때문이다. 양산 항의 바닷물은 완전히 누런색의 뻘물이다.

짙은 안개 속의 양산 항에 부옇게 해가 지고 있다. 컨테이너를 나르는 갠트리 크레인은 컨테이너 터미널의 주인공이라 할 수 있다. 수많은 갠트리 크레인들이 줄지어 서 있는 양산 항은 현재 세계에서 제일 큰 항구이다. 두 번째는 싱가포르다.

밝게 빛나는 큰 그릇, 페가서스

함부르크 항에 입항하는 페가서스의 뒷모습. © Klaus Kehrls

배를 영어로 vessel(그릇)이라고 하는데, 페가서스는 정말로 많은 것을 담을 수 있는 그릇이다. 여기에는 길이 20피트 기준으로 1만 1300개의 컨테이너가 담겨 있다(실제로는 40피트 기준 6000여 개가 실려 있다). 이런 거대한 그릇, 그것도 거친 대양에서 안전하고 굳건하게, 그것도 최소 10년은 버티며 항해해야 하는 이런 배를 한국의 조선소에서 만들었다는 데 대해 나는 뿌듯함을 느낀다. 작은 반도에서 태어나 눈앞의 이익에만 아옹다옹하던 한국 사람의 그릇이 커진 것이다. 전 세계 바다를 누비는 대형 선박들 중에서 50퍼센트 이상은 한국 조선소가 만든 것들이다. 중국이 빠른 속도로 점유율을 높이고 있다고 하지만 뱃사람들의 공통적인 의견은 중국이 만든 배는 질이 좋지 않다는 것이다. 반면, 페가서스는 아주 튼튼하고 잘 짜여 있는 것으로 보인다. 모든 철판들은 견고하게 잘 용접돼 있으며, 만든 지 1년이 안 된 배라서 그렇겠지만 어떤 구석도 빈틈이 있어 보이지 않는다. 길에서 독일제 차를 보면 여러 개의 부품을 맞췄다기보다는 처음부터 하나로 되어 나온 듯이 단단하게 잘 짜여 만들어졌다는 느낌이 드는데, 페가서스가 그런 느낌을 준다. 한때 '국산'이라면 저질 불량품의 대명사였다. 어린 기억에 1970년대에 어떤 물건이 국산이라고 하면 싸구려, 엉터리라는 생각부터 들었다. 지금 내가 타고 있는 이 '국산' 배는 명품이다. 1만 1300개의 컨테이너를 싣고 어떤 대양이든 어떤 황천이든 뚫고 항해할 수 있는 강인함과 정교함을 다 갖추고 있다. 화물칸은 대단히 튼튼해서 무거운 컨테이너를 층층이 쌓아놓았는데도 아무런 뒤틀림이나 무리가 없다. 일단 내 눈으로 보기에는 그렇다.

내가 선장에게 페가서스를 모는 보람이 무엇이냐고 물으니까 배가 하도 커서 골칫덩이라고 한다. "Big ship, big trouble"이란 말은 그에게서 가장 많이 들은 말이다. 하지만 그는 페가서스의 심장에 대해서는 깊은 신뢰를 가지고 있었다. 그는 어떤 대상에 대해 깊은 신뢰와 존경을 가지고 말할 때 목소리 톤이 무겁고 경건하게 울리는데, 딱 두 번 그랬다. 한 번은 이 엔진에 대해 말할 때, 또 한 번은 덴마크 사람들이 진짜 바닷사람이라고 말할 때였다. 현대중공업이 MAN B&W와 라이선스 계약을 맺고 만든 12K98ME-CMk7(12는 12기통을 뜻하며 98은 피스톤의 지름이 980밀리미터임을 뜻한다) 2사이클 디젤엔진은 10만 마력의 출력을 낸다. 엔진의 높이는 12미터, 무게는 2000톤, 길이는 25미터이다. 나는 이 엔진을 괴물이라 불렀다. 이 엔진의 크기와 힘과 소리와 진동과 복잡한 구조는 괴물이라고 부르는 데 조금도 손색이 없다. 내가 이 엔진을 괴물이라고 부르는 가장 큰 이유는 거기서 나오는 바람 때문이다. 엔진실은 엔진에서 나오는 열로 가득 차 있는데, 엔진실에서 외부로 통하는 문은 딱 하나가 있다. 그 문 앞에 서 있으면 엔진실에 뜨거운 공기가 어찌나 가득 차 있는지 그 공기가 팽창하면서 바깥으로 빠져나가는 뜨거운 바람이 아주 세다. 문 앞에 제대로 서 있을 수 없을 정도로 정말 세다. 엔진이 그만큼 세게 숨을 쉬고 있다는 증거다. 이 괴물 엔진은 큰 바다를 건널 때 며칠을 계속해서 전속력으로 가동해도 아무런 문제가 없을 정도로 내구성이 좋다.

물론 이 배의 특성과 품질에 대해서는 이 배를 계속 사용하는 사람들이 훨씬 잘 알 것이다. 선장은 여러 가지 환경과 상황에서 이 배가 어떤 특성을 가지고 있는지 이전의 다른 배에서 겪은 경험과 비교해서 판단할 수 있을 것이고 기관장은 이 배의 엔진이 어떤 장단점을 가지고 있는지 오랜 경험을 통해서 알 것이고, 갑판, 전기, 주방 등 배의 각 부분에서 일하는 사람들은 자세한 특성들을 파악하고 있을 것이다. 거기에 비하면 내가 보는 것은 수박 겉핥기식이다. 조선 기술에 대한 전문지식도 없고 이 배에서 오래 생활하며 일해본 것도 아니다. 그러나 전체적으로 보는 인상이라는 것이 있다. 사람도 곁에서 전체적으로만 봐도 대강 어떤 캐릭터인지 파악이 되듯이 말이다(물론 10년이 지나야 진짜 캐릭터를 드러내는 사람도 있다). 그런 내 눈으로 보기에 이 배는 명품이다. 튼튼하면서 정교하다.

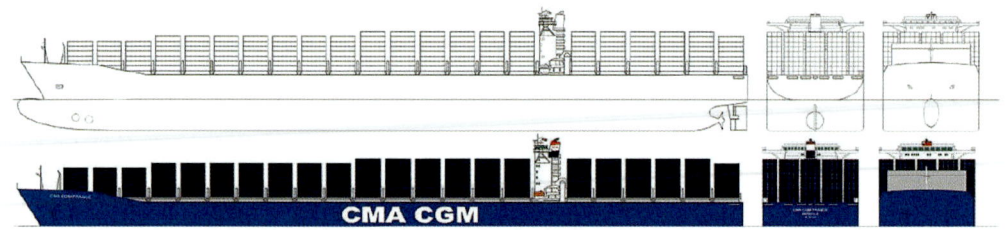

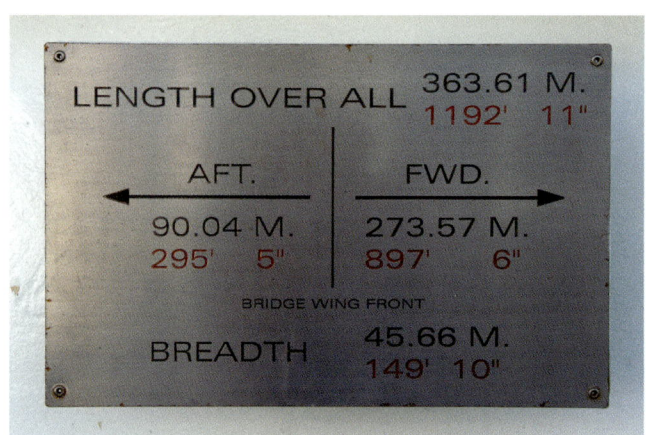

페가서스의 형태를 보여주는 그림.

배 전체의 크기를 가장 정확히 나타내주는 판이 배 중간에 붙어 있다. 전장(Length Over All)은 배의 맨 앞에서 맨 뒤까지의 거리이며, 이는 배 전체의 크기를 나타낼 때 쓰는 개념이다. 수선간 길이(Length between Perpendiculars, 垂線間長)는 실제로 화물을 실을 수 있는 공간의 길이를 나타낸다.

매일같이 된장찌개를 먹고 삼겹살에 소주를 먹는 아저씨들이 이런 배를 설계하고 만든 것이다. 뭐든지 적당히 빨리빨리 대충대충 해치우면 된다는 한국 사람들이 이런 배를 만들었다. 물론 전적으로 한국 사람들의 손으로만 이 배를 만든 것은 아니다. 이 배가 국산이라고 해서 모든 부품과 기술이 국산인 것은 아니다. 이런 크고 복잡한 물건은 국제적인 협업과 분업으로 만들어지지, 오로지 어느 한 나라가 만들어서 파는 경우는 없다. 그러나 미켈란젤로가 대작을 만들 때 조수들의 도움을 많이 받았어도 궁극적으로는 미켈란젤로의 작품이듯이, 이 배는 현대중공업의 작품이다. 이 배에 독일제, 일제, 중국제 부품들이 들어 있어도 제품의 질에 대해 궁극적으로 책임을 지는 것은 현대중공업이다.

내가 생각해도 너무나 기특하고 자랑스러워서 배에 타자마자 선장에게 한국 조선업의 수준이 놀랍지 않느냐며, 지난해에 수주된 전 세계의 LNG선은 몽땅 한국 조선소들이 만들었다고 자랑을 했다. 그런데 선장은 예전 유고슬라비아, 지금은 크로아티아 사람이다. 지중해를 끼고 있는 크로아티아에서도 그가 태어난 곳은 조선소들이 많았던 도시 리에카이다. 그는 침울한 표정으로 리에카의 조선소들은 다 파리를 날리고 있고, 수주는 한국과 중국의 조선소에 빼앗기고 노동자들은 다 일자리가 없다고 말했다. 내가 마냥 자랑할 일은 아니구나, 어느 나라의 기업이 성장한 뒤에는 다른 나라 기업의 몰락이라는 그림자가 있다는 것을 뒤늦게 깨달았다. 하지만 글로벌한 경쟁의 세계에서 전통을 가진 기업이라고 봐주지는 않는다. 영국의 롤스로이스는 독일의 BMW에 팔렸고 독일의 전통을 자랑하던 카메라 회사 롤라이는 한때 한국의 삼성카메라에 팔린 적도 있다. '우리는 100년 된 조선소입니다'라는 말보다는 '우리는 모든 최신 기술을 넣어 20년을 항해해도 끄떡없고 경제성이 있는 배를 만들 수 있는 기업입니다'가 더 설득력 있는 시대이다.

한때 세계에서 가장 큰 초대형 유조선인 베르게(Berge)를 만들던 크로아티아 조선소들이 왜 몰락했는지는 선장 스스로

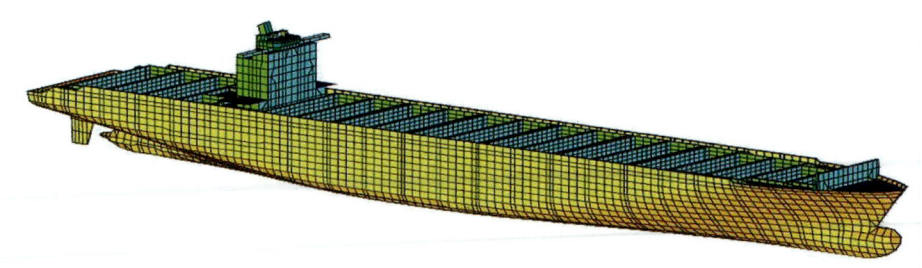

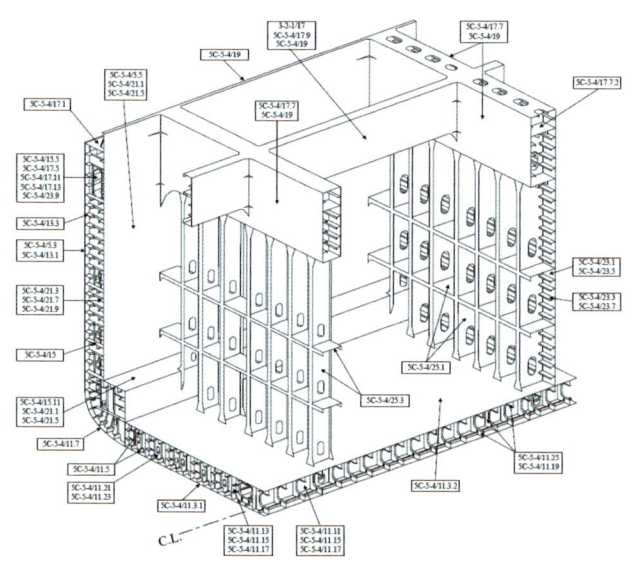

컨테이너선의 전반적인 형상. 컨테이너선은 화물선 중에 제일 빠르므로, 벌크선이나 유조선처럼 속도가 빠르지 않은 화물선에 비해 날씬한 선형을 가지고 있다. 상부갑판은 없으며, 실을 수 있는 컨테이너의 줄 수에 맞춰서 배를 가로지르는 셀 가이드가 설치돼 있다.

컨테이너선 화물창의 단면도.

설명해주었다. 크로아티아인들은 지중해인답게 열심히 일한다는 개념이 없다고 한다. 그들은 자신에게 주어진 최소한의 것만 하고 되도록 농땡이를 피우려는 하는 태도가 뿌리 깊이 박혀 있다. 인생은 되도록 놀고 먹자 주의인 것이다. 그런 태도로 미친 듯이 열심히 일하며 생산해내는 한국이나 중국 같은 나라를 따라올 수 없는 것은 당연하다. 우리가 어렸을 때부터 제일 많이 들어온 말이 '열심히'니까 말이다. 박지성도 김연아도 소녀시대도 한결같이 하는 말은 '열심히'다. 이번 경기에 임하는 전술은 무엇입니까 물으면 박지성은 항상 똑같이 대답한다. "열심히 해서 상대의 기선을 제압하는 것입니다." 일생을 그렇게 교육을 받아왔기 때문이다. 그렇게 열심히 해서 세계 최고의 조선 강국이 되었고 반도체, 자동차가 세계 수준에 이르렀는데 '열심히' 저 너머의 지평은 없을까? 열심히 덕분에 남자들은 40세가 넘으면 암과 심장마비로 픽픽 쓰러지고 수험생들은 새벽 한 시에 집에 들어오고 장사하는 사람들은 집에 못 들어간다. 이제는 세계에서 제일 큰 배를 만들 능력이 있으니 열심히 말고 다른 지평을 찾아야 할 때가 되지 않았을까? 후버 선장의 집이 있는 풀라의 사람들은 열심히 사는 대신 마당에 올리브와 포도를 심어서 올리브유를 짜고 포도주를 만들어 이웃에 나눠주며 산다고 하는데, 이런 여유는 사치이거나 죄악이어야만 하는가?

    수많은 사람들이 열심히 만든 페가서스는 사실은 밑에서 고생한 사람들의 희생을 감추고 있다. 발터 베냐민의 말대로 문명의 기록 치고 야만의 기록이 아닌 것이 없다고, 노예제에서건 21세기 첨단 기술 시대에서건 찬란한 문명의 성과 뒤에는 항상 기록에도 남지 않는 많은 사람들의 피와 땀과 눈물이 있다. 페가서스를 만들기 위해 희생된 사람들을 누가 기억해줄까. 현대중공업 조선소에는 현대중공업 사원들만 있는 것은 아니다. 거기에는 굉장히 많은 하청업체(요즘은 협력업체라고 부른다)의 직원들이 같이 일하고 있다. 다른 업종 같으면 협력업체에서 만든 부품을 가져다가 본사에서 최종 조립을 하지만 조선업은 부품의 규모가 워낙 크기 때문에 현장에서 모든 것이 만들어져야 하므로 협력업체 직원들이 본사에 와서 일하는 것이다. 그런데 노동조건이나 임금, 처우 등 모든 면에서 협력업체 직원들은 본사 직원들보다 못하고, 산업재해도 협력업체 직원들이 더 많이 당한다고 한다. 위대한 만리장성이 수많은 사람들의 눈물과 피로 지어졌듯이, 이 거대한 페가서스도 수많은 협력업체 직원들의 피와 눈물로 만들어진 것이다.

이 배는 아마도 인간이 만든 움직이는 물건 중에서는 가장 큰 축에 속하는 것일 것이다. 이 배는 63빌딩보다 훨씬 크고, 무게도 더 나갈 것이다. 컨테이너선의 크기는 나날이 커지고 있다. 오늘날 가장 큰 컨테이너선은 덴마크의 머스크사가 운용하는 엠마 머스크(Emma Maersk)로서 1만 5000티이유의 용량을 가지고 있다. 엔진만 해도 프로펠러까지 축의 길이가 120미터에 무게가 650톤이 나가는 괴물이다. 앞으로는 1만 8000티이유 급의 컨테이너선을 만들 계획도 있다고 한다. 도대체 크기에 대한 인간의 욕망은 어디까지인가? 사실 근대의 테크놀로지가 나타난 이래 크기에 대한 욕망은 물리적으로 느낄 수 있는 지점을 지난 지 한참 오래다. 13만 톤이라는 무게는 우리가 감각으로 가늠할 수 있는 크기가 아니다. 두부 한 모, 삼겹살 300그램, 5인분 하는 식으로 크기의 단위에 익숙해 있는 우리에게는 1톤도 어마어마한 양인데 13만 톤이라는 규모는 감각과 상상을 다 초월하는 숫자다. 그게 도대체 얼마만한 무엇을 의미하는지 가늠할 수 없다는 말이다. 그런 막막함은 배를 타고서도 풀리지 않는다. 배에서 일하는 사람이나 해운업 쪽에서 일하는 사람에게도 그런 무게나 크기는 감각적으로 다가오는 것이 아니라 추상적인 숫자로만 다가올 뿐이다. 13만 톤이면 흘수선이 14미터고 그러면 상하이 항에는 수위가 만조일 때만 들어갈 수 있고 오후 4시에 만조가 되니까 그 전까지 상하이 앞바다에 떠 있다가 들어가야 한다는 식의 계산과 판단으로만 존재하는 것이다. 배가 크다는 것이 무엇을 의미하느냐고 선장에게 묻자 그는 또다시 "Big ship, big trouble"이라고 말한다. 예를 들어 작은 배가 좌초하면 꺼내기 쉽지만 큰 배가 좌초하면 수위가 최고로 만조가 될 때까지 기다려야 하는데 그런 것이 어렵다는 것이다. 큰 배에서는 작은 사고도 대형 사고로 이어진다.

페가서스를 타고 한 달간 항해했지만 나는 페가서스를 사진 찍을 수 없었다. 페가서스를 사진 찍으려면 멀리 떨어져야 하는데 그럴 수 있는 공간이 없었다. 사람이 컨테이너 부두를 걸어서 돌아다니는 것은 위험하여 금지돼 있으므로 나는 부두에 정박해 있는 동안도 페가서스를 찍을 수 있을 만큼 멀리 갈 수 없었다. 그래서 페가서스 사진은 인터넷에서 빌려온 사진으로 때울 수밖에 없었다.

이 사진 속의 페가서스는 컨테이너를 많이 싣지 않아서 흘수가 깊지 않은 편이다. 선체 하부에 칠해진 붉은 페인트가 많이 보이고, 특히 선체 맨 앞의 구상선수(bulbous bow)의 모습이 드러난 것을 보면 알 수 있다. 컨테이너를 만재하고 있다면 붉은 페인트를 칠한 부분이 거의 보이지 않을 정도로 가라앉는다.
© Klaus Kehrls

컨테이너선, 왜 커질까

극초대형 컨테이너선 페가서스가 아주 크다는 것을 말해줄 수 있는 지표는 많지만 시간만큼 분명하게 감각적으로 느낄 수 있는 것도 없다. 톤은 어차피 1톤을 넘어가면 감각으로 느낄 수 있는 것이 아니기 때문이다. 페가서스의 엔진을 비상시에 전속 전진에서 전속 후진으로 바꾸는 데 6분 11초가 걸린다. 그리고 전속 전진으로 항해하다가 완전히 정지하기까지 16분이 걸린다. 그 16분 동안은 지구상의 어떤 것도 페가서스를 멈출 수 없다. 다른 말은 필요 없을 것 같다. 그런데 어떻게 해서 이렇게 끔찍하게 큰 기계가 이 세상에 나오게 됐을까? 50여 년 전으로 거슬러 올라가보자. 1950년대에 컨테이너라는 시스템이 나오기 전까지 부두에서 배에 화물을 싣는 방식은 노동자들이 일일이 어깨에 져서 나르는 방식이었다. 화물의 가짓수가 많으면 그만큼 시간이 오래 걸렸고 사람이 하는 일이었기 때문에 느릴 수밖에 없었다. 게다가 부두 노동자들은 가장 강력한 노조를 가지고 있어서 파업이라도 일으키면 화물 수송은 올스톱이었다. 개별 화물들을 똑같은 크기의 큰 상자 안에 미리 넣어놓았다가 통째로 배에 실으면 얼마나 빠를까 생각한 것은 미국의 매클린이었다. 그는 56개의 금속으로 된 상자, 즉 오늘날의 컨테이너에 화물을 싣고 1956년 4월 뉴저지 주의 뉴악에서 텍사스 주의 휴스턴까지 항해를 한다. 이것이 오늘날 수십만 톤이나 되는 배들이 1만 개의 컨테이너를 싣고 대륙과 대륙을 연결하게 된 시초이다. 그러나 매클린의 시작은 순탄치 못했다. 역사는 선구자를 가만 놔두지 않기 때문이다. 다른 선박 회사와 철도 회사, 노조들은 화물을 컨테이너에 넣어 운송하는 것에 극렬히 반대했다. 기존의 일거리를 빼앗길까봐서였다. 결국 컨테이너가 보편적으로 쓰이게 된 것은 10년간의 법적인 투쟁을 거치고 나서였다.

2010년 기준으로 전 세계의 화물 운송에서 컨테이너가 차지하는 비중은 재화 중량 기준으로 13.3퍼센트다. 전 세계 컨테이너선의 재화 중량의 총량은 1980년의 1100만 톤에서 2010년에는 1억 6900만 톤으로 늘어났다. 현재 전 세계 컨테이너선의 평균 선령은 10.6년이다. 현대중공업으로부터 인도받은 지 1년이 지난 페가서스는 아주 젊은 배다. 벌크선의 평균 선령은 16.6년, 원유선은 17년으로서, 컨테이너선이 화물선으로는 제일 어린 축에 속한다. 오늘날 철광석이나 석탄, 황이나 원목 같은 벌크 화물이 아닌 화물의 90퍼센트는 컨테이너에 실려 수송되고 있다. 화물 운송의 컨테이너화는 전기 시스템을 교류로 통일하거나 컴퓨터의 데이터 전송방식을 USB로 통일하는 것에 비교될 만큼 중요한 일이다. 컨테이너는 화물 운송의 속도와 비용을 줄이기도 했지만, 튼튼한 강철 상자를 이용하기 때문에 화물이 파손될 위험이 적다. 물론 극도로 험한 바다를 만나면 컨테이너가 통째로 바다에 빠지는 일이 있기는 하지만 그것은 드문 일이다. 컨테이너는 또한 화물을 다 실으면 문을 닫고 화주가 봉해버리므로 화물이 도난당할 위험도 적다. 그냥 직육면체의 강철 통인, 밖에서 잠그는 자물쇠를 빼고는 아무런 장치도 없는 컨테이너가 그렇게 많은 역사적 의미와 경제적 의미를 가지고 있다는 것은 놀라운 일이다.

사실 화물 운송의 컨테이너화는 에디슨이 전구를 발명한 것과 벨이 전화를 발명한 것에 못지않은 중요한 산업적 혁명이지만 오늘날 그 분야에 종사하는 사람이 아니고서는 그 중요성을 아는 사람은 별로 없는 듯하다. 문제는 그런 것이다. 오늘날 아무리 좋은 전구를 만들고 전화기를 만들어도 다른 나라로 수송하지 않으면 수출할 수 없다. 오늘날 대부분의 수출 화물은 컨테이너에 실려서 이동된다. 컨테이너는 눈에 띄지도 않고 말도 없이 묵묵히 일하고 있지만 오늘날 우리들의 물질적 삶을 책임지고 있는 중요한 일꾼이다. 극도로 단순한 구조인데 산업과 일상을 혁명적으로 바꿨다는 점에서 컨테이너는 머리핀이나 스카치테이프 비슷한 물건이다.

혁명적인 변화는 거창한 이념이 아니라 작은 데서부터 시작되는 것이다. 지금은 크기의 혁명이 일어나고 있다. 컨테이너선의 크기가 기하급수적으로 커지고 있는 것이다.

불과 10년 전, 8000티이유의 컨테이너선이 세계에서 제일 큰 배라고 하던 시절이 있었다. 하지만 1만 3000티이유 급 컨테이너선들이 즐비하고, 머스크는 1만 5000티이유 급의 E클래스 컨테이너선들을 운용하고 있는 마당에 8000티이유는 더 이상 큰 축에 속하지 않는다. 컨테이너선이 커지는 가장 큰 이유는 경제적인 것 때문이다. 규모의 경제를 통하여 비용을 줄이기 위한 것이다. 그렇다고 무작정 배를 키울 수는 없다. 큰 배를 수용할 항구가 있어야 하며 이 배들에 걸맞는 크레인이나 접안시설 등의 설비들이 있어야 한다. 또한 대형 컨테이너선이 입항하려면 충분한 수심이 확보돼야 한다. 인천항이 서울과 가까운 항구지만 대형 항만으로 발돋움하지 못하는 이유는 조수 간만의 차가 최대 9미터로 너무 크기 때문이다. 머스크의 1만 5000티이유 급의 컨테이너선에 비하면 앞으로 짓게 될 2만 티이유의 배는 길이 440미터, 폭 59미터가 된다(엠마 머스크는 길이 397미터, 폭 56미터). 재화 중량은 22만 톤이 될 것이다. 그런데 2만 티이유의 배는 1만 4000티이유 배가 가진 것과 거의 비슷한 규모의 주 엔진을 장착할 것이므로 연료비가 아주 더 많이 드는 것은 아니다.

21세기 초에 미국 롱비치 항을 관장하는 산페드로만 관리당국이 발표한 보고서에 따르면 2020년까지 1만 2000티이유의 컨테이너선은 나타나지 않을 것이라고 했다. 그러나 지금 벌써 CMA CGM 크리스토퍼 콜럼버스, MSC 다니엘라 등의 1만 3000티이유 급 컨테이너선이 많을 뿐 아니라 엠마 머스크는 1만 5000티이유의 크기를 가지고 있다. 그리고 2011년 봄 대우조선은 머스크로부터 1만 8000티이유 컨테이너선 발주를 받아놓고 있다. 즉 산페드로만 관리당국의 예상은 보기 좋게 빗나간 것이다. 그런 것을 보면 컨테이너선은 세계에서 가장 규모가 빨리 커지고 있는 산업인 것 같다. 불과 10년 전에 8000티이유가 세계 최대라고 했는데 말이다. 사실 페가서스에 앉아서 보면 멀리 지나가는 8000티이유 컨테이너선이 작아 보이는 것이 사실이다. 5000티이유 정도의 배는 정말 작아 보인다. 후버 선장은 3000티이유 정도의 배는 '땅콩(peanut)'이라고 부른다.

컨테이너선의 경제학이란 어떤 것인가? 1만 3000티이유 컨테이너선의 1일 연료 소모량은 260톤으로 8000티이유 급의 254톤에 비해 별 차이가 없다. 1티이유당 1일 연료 소비량은 1만 6000티이유 급 컨테이너선이 17킬로그램인데 반해 8000티이유 급은 30킬로그램의 연료를 소모하는 것으로 나타났다. 운임 면에서 보더라도 배가 커지면 컨테이너 한 개당 지불하는 비용이 싸진다. 8000티이유 컨테이너선이 한국에서 미국으로 컨테이너를 나를 경우 4500티이유 급에 비해 컨테이너 한 개당 99달러의 운임이 줄어드는 것으로 나타났으며 1만 티이유의 컨테이너선을 이용할 경우 거기서 또 52달러가 줄어든다. 한마디로 커질수록 유리한 것이다.

컨테이너선들은 크기에 따라 스몰 피더, 피더, 피더막스, 파나막스, 포스트 파나막스, 뉴 파나막스와 울트라 라지로 분류된다. 파나막스(panamax)는 파나마운하의 갑문을 통과할 수 있는 최대 크기이다. 폭 32.31미터, 길이 294.13, 흘수는 12.04미터가 최대의 사이즈다. 포스트 파나막스는 폭이 32.31미터를 넘는 배를 가리킨다. '파나막스 급 너머'를 뜻하는 이 말은, 이런 크기의 배는 파나마운하를 통과할 수 없음을 뜻한다. 즉 남쪽으로 멀리 돌아서 마젤란해협을 지나야 태평양에서 대서양으로 갈 수 있다. 그런 한계 때문에 지금 파나마운하 갑문 확장 공사가 2020년에 끝날 예정으로 진행되고 있다. 그때가 되면 길이 366미터, 폭 49미터의 배가 통과할 수 있게 되므로 포스트 파나막스라는 말의 정의는 바뀌게 될 것이다. 즉 지금의 포스트 파나막스의 규격보다 더 큰 배가 그 급에 해당할 것이다. 그 정도 크기의 배라면 페가서스보다 한 등급 큰 CMA CGM 크리스토퍼 콜럼버스 정도의 크기지만 머스크가 대우조선에 1만 8000티이유의 컨테이너선을 2014년 완공 예정으로 수주해놓고 있는 상황을 보면 확장 공사가 끝날 때쯤에 가서 그 정도 크기의 컨테이너선이라면 결코 큰 축에는 들어가지 못할 것이다. 3000티이유 이하의 컨테이너선은 피더(feeder)라고 불린다. 이 배들은 큰 항구에서 작은 항구로, 작은 항구에서 큰 항구로 컨테이너를 나른다. 작은 항구에는 컨테이너를 옮기는 갠트리 크레인이 없는 경우가 많으므로 피더선은 크레인을 장착하고 있는 경우가 많다.

컨테이너선은 특별한 구조를 가지고 있을까? 컨테이너선의 화물창은 다른 벌크선과는 달리 컨테이너를 쉽게 싣고 내릴 수 있도록 위가 열린 구조로 돼 있다. 사실 이런 구조는 취약하다고 할 수 있는데, 보통 갑판이 선체의 강도를 담당하는 중요한 부분인데 반해, 컨테이너선에는 갑판이라는 것이 아예 없기 때문이다. 이는 배가 험한 파도에서 이리저리 롤링, 피칭*하며 비틀릴 때 충분한 강도를 제공해주지 못하므로 매우 위험한 구조라고 할 수 있다. 그래서 컨테이너선의 갑판에 해당하는 부분에는 매우 튼튼한 빔들이 가로지르고 있다. 페가서스는 가로로 22줄의 컨테이너를 실을 수 있게 돼 있는데, 그 숫자만큼 튼튼한 빔들이 버티고 있다. 어떤 화물선도 마찬가지지만, 컨테이너선도 화물을 바다에 빠트려서 잃어버리면 큰 손실을 입게 되므로 컨테이너를 잘 버텨줄 튼튼한 선체 구조를 가지는 것은 매우 중요한 일이다. 각 줄에는 컨테이너가 일정한 간격으로 적재된 상태로 항해할 수 있도록 지지해주는 셀 가이드(cell guide)가 설치돼 있다. 항해하는 도중 배가 흔들리면 컨테이너도 흔들릴 수 있으므로 셀 가이드가 컨테이너를 잘 잡아주는 것이 중요하다. 셀 가이드는 또한 항구에서 컨테이너를 실을 때 컨테이너를 제 위치에 놓기 쉽게 도와주는 역할을 한다. 높이 솟아 있는 갠트리 크레인 꼭대기에 앉은 조종사는 컨테이너가 제 위치에 놓이고 있는지 눈으로 확인하며 실어야 하는데 이때 셀 가이드는 컨테이너가 수직으로 잘 적재되도록 도와준다.

*배가 가로로 흔들리는 것을 롤링, 앞뒤로 흔들리는 것을 피칭이라 한다.

화물을 단단히 고정시키는 것을 래싱(lashing)이라고 한다. 큰 배를 운용하고 육중한 기계들을 이용해서 화물을 싣고 내리는 것에 비하면 화물을 배에 고정시키는 것은 별로 중요하지 않아 보인다. 그러나 화물선의 목적이 화물을 안전하게 목적지까지 운송하는 것이므로 래싱은 아주 중요하다. 래싱이 잘못되면 험한 바다에서 대책 없이 요동치는 배 위에서 화물이 파손되거나 잃어버리는 경우가 있기 때문이다. 브리지에는 화물의 래싱에 대한 지침을 적은 책들이 있는데, 거기에는 래싱을 잘못해서 파손되고 바다에 빠트려 손실된 화물들의 사진이 실려 있다. 컨테이너를 래싱할 때 제일 주의해야 할 점은 컨테이너들이 위로 층층이 쌓여 있다는 점이다. 페가서스의 경우는 갑판 위로 6층이 쌓여 있는데 그중 아래 세 층은 래싱 바로 서로 묶여 있다. 그 위의 컨테이너는 쌓여 있을 뿐인데, 컨테이너와 컨테이너 사이에는 트위스트 록(twist-lock)을 끼워넣어 어느 정도 고정하도록 돼 있다. 이는 컨테이너의 고정용 구멍에 끼워넣을 수 있는 주먹만 한 쇠뭉치이며, 48톤의 무게까지 버틸 수 있다. 그럼에도 험한 바다에서 컨테이너를 잃어버리는 경우가 가끔 발생하는데, 파라메트릭 롤(parametric roll)•을 만나 컨테이너선이 비정상적으로 롤링하게 되면 배는 격렬하게 흔들리고 높이 적재돼 있던 컨테이너들이 쓰러지는 경우도 있다. 그래서 페가서스의 갑판원들은 틈만 나면 셀 가이드 위로 올라가서 컨테이너를 연결하거나 래싱 바를 조이고 또 조여준다.

파도 주기와 선박의 횡요 주기가 일치할 때 동조로 인해 배가 파괴될 정도로 진동이 강해지는 현상. 지속적인 동조로 인한 공조 횡요와는 다르다.

다음 쪽. 중국 샤먼 항에 정박해 있는 컨테이너선 APL 테네시. APL(American President Line)은 1956년 처음으로 규격화된 컨테이너를 사용하여 오늘날의 운송 혁명을 가져온 회사다. 그러나 이 회사는 지금은 싱가포르에 팔렸다. 그럼에도 여전히 아메리칸 프레지던트라는 이름을 달고 있는 것이 아이러니해 보인다.

2011년 현재 세계에서 제일 큰 컨테이너선인 머스크 엘바(Maersk Elba). 머스크 사의 배들 중 엠마 머스크처럼 이름이 E로 시작하는 것들은 1만 5000티이유 급의 가장 큰 극초대형 컨테이너선을 가리킨다. 길이 366미터, 폭 48미터인 이 배는 컨테이너를 너무 많이 실으면 앞이 가려져 안 보이게 되므로 시야를 확보하기 위해 덱하우스가 엔진실과 분리되어 배 앞쪽에 설치돼 있는 것이 특징이다. 갑판에 붉은색의 해치 커버를 얹고 그 위에 컨테이너를 적재한 모습을 잘 보여주는 사진이다.

샤먼 항의 갠트리 크레인. 항만 전용이기 때문에 부두 크레인(quayside crane)으로도 불린다. 컨테이너선이 커짐에 따라 갠트리 크레인도 점점 커져서 지금은 20피트 컨테이너 세 개를 동시에 들어 올릴 수 있는 크레인까지 나와 있다. 이 크레인들은 중국의 ZPMC(Shanghai Zhenhua Port Machinery, 上海振貨港機)의 것으로서, 이 회사는 전 세계 갠트리 크레인 시장 점유율을 90퍼센트 이상 차지하고 있다.

비평가의 안복

미술사 하는 분들이 쓰는 말 중에 안복(眼福)이란 말이 있다. '눈이 누리는 복'이란 뜻이다. 좋은 그림이나 글씨를 보고 마음이 풍족하고 많은 감흥을 받을 때 안복을 누린다고 말한다. 이 여행은 전적으로 안복을 위한 것이다. 거대한 배의 내부에 들어가 모든 디테일들을 직접 보고, 복잡하고 거대한 컨테이너 항구의 시설들을 자연스레 전망대가 돼주는 높다란 배 위에서 마음껏 훑어볼 수 있으며, 홍콩이나 싱가포르 같은 도시로 접근할 때 일반인은 볼 수 없는 지점에서 도시를 보는 것은 엄청난 안복이다. 이것은 접근이 쉽지 않은 테크놀로지의 현장과 그것들 주위에 있는 도시의 스펙터클, 그리고 거기서 일하며 살아가는 사람들을 가까이서 볼 수 있는 좋은 기회다. 미술사로 치면 유명 작가가 작업하는 모습과, 그의 작품이 걸려 있는 미술관이 어떻게 작동하는지 그 내부 구조—전시는 어떻게 계획되고 조직되며 수장고의 작품은 어떻게 관리되고 여러 가지 비품들은 어떤 절차를 거쳐서 구입되고 다뤄지는지—까지 한꺼번에 볼 수 있는 기회와 비슷하다.

이 항해는 나에게 엄청난 안복을 준다. 우선, 대형 선박이나 컨테이너 항구는 특별한 허가 없이 아무나 들어가서 볼 수 있는 곳이 아니다. 그곳에 들어가면 기계를 좋아하는 사람에게는 천국이라 할 만한, 온갖 거대하고 희한한 기계들의 스펙터클이 펼쳐진다. 기계들은 거대하고 다양하고 시끄럽고 흥미진진하다. 그 기계 하나하나를 보는 것, 상하이의 양산 컨테이너 터미널같이 거대한 터미널에서 선석에 끝도 없이 늘어서 있는 배들과, 끝도 없이 늘어서서 컨테이너를 옮기는 갠트리 크레인들, 그리고 끝도 없이 쌓여 있는 색색깔의 컨테이너를 보는 것은 최고의 구경거리다. 관광객들이 파리에 가면 돈을 내고 에펠탑이나 개선문에 올라가서 도시 전체를 조망하고,

뉴욕에 가면 역시 돈을 내고 엠파이어스테이트 빌딩에 올라가서 맨해튼의 빌딩들을 감상하듯이, 나는 배 위의 높다란 브리지에서 항구 전체를 조망한다. 첫눈에 그것은 매우 복잡해서 도대체 뭐가 뭔지 알 수 없는 것들이지만, 많이 보고 더 많이 알게 되면 그런 것들을 보는 눈, 즉 리터러시(literacy)가 생긴다. 처음에는 복잡하게 얽힌 쇳덩어리같이만 보이던 것이 갠트리 크레인의 트롤리고, 스프레더고 하는 식으로 구분이 되고, 배의 갑판에 얹혀 있는 난잡하게만 보이는 것들이 어떤 것은 마스트고 어떤 것은 레이더고 어떤 것은 크레인이고, 어떤 것은 프로비전(식료품 등 자잘한 것들)용 크레인이고 하는 식으로 구분이 된다. 그러면서 그것들 각각의 작동도 더 자세히 눈에 띄기 시작한다. 그것은 마치 처음 엑스레이 사진을 보면 어떤 것이 뼈고 어떤 것이 내장이고 근육인지 알아볼 수 없지만 눈이 익숙해지고 지식이 늘어나면 그것들을 식별할 수 있게 되는 것과 비슷하다. 항구와 선박의 온갖 기계들을 세세히 살펴보면서 그 크기와 생김새, 움직임의 궤적과 속도, 그리고 각 항구들의 차이를 비교해보는 것도 눈에 즐거운 일이다. 이 모든 것이 항해에서 누릴 수 있는 안복이다.

딱 한 가지 아쉬운 것이 있다면 내가 타고 있는 이 배의 전체적인 모습을 볼 수 없다는 것이다. 코끼리를 타고서는 코끼리 전체를 볼 수 없듯이, 이 배에서 내가 볼 수 있는 것은 바로 내 눈앞에 있는 것들뿐이다. 배는 크게 선체와 갑판, 덱하우스(혹은 수퍼스트럭처)로 돼 있는데, 나는 그것들의 일부만 볼 수 있다. 이 배 전체를 보려면 배에서 내려서 아주 멀리 가서 높이 올라가야 하는데 그런 곳을 찾기는 어렵다. 길이가 363미터, 높이는 62미터, 재화중량 13만 톤에 이르는 배의 전체를 본다는 것은 쉬운 일이 아니다. 이 배의 전체를 본 것은 상하이에서 탈 때뿐이었는데, 어렵고 초조한 과정을 거쳐서 배에 타느라 막상 배가 눈앞에 있었을 때는 그저 입을 딱 벌리고 놀라기만 했지 그 전체 모습을 조망해 본다든지 크기를 가늠해볼 새가 없었다. 그리고 부두에 정박해 있을 때 배의 상당

부분은 물속에 있고 앞뒤로 다른 배들이 빼곡히 정박해 있기 때문에 이 배의 모습을 본다는 것은 거의 불가능하다.

이 배를 보기 위해서는 구석구석 다니면서 디테일을 보는 수밖에 없다. 어쨌든 배의 구석구석들도 상당한 안복을 제공해준다. 배는 너무 크고 너무 튼튼하고 상상을 초월할 정도로 두꺼운 철로 돼 있고 상상을 초월할 정도로 두껍게 용접돼 있고 상상을 초월할 정도의 배관과 배선, 하나의 10만 마력짜리 주 엔진과 여러 개의 발전용 디젤엔진, 전력용 변압기(이 배의 전력은 6600볼트다), 두 대의 스팀 보일러, 해수 정화장치, 여러 대의 펌프들(선박의 균형을 맞추는 밸러스트 워터용, 폐유와 오수를 모아두는 빌지 워터용)이 있는데, 이런 것들을 살펴보는 것도 안복이다. 기계를 살펴보는 것을 즐기는 한에서 말이다.

사람들이 영화를 보는 데 돈을 쓰고, 크고 좋은 화질의 LCD 텔레비전을 사는 데 큰돈을 쓰고, 올림픽이나 월드컵 축구대회 개막식에 많은 돈을 쓰며 입장권을 사서 구경하는 것이 다 안복을 위한 것이다. 내 경우는 중공업의 스펙터클이 큰 안복을 준다. 그런데 온통 철로 된 삭막하기만 한 해운 산업의 현장을 가까이서 보는 게 왜 그렇게 감흥을 주는 걸까? 나에게 감흥을 주는 풍경의 대부분을 이루는 구성 물질은 철이다. 그것도 연철이나 주철이 아니라 강철이다. 배, 크레인, 컨테이너, 트럭 등 대부분이 강철로 된 것들이다. 거기에는 플라스틱이나 유리, 알루미늄 같은 다른 물질들도 약간은 개입해 있으나 그것들은 거의 눈에 띄지 않는다.

철의 풍경에는 어떤 매력이 있나? 일본 사람들은 1950년대에 「철완 아톰」이나 다른 여러 가지 만화, 문학 등을 통해 철에 대한 로망을 키워왔지만 한국 문화에도 그런 면이 있나? 아마도 철에 이끌리는 이유는 그것이 만들어낸 풍경의 독특함 때문이 아닌가 싶다. 일상 속에도 철이 많은 역할을 하지만 선박과 항구에서만큼 지배적이지는 않다. 우리가 타고 다니는 자동차 정도가 철로 돼 있을 뿐 생활의 환경을 이루는 물질들은 콘크리트이거나, 그것을 덮고 있는 벽지나 페인트, 책상이나 컴퓨터, 전화기 같은 자질구레한

것들이다. 철은 사회를 떠받치는 튼튼한 기반이지만 겉으로
드러나지 않는다. 철은 다리의 상판같이 눈에 띄지 않는 곳에 숨어
있을 뿐이다. 철이 사용되는 대부분의 경우에 철은 가려져 있다.
다리의 뼈대는 철이지만 그 위에 콘크리트 상판이 덮여 있고 철
구조물에는 페인트가 칠해져 있다. 건물의 뼈대도 철이지만 그것도
콘크리트에 둘러싸여 있고 노출된 곳에는 페인트가 칠해져 있다.
물론 페인트를 칠하는 첫째 이유는 부식에 의해 강도가 약해지는
것을 막기 위해서지만 미관상의 이유가 크다. 사람들은 철 자체가
그냥 드러나는 것을 생경하다고 생각하기 때문이다. 물론 이런
생각은 전적으로 관습에 의존하고 있는데, 오늘날 세련된 건물에
노출 콘크리트를 쓰고 있지만 누구도 콘크리트가 노출됐기 때문에
생경하다고 하지 않는 것과 마찬가지다.

  어쨌든 우리의 일상에서 철은 사회를 떠받치는 굳건한
토대이지만 겉으로는 드러나서는 안 되는, 부엌에서 일만 묵묵히
해야지 밖으로 드러나서는 안 되는 부엌데기 같은 존재다. 철의
풍경을 보면서 안복을 누린다고 좋아하는 이유는 겉으로는 가려진
메커니즘 뒤에서 펼쳐지는, 진짜 메커니즘의 속살을 보는 쾌감
때문인 것 같다. 실제로 내가 보고자 하는 철의 풍경이 지배하는
곳들, 즉 조선소, 제철소, 항만의 풍경들은 아예 들어갈 수 없거나,
설사 들어가도 사진 촬영이 안 되는 곳들이다. 즉 시선에 노출돼서는
안 되는 곳들이다. 그런 곳을 들여다본다는 관음증적인 쾌감이 나를
철의 풍경으로 이끄는 걸까? 물론 그것만은 아니다.

  철의 풍경은 그 자체로 아름답다. 우리가 일반적으로
아름답다고 하는 것—밀로의 비너스, 모나리자, 미켈란젤로의
조각, 인상파 회화 등—과는 다른 종류의 아름다움이기는 하지만
말이다. 철 특유의 재질, 구조, 존재감, 규모, 이 모든 것들이 안복을
가져다준다. 선박과 항구에서 철은 대지의 주인공이다. 배는 거친
파도를 이기며 묵묵히 앞으로 나아가고 있고 갠트리 크레인은 네
다리를 딛고 서서 38톤쯤 나가는 컨테이너를 평균 1분에 한 대꼴로
트럭에서 배로, 배에서 트럭으로 옮겨 싣는다. 철은 이 모든 작동을

가능케 해주는 뼈대이자 보이지 않는 주인공이다. 콘크리트도 땅을 버티고 서서 인간의 삶을 이루는 토대가 되어준다는 점에서는 철과 비슷하지만 콘크리트는 움직이는 부분에는 쓰이지 않는다. 콘크리트는 건물이나 항만, 다리같이 움직이지 않으면서 토대가 되는 부분에 쓰인다. 결국 내가 철에 이끌리는 이유는 땅과 바다를 버텨내는 거대한 구조물이면서 작동하고 있기 때문인 것 같다. 그리고 그 작동은 생산하고 있다. 그리고 철이 작동할 때 만들어내는 동작의 리듬과 선은 마치 야구 선수가 공을 던질 때 몸의 선과 공이 날아가는 선이 아름다운 궤적을 그리듯이, 아름다운 궤적을 만들어낸다.

    항해에서 안복을 주는 것이 철로 된 구조물만은 아니다. 무엇보다도, 항해 그 자체가 안복을 준다. 브리지에서 사방이 탁 트인 바다를 보는 것(물론 처음에는 누구나 탁 트인 바다를 보며 으아 하고 좋아하지만 며칠간 계속 보면 나중에는 다 그게 그거 같다), 아주 멀리서 마주 오는 배를 쌍안경으로 보면서 저 배는 어떤 배인지 헤아려보는 것, 거친 바다에서 파도가 그 배의 좌현에서 우현으로 타고 넘는 것을 보는 것, 항구 근처에 이르러 교통량이 많아지면서 평소에 사진으로만 보던 배를 직접 보는 것(20여 년쯤 전에 벨라스케스에 대한 책을 번역한 적이 있는데 몇 년 전 런던의 내셔널갤러리에서 실제 그림을 보고 감탄했던 생각이 난다), 그리고 아주 넓은 바다에서 아주 먼 곳에 있는 배가 석양 햇살을 받아 만들어내는 초현실적인 경관, 이 모든 것이 항해의 안복이다.

    그런데 테크놀로지에서 안복을 누린 사람이 나만이 아니다. 작곡가 드보르자크는 철도를 너무 사랑한 나머지 자신이 살던 마을의 역에 기차가 들어오면 꼭 나가서 이리저리 둘러보고 땅에 엎드려 밑도 살펴보면서 새로운 모델에 감탄하고 생김새와 작동을 관찰했다고 한다. 작곡하느라 바빠서 자신이 갈 수 없으면 조수를 대신 역에 보내서라도 어떤 모델의 기차가 들어왔는지, 생김새는 어떤지 보고 와서 말해달라고 할 정도였다고 한다. 만일 그에게 비디오카메라가 있었더라면 그는 훨씬 더 생생하게 기차들을 볼 수 있었을 것이다. 어쨌든 드보르자크나 나나 철의 풍경에 깊이 매료되어 있다는 점에서 공통적이다. 드보르자크는 본업이 작곡이고 기차를 보는 것이 취미라면 나는 본업이 철의 풍경을 보고 그것을 사진 찍고 그에 대해 글을 쓰는 것이라는 점이 다를 뿐이다.

여기서 한 가지 문제가 나온다. 미술사가는 미술 작품을 보고 안복을 누리는데 그치지 않고 그에 대해 연구하여 책을 쓰고 논문을 발표하는 직업을 수행한다. 그리고 그는 그 직업을 가지고 대학에서 교수직을 수행한다. 그에게 안복은 단순히 취미가 아니라 일로 이어지는 중요한 통로이다. 그의 안복이 직업으로 이어질 수 있는 이유는 미술 작품이라는 것이 보고 연구하는 사람들을 대상으로 만들어져 있기 때문이다. 미술 작품이 미술사가의 눈만을 염두에 두고 만들어지는 것은 아니지만 갤러리나 미술관에 걸려서 전시될 것을 염두에 두고 만들어진다. 그리고 전시는 불특정 다수의 관객에게 보이지만 그중에서 평론가나 큐레이터, 미술사가 같은 전문가의 눈은 더 중요하다.

그렇다면 철로 된 물건들은 평론가의 눈을 기다리고 있는가? 전혀 아니다. 일본에는 수많은 밀리터리 평론가들이 있어서 제2차 세계대전 때 쓰던 독일군의 1호 전차가 어떠니, 전함 야마토가 어떠니 철로 된 구조물에 대해 많은 담론들을 풀어내는 것을 볼 수 있다. 물론 그들은 사물의 존재와 그 의미의 근원을 캐는 평론가는 아니다. 평론가라기보다는 해설가에 가까운 사람들이다. 예를 들어 바둑 해설가나 축구 해설가 같은 사람들 말이다. 그들은 눈앞의 현상만 해설하면 된다. 인간이 왜 축구를 하느냐는 실황중계에서 말할 필요가 없다. 철학적이고 역사적인 문제는 빼고 지금 저것이 왜 오프사이드가 아닌지만 설명하면 된다. 해설가의 수준을 넘어서 인간이 왜 이런 테크놀로지를 만들어냈고 그것을 사용하는 문명의 본질이란 무엇인가를 연구한 사람은 많지 않다. 아마도 그것을 가장 깊이 있게 연구한 사람이 『속도와 정치』를 쓴 폴 비릴리오일 것이다. 그가 이 배에 타서 속도계를 보았더라면 새로운 속도의 개념에 크게 자극받아 또 다른 책을 썼을지도 모른다. 『속도와 지리』

같은 책 말이다. 내가 항해에서 본 것들은 그런 지식으로 연결된다. 그러면서 오늘날 글로벌한 해상 운송이 의미하는 것은 무엇인가 하는 고민으로 이어진다.

항해에서 최고의 안복은 수많은 다른 배들을 볼 수 있다는 것이다. 이런 식의 취미나 리터러시는 한국에는 없다. 미술 작품을 감상하거나 난 같은 화초를 종류별로 분류하고 감상하고 토론하는 그런 리터러시 말이다. 하지만 평소에 사진으로 본 배들을 항해하면서 직접 가까이서 볼 수 있다는 것은 테크놀로지의 이미지에 관심 있는 나로서는 큰 안복이 아닐 수 없다. 가만히 서 있기만 해도 자신이 좋아하는 거장들의 미술 작품들이 눈앞으로 지나간다고 상상해보라. 다빈치, 미켈란젤로, 벨라스케스, 고흐, 세잔, 동기창, 왕희지, 잭슨 폴록, 앤디 워홀… 이런 식으로 말이다. 항해는 이런 식으로 다양한 배들의 이미지를 내 눈앞에 제공해준다. 스위스의 해운 회사인 MSC의 1만 3000티이유 급 컨테이너선이 지나간다. 그 뒤로 이름도 알 수 없는 작은 벌크선이 파도를 온통 뒤집어쓰며 지나간다. 좀 있자 베이지색의 둥근 모스탱크를 얹은 LNG선이 지나간다. 또 조금 있자 원유를 가득 실어 흘수선이 아주 내려간 VLCC(Very Large Crude Carrier: 초대형 원유 운반선)가 지나간다. 현대상선이나 한진해운의 컨테이너선들도 지나간다. 그 중간중간에 어떻게 이 먼 바다까지 나왔을까 싶을 정도로 작은, 몇 톤 되지 않는 조그만 어선이 파도에 이리저리 흔들리며 떠 있다. 그리고 항구로 들어가면 이런 배들을, 선원들 얼굴을 식별할 수 있을 정도로 아주 가까이서 바싹 볼 수 있다.

다양한 배들을 보면서 각기 다른 생김새—어떤 것은 홀쭉하고 어떤 것은 부피가 크고 어떤 것은 수퍼스트럭처가 과도하고, 어떤 것은 마스트가 여러 개고, 어떤 것은 흘수가 깊고 등등—를 관찰하고 비교하는 것이 큰 즐거움이고, 저 배의 저 장치는 어떻게 작동하는 것일까 상상해보는 것도 큰 즐거움이며, 무엇보다도 배라는 물건의 존재감을 헤아려보는 것이 가장 큰 안복이다. 즉 저렇게 큰 쇳덩어리 물건이 어떻게 물 위에 뜨는 걸까, 저렇게 작은 배가 어떻게 저런 큰 파도를 헤쳐나갈 수 있을까, 저런 배에서의 생활은 얼마나 열악할까, 하지만 선장이 말한 바닷사람의 생활이 정말 저런 게 아닐까 하고 상상해보는 것들, 눈으로 보는 것과 머리로 아는 것과 짐작하고 상상해보는 것들 모두를 비교하고 꿰맞춰보는 것이 큰 안복인 것이다.

다양한 생물 종이 있고 그것들은 종속과목강문계 하는 식으로 대분류로 나아가듯이, 배에도 그런 카테고리가 있다. 생물에는 개체들을 채집하여 분류하고 연구하는 생물분류학이라는 학문이 있지만 배를 분류하고 연구하는 선박분류학이라는 것이 있는지는 모르겠다. 그러나 선박도 상선, 군용선, 어선, 개인선(그런 분류가 있는지는 모르겠다. 취미로 타는 요트나 그런 것 말이다) 등의 분류가 있으며 상선은 다시 컨테이너선, 일반 화물선, 벌크선, 가스 운반선, 특수 목적선 등으로 분류되고, 군용선은 전투함과 지원함, 또 전투함은 구축함, 크루저, 콜벳, 고속정으로 분류되듯이, 다양한 잔가지들이 있다. 배를 보며 안복을 누린다는 것은 그런 잔가지를 채워나가는 즐거움이다. 예를 들어 다른 배들은 다 봤는데 자동차 운반선(PCC: pure car carrier)만 보지 못한 사람이라면 어쩌다 그런 배를 봤을 때 기뻐할 것이다. 자동차 운반선이 배 중에서 가장 못생긴 배라고 할지라도 말이다.

물론 항해의 안복에는 배 자체만을 보는 것이 아니라 운항에서 나타나는 여러 가지 데이터와 실제 눈으로 본 것을 맞춰보는 즐거움도 있다. 이 여행의 가장 큰 장점은 브리지라고 불리는 브리지에 언제든지 올라가서 배의 운항에 관한 모든 데이터를 직접 볼 수 있고 어떤 질문이든지 던질 수 있다는 점이다. 브리지에는 방위 분해능이 좋은 X밴드 레이더(9Ghz)와 거리 분해능이 좋은 S밴드(3Ghz)가 설치돼 있다. 방위 분해능이 좋다는 것은 정확한 방위를 가리켜준다는 뜻이고 거리 분해능이 좋다는 것은 정확한 거리를 가리켜준다는 뜻이다. 어떤 선박이 멀리 있을 때 그 선박이 어떤 방향을 향해 가고 있고 얼마나 멀리 떨어져 있는지 동시에 알아야 하므로 두 가지 레이더가 다 필요하다. 레이더 전파의 파장이

짧을수록 직진성, 지향성, 반사성이 좋아서 목표물 탐지에 유리하다. 나는 레이더 스크린을 들여다보면서 COG(Course Over Ground)는 뭐고 SOG(Speed Over Ground)는 뭔지 HDG(Heading)는 뭐고 BRG(Bearing)는 뭔지, 항상 변하는 수치인 ROT(Rate Of Turn)•는 무엇인지 다 물어볼 수 있다. 물론 선원들은 친절히 설명해주지만 항해술을 체계적으로 배운 적이 없는 내가 얻어들어 배울 수 있는 것은 그때그때의 단편적인 지식일 뿐이다. 그런 단편적인 지식을 꿰맞춰 조금씩 알아나가는 것도 구경꾼으로서 항해하는 즐거움이다.

어떤 안복은 테크놀로지에 의해 매개된다. 다른 배를 본다는 것은 꼭 직접 눈으로 보는 일만 포함하지는 않는다. 무엇보다도, 단순하지만 중요한 테크놀로지인 쌍안경으로 보는 것이 있다. 그다음으로는 레이더상으로 보는 것이 있다. 쌍안경으로 봐도 안 보일 정도로 멀리 떨어진 배의 존재는 레이더 스크린에서만 알 수 있다. 배에서 쓰는 계기들은 퍼스널 컴퓨터 같은 유저 인터페이스로 돼 있어서 무엇이든 클릭만 하면 정보를 다 보여준다. 레이더 스크린에 나타난 배 모양의 아이콘을 클릭하면 배 이름, 방위각, 내 배를 향한 각도, 그 배의 속도, 내 배와 그 배가 가장 근접할 때의 예상 거리, 그때까지의 예상 시간이 나타난다. 그러면 눈을 들어 멀리 그 배를 실제로 찾아본다. 처음에는 점으로 보이던 그 배가 점점 가까이 다가옴에 따라 어떤 배인지 관찰하는 것도 재미있다.

배가 인도양에 들어서자 하늘이 맑아지고 처음으로 수평선이 제대로 분명한 선으로 보였다. 마치 이 세계의 끝이 어디인지 확연히 드러난 듯한 모습이다. 그리고 정말로 360도의 수평선을 볼 수 있게 되었다. 그러자 아주 먼 곳에 있는 배들도 볼 수 있게 된다. 멀리서 점으로만 보이던 배가 조금씩 커지자 쌍안경으로 확인해본다. 대강 배의 모양은 볼 수 있지만 이름까지 알 수는 없다. 그러면 레이더 스크린에서 클릭해서 이름을 확인한다. 점으로만 보이던 물건이 아주 오랜 시간 동안 조금씩 점점 커져서 마침내 큰 배임이 드러나고

• ROT는 회두속도라고 하는데 선박이 좌 또는 우로 변침할 때 선수가 얼마나 빨리 회두하는가를 초당 비율의 각도로 나타낸 것이다. 선박은 당시의 상태 즉, 선박 고유의 상태인 흘수, 트림, 선속, 사용하는 타의 각도, 타 면적 등과 외부요소 즉, 바람, 조류, 수심, 주위 선박의 통행량, 그리고 변침해야 할 각도의 영향을 받게 된다. 따라서 회두속도는 아주 중요한 요소이다. 각주 김수롱.

그 모든 디테일을 볼 수 있게 되는 것도 신기로운 체험이다. 또한 레이더 스크린에 나타나는 추상적인 디지털 데이터와 구체적인 사물을 바로 대조해볼 수 있다는 것이 항해에서 누리는 또 다른 안복이다. 이 경우의 안복은 대상을 본다는 것에만 한정하는 것이 아니라 테크놀로지를 통해 본다는 것도 포함한다. 즉 시선의 대상과 시선 자체를 동시에 보는 데서 오는 안복이다.

나는 이런 식으로 항해술을 체험한다. 물론 나에게는 책임감이라는 짐이 없기 때문에 나의 체험은 즐거움에 머문다. 그러나 선원들에게 항해는 긴장으로 가득 찬 노동이다. 선장이 멀리 있는 배를 가리키며 저 배까지 얼마나 떨어졌느냐고 2등 항해사에게 물었을 때 그가 대답하는 목소리의 긴장감에서 나는 그런 것을 느낄 수 있다. 기업의 회장이 어느 부서의 대리에게 지난달 매출액이 얼마냐고 물었을 때 설사 쉬운 대답이라도 그는 긴장감을 가지고 대답해야 하는 것과 마찬가지다.

물론 안복에도 한계는 있다. 내가 기계비평가라고는 하지만 특정한 기계에 대해 전문가 수준으로 아는 것은 아니다. 나는 기계공학 전공자는 아니고 기계에 관심이 많은 비평가일 뿐이다. 나에게는 예민한 눈과 다양한 사물들의 구조와 원리에 대한 호기심은 있지만 기계공학에 대한 체계적인 지식은 없다. 이 점은 나를 당혹스럽게 한다. 예를 들어 항공기에 대해 알고자 한다면 조금만 깊이 들어가면 유체역학에 대해 알아야 한다. 양력(揚力)에 대한 이론인 베르누이의 정리 같은 것 말이다. 내가 베르누이의 정리에 대해 아는 것은 고등학교 물리시간에 배운 정도이다. 깊이 들어가서 수식이 나오면 두 손을 들 수밖에 없다. 아마 내가 어떤 기계에 대해서 아는 정도는 매니아 수준일 것이다. 요즘은 매니아들 중에도 '고수'들이 많기 때문에 아마 나는 중간 정도의 매니아 수준일 거 같다. 그렇다고 내가 역사나 철학을 깊이 있게 아느냐 하면 그것도 아니다. 많은 것에 관심이 있고 현장을 기웃거리며 다니지만 도대체 이런 식의 관심이 어떤 의미가 있나 스스로 의구심이 들 때가 많다. 한 달간의 항해가 선원들의 생활에 대해 무엇을 알려줄까. 배의 구조에 대해서는? 항해술에 대해서는? 매우 단편적으로만 알 수 있을 뿐이다. 그나마도 체계적으로 배우는 것이 아니라 선장이나 다른 사람에게 그때그때 물어봐서 단편적으로 알게 된 것을 꿰맞추는 식이다. 그들이 오랜 경험을 통해 피나고 뼈저리게 배운 것을 나는 간단한 질문을 통해 배우려고 한다. 원본의 아우라가 복제품에 담겨 있지 않듯이 그들이 지닌 경험의 두께는 나에게는 들어오지 않는다. 그렇다면 나는 피상적인 구경꾼에 불과한 것인가? 내가 쓰는 글이 단지 구경담에 지나지 않는다면? 어떤 사태를 보고 겉으로만 느낀 것을 과장된 수사법으로 쓴 신문기사 같은 것이라면? 그건 너무 슬픈 일이다. 공학 조금, 비평 조금, 역사 조금, 철학 조금씩 섞은 것이 기계비평이라면 말이다. 그런데 이 난관에 대한 답은 선장이 직접 주었다. 그는 나같이 화물선을 타고 여행하는 여행객에 대해 얘기하며 어떤 때는 외부에 있는 사람이 사태의 내부에 있는 사람보다 더 잘 볼 수 있다고 했다. 그는 16년간 화물선만 타고 다니며 여행을 즐긴 어떤 프랑스 여인 얘기를 해줬다. 그녀는 선박과 해운업에 대해 어떤 선원보다 더 많이 알고 있었다고 한다. 그런 사람들은 진지한 구경꾼이다. 아마도 내가 되고 싶은 모델이 그녀인 거 같다. 어떤 경우는 높은 데 앉아 있는 축구 해설가가 그라운드의 선수보다 경기 상황을 더 잘 볼 수 있다.

나 같은 구경꾼이 가치가 있다면, 나의 구경은 기존 지식의 틈새를 파고드는 전략이고 기계가 이 세계와 인간의 삶에서 가지는 위치에 대해 연구한다는 점에 있다. 그런 지식은 큰 지식은 아니다. 예를 들어 배를 짓는 기술에 대한 지식은 큰 지식이다. 몇조 원의 돈이 오가는 지식이고 그걸 훔치면 감옥에 가는 지식이다. 그리고 그런 지식이 전쟁의 잿더미에 불과하던 한국이라는 나라를 세계적인 조선 기술 대국으로 키워놓았다. 반면, 나의 지식에는 기껏해야 책을 만드는 데 드는 1000만 원 정도의 돈, 그걸 팔아서 벌 수 있는 수백만 원의 돈만이 연관돼 있다. 이 지식으로 대한민국이 선진국이 되지는 않는다. 그러나 작은 지식의 가치는 작은 양만 필요한 조미료의 가치와 비슷하다. 많이 필요하지는 않은데 없으면 싱거운 그런 것이다. 프랑스에 베르사유궁전과 루브르박물관이 있지만 그것에 대해 연구한 학자가 전혀 없다면 거기서 일하는 사람들은 옛날 건물 관리인밖에 안 될 것이다. 때 되면 문 열어주고 청소나 하고 좀도둑이나 막는 그런 관리인 말이다. 그런 유산에 가치를 부여해주는 것은 역사가나 평론가 같은 지식인의 몫이다. 그러나 베르사유나 루브르는 큰 제도이기 때문에 거기에도 큰 지식이 연관된다. 어떤 미술사가가 모나리자 그림에 대해 권위 있는 연구서를 내놓으면 미술사, 박물관, 관광산업에 큰 파장을 불러일으킬 것이다. 그러나 기계비평가는 기계의 현실에 대해 어떤 파장도 불러일으키지 않는다. 그는 큰 기계에 대한 작은 지식을 만들어낸다. 그리 눈에 띄지 않지만 없으면 섭섭한 그런 지식 말이다. 그게 구경꾼으로서 비평가의 역할이다.

　　그런 지식의 위치를 배의 구조와 비교하자면 바우 스러스터 (bow thruster) 비슷한 것이다. 배의 선수 아래쪽 양끝에는 배가 항구에 드나들 때 좌우 움직임을 미세하게 조절해주는 바우 스러스터라는 장치가 있다. 4000마력 정도 되는 강력한 모터로 왼쪽이나 오른쪽으로 물을 밀어내서 배가 미세하게 움직일 수 있게 도와주는 장치이다.* 배가 접안할 때 선장과 도선사는 윙 브리지의 맨 끝에서 부두를 내려다보며 배가 부두에 얼마나 가까이 왔는가 보면서 미세하게 조절한다. 배가 워낙 크고 무겁기 때문에 부두에 살짝만 부딪쳐도 큰 충격을 주어 사고를 일으킬 수 있으므로 바우 스러스터는 몇 센티미터 단위까지 아주 세밀하게 배를 밀어준다. 이 바우 스러스터는 평소에는 필요가 없기 때문에 뚜껑 안에 감춰져 있다가 접안할 때만 쓰게 된다. 거대한 테크놀로지에 대한 비평의 위치는 그런 것이 아닐까 싶다. 큰 의미를 만들어내지는 않지만 평소에 알고 있던 기계의 의미를 살짝 옆으로 밀어놓아 다른 각도로 보게 만드는 것이다.

선박이 부두에 접안하거나 이안할 때 보통 예인선을 사용한다. 그러나 예인선 사용에는 많은 비용이 발생하거나, 때로 충분한 용량을 가진 예인선을 수배할 수 없는 경우 등의 문제점이 있다. 따라서 선박의 선수에 바우 스러스터를 장착하거나, 선미에도 스턴 스러스터를 장착해서 예인선 대신 사용하면 비용을 절감할 수 있다. 그러나 스러스터 자체의 비용과 추가로 대용량 발전기를 장착해야 하는 등 초기 건조 비용이 많이 발생한다. 각주 김수룡.

페가서스가 둥둥둥 하는 낮은 엔진 소리를 내며 시속 10노트 이하의 속도로 천천히 어둠을 가르며 중국 얀탄 항에 접근하고 있다. 생전 처음 가보는 얀탄 항에서는 어떤 모습을 보게 될까 많이 기대되는 순간이다.

다음 쪽. 중국 얀탄 항에서
출항하는 컨테이너선 YM
그레이트를 예인선이 밀어서
도와주고 있다. 거대한 선박이
항구 내에서 한 바퀴 돌아
유턴하는 장면은 참으로 장엄하다.

샤먼 항의 컨테이너선들과 갠트리 크레인들이 얽혀 있는 모습. 이 사진을 빼곡히 메우고 있는 모든 요소들이 강철이라는 것을 알고는 놀랐다. 대형 선박이 항해하는 세계는 강철의 세계다.

기계의 소리, 조화로운 불협화음

선박과 항구라는 거대하고 복잡한 기계의 시스템은 우선 시각적으로 웅장하게 다가온다. 그 느낌을 한마디로 표현하자면 숭고미(the sublime)이다. 인간의 스케일을 훨씬 넘어서는 무시무시한 광경이 자신에게 위협적으로 다가올 때 야릇하게 느껴지는 것이 숭고미다. 큰 폭포나 산사태 같은 것을 볼 때 그 스케일과 땅을 울리는 진동에서 사람은 숭고미를 느낀다. 도저히 인간적인 스케일이라고 할 수 없는 강철로 된 해양 관련 시설들도 숭고미로 다가온다. 숭고미는 시각적이고 신체적인 감각이다. 눈으로 봐서 압도적이고, 신체적인 위협을 느끼게 하기 때문이다. 선박과 부두의 숭고미는 시각만이 아니라 소리로도 다가온다. 이번 여행에 디지털카메라뿐 아니라 비디오카메라를 가지고 간 것은 기계의 작동을 이루는 복잡한 움직임과 기계들의 궤적을 정지 영상으로는 잡을 수 없었을 뿐 아니라, 기계들이 내는 복잡한 소리를 기록하고 싶었기 때문이다.

    소리의 근원은 아래쪽 깊숙이 자리 잡은 주 엔진이다. 배에는 출력 10만 마력의 주 엔진 외에도 출력 3000마력의 발전용 디젤엔진이 다섯 대, 각종 펌프들이 있기 때문에 이것들이 내는 화음은 상당히 복잡하다. 항해 중에는 주 엔진의 소리가 둔중하고 무거운 저음으로 들려온다. 엔진실은 배의 아래쪽에 있으므로 그 진동과 소리는 여러 겹의 쇠로 된 구조물이라는 필터를 통과하여 많이 걸러진 것이다. 그래서 선실에 앉아 있는 나에게 전달되는 것은 매우 추상화된, 낮은 울림일 뿐이다. 소리라기보다는 어떤 무거운 에너지만이 전달된다. 그것은 아주 저음이기 때문에 어떤 소리라고 묘사할 수 있는 것은 아니다. 거인의 심장이 뛰듯 쿵쿵하고 울려올 뿐이다. 정박 중에는 말 10만 마리의 힘을 가진 거인은 잠자고 있으므로 무거운 진동과 소리는 들리지 않는다. 그 대신 발전용 디젤엔진이 돌아가는 소리만 들릴 뿐인데 대개 정박 중에는 다섯 대의 엔진 중 한 대만 켜놓는다. 3000마력이라고는 하지만 10만 마력에 비하면 아주 작은 것이기 때문에 발전용 엔진의 소리는 선실까지 거의 전달되지 않는다. 그냥 뭔가가 살살 돌아가고 있다는 느낌이 들 뿐이다. 대서양을 시속 24노트 전속으로 항해하는 지금, 배는 온갖 소리들의 심포니를 들려주고 있다. 푸캉푸캉 하고 심장이 뛰듯 일정한 주기의 주 엔진 소리 너머로 온갖 구조물들이 내는 삐드득, 뿌드득, 빠지직, 뻐겅뻐겅 하는 다양한 소리들이 마치 오케스트라의 여러 악기들이 다른 소리를 내듯 협연을 하고 있다. 그것은 사실 누구도 작곡한 것이 아니기 때문에 심포니(같은 소리)가 아니라 헤테로포니(이질적인 소리들)다. 배에서 소리 난다고 불평하는 사람은 없으므로 그것이 심포니든 헤테로포니든 상관이 없다.

이 모든 소리와 진동이 싫으면 배의 맨 앞으로 가면 된다. 영화 타이타닉에서 여자 주인공이 팔을 활짝 벌리고 바닷바람을 정면으로 맞는 그 자리에 가면 바람 소리 외에 아무것도 들리지 않는다. 배에서 가장 조용한 곳이다. 물론 켜켜이 쌓인 컨테이너들이 삐거덕거리며 둔중하게 좌우로 롤링하는 소리는 들린다. 기관장은 항상 아침에 이곳을 산책하는 버릇이 있기 때문에 조용한 곳을 찾아간 나는 항상 여기서 그를 마주친다. 배의 맨 뒤에 있는 후미 갑판(영어로 poop deck이라고 하는데 옛날 선원들은 전부 여기서 똥을 눴기 때문에 그렇게 불린다고 한다)에 가면 프로펠러와 그 축이 돌아가는 요란한 소리를 들을 수 있다. 물론 직접 들을 수 있는 것은 아니고 여러 겹의 쇠를 통해 전달되는 간접적인 소리다. 여기서도 10만 마력의 힘이 직경 9.8미터의 프로펠러를 돌리는 위력을 느낄 수 있다. 배에서의 소리는 항상 진동과 함께 오는데, 후미 갑판에서 느끼는 프로펠러 축의 진동은 엄청나다. 그것은 마치 계속해서 지진이 나는 것과 같은 느낌이다. 발아래의 갑판은 미친 듯이 덜덜 떨리고 있다.

배 자체보다 더 큰 소리의 풍경을 만나는 것은 항구에서다.

컨테이너 터미널은 온갖 소리로 가득하다. 이곳에 소리가 가득한 이유는 거대한 물건들의 존재감 때문이다. 어떤 것이 존재하면 소리를 내는데(작은 미생물도 소리를 내고 큰 산도 소리를 낸다. 우리가 못 들을 뿐이다), 컨테이너 터미널은 무겁고 심각하고 튼튼하고 복잡한 존재들로 가득 차 있다. 그만큼 소리로 가득 차 있기도 하다. 크게 보면 가장 눈에 띄는 것으로 배에서 트레일러 트럭으로 컨테이너를 나르는 갠트리 크레인이 있다. 갠트리 크레인은 다른 어떤 물건보다도 컨테이너 터미널의 주인공이다. 그 크레인이 빠른 속도로 배와 트레일러 사이로 컨테이너를 옮기기 때문에 컨테이너 터미널은 작동하는 것이다. 그리고 야적장에서 트레일러로 컨테이너를 나르는 크레인이 있다. 그리고 컨테이너들을 옮기는 수많은 트레일러들이 있다. 컨테이너 터미널의 소리는 이 모든 것이 자신의 존재를 알리느라 내는 소리들의 오케스트라다. 사람이 아무 생각 없이 숨을 쉬거나 걸을 때 소리를 내듯이, 존재하다 보면 무의지적으로 나는 소리들이 있다. 컨테이너 터미널의 기계들이 내는 작동음들이 그것이다. 반면, 자신의 존재를 알리고 주의를 끌든가 위협하든가 하기 위해 의지적으로 내는 소리들이 있다. 사람이 '비켜요!'라든가 '여기 좀 봐요!'라고 말하는 소리 같은 것이다. 갠트리 크레인이 움직일 때 내는 경고음, 트럭 경적, 배의 기적이 그것이다.

    이 모든 소리들이 다 합쳐진 소리는 대단히 불규칙하고 아무 리듬도, 박자도, 음정도 없는 소리이다. 전체적으로 들으면 거대한 소음 덩어리일 뿐이다. 중장비가 움직일 때 내는 삑삑거리는 전자회로의 경고 발신음을 제외하고는 어떤 소리도 의도된 것이 아니며, 중장비가 작동하면서 나오는 쓸데없는 부산물일 뿐이다. 그러나 그 소음의 덩어리에 리듬이 전혀 없는 것은 아니다. 갠트리 크레인은 평균적으로 1분에 한 대꼴로 배에서 트레일러로, 그리고 트레일러에서 배로 컨테이너를 옮겨놓는데, 그게 나름의 리듬이다. 그리고 그 중간에 아주 드물게 몇 시간에 한 번쯤 배에서 들어올린

30톤짜리 해치 커버를 내려놓는 소리가 난다. 해치 커버는 무게는 컨테이너와 비슷한 30톤이지만 모양이 넓적해서 소리를 더 잘 울리고, 그래서 더 큰 소리가 난다. 이 소음들 중 가장 확실한 리듬을 가진 것은 일정한 간격으로 삑삑 하고 울리는 경고음들이다. 핸드폰 벨 소리가 도시의 온갖 소음들 너머로 사용자에게 전달돼야 하듯이, 이 경고음도 중장비의 작동음보다 분명히 높은 톤으로, 차별화된 음색으로 나기 때문에 둔중하고 큰 소리들 위로 도드라져 들린다. 오케스트라 악기들이 서로 다른 리듬을 가지고 있더라도 궁극적으로는 조화를 지향하는 것과는 달리, 컨테이너 터미널의 소리들은 서로 간에 완전히 연관이 없고, 어떠한 조화도 이루지 않는다. 그런데 그게 컨테이너 터미널 특유의 풍경을 이룬다.

물론 소리의 강약도 있다. 갠트리 크레인이 컨테이너를 배에 놓을 때 자리를 잘 못 찾으면 약간씩 헤매면서 살살 움직이다가 놓는데, 이때 내려놓는 소리는 별로 크지 않다. 그런데 카고 홀드, 즉 배 밑창의 아주 깊은 곳까지는 벽에 레일이 있어서 이 레일에 맞추면 컨테이너를 놓기가 쉽다. 그러면 컨테이너는 다소 빠른 속도로 떨어지는데, 바닥에 닿은 컨테이너는 선체 전체를 공명통으로 삼아 아주 큰 소리를 낸다. 컨테이너 터미널에는 여러 개의 선석이 있는데, 큰 터미널에서는 선석이 한 줄로 아주 길어서 큰 배들이 일렬로 몇 척이 한꺼번에 정박해 있는 경우가 많다. 그러면 아주 먼 곳에 있는 배에 컨테이너를 싣는 소리는 작지만 둔중하게 울리고, 가까운 곳에서 싣는 소리는 쇠들이 날카롭게 부딪히고 긁히는 소리까지 다 들린다. 가까이서 나는 소리는 크기만 한 것이 아니라 디테일까지 들려주는 것이다.

무엇보다도 가장 무겁고 낮게 울리지만 모든 소음들의 왕자는 역시 배의 엔진 소리일 것이다. 어떤 배든지 엔진은 가장 깊숙하고 낮은 곳에 자리 잡고 있기 때문에 엔진 소리가 직접 우리 귀에 들리지는 않는다. 엔진 소리에도 고음이 있고 저음이 있는데, 배의 두꺼운 선체를 뚫고 우리 귀까지 오는 것은 아주 낮은 저음들이다.

물론 정박한 배에서 나는 엔진 소리는 주 엔진이 아니라 발전용 디젤엔진의 소리들이다. 선석을 벗어나 예인선에 이끌려 먼 바다로 나가는 배는 본격적으로 엔진을 돌려 막 큰 소리를 내기 시작한다.

  이 모든 소리들의 총합을 잘 들어보면 배의 발전용 디젤엔진에서 나는 일정한 간격과 피치의 소리들이 마치 바로크음악의 통주저음(basso continuo)처럼 깔아주면 그 위로 갠트리 크레인이 작동하는 불규칙한 소리, 작업 도구를 땅에 떨어트릴 때 나는 불규칙한 소리들이 점점이 난다. 그래서, 항구는 매우 소리가 풍부한 곳이다. 물론 소리만이 풍부한 것은 아니다. 냄새도 풍부하다. 좋은 냄새들은 아니다. 대개 여러 가지 엔진들이 작동할 때 나는 매연이 항구를 가득 채우는데, 배의 발전용 디젤엔진에서 나는 엄청난 매연에다가, 갠트리 크레인의 엔진에서 나는 만만치 않은 매연에, 컨테이너를 실은 트레일러의 매연이 가세하면 소리 못지않게 다채로운 냄새의 오케스트라가 된다.

  만약 컨테이너 터미널에서 이 모든 소음들이 나지 않는다면 어떨까? 사람들이 좋아할까? 초대형 컨테이너선의 선형에 대해 선장과 얘기하다가 덱하우스가 엔진실 바로 위에 있는 대부분의 배의 형태에 대해 얘기하게 되었다. 마침 MSC의 1만 3000티이유급 극초대형 컨테이너선이 눈앞을 지나가고 있었는데(CMA CGM는 이만한 크기의 컨테이너선에 아메리고 베스푸치, 알래스카, 크리스토퍼 콜럼버스 같은 이름을 붙여두고 있다) 이 배들은 길이가 400미터나 되기 때문에 브리지에서 배의 앞 끝까지 너무 멀어서 보이지 않아 브리지가 있는 덱하우스를 선수에 가깝게 놓고 엔진은 원래대로 뒤쪽에 놓게 된다. 그래서 선장에게 덱하우스가 엔진실 위에 있지 않으면 소음과 진동이 전해지지 않아서 거주성이 더 좋지 않겠느냐고 했다. 그러자 선장은 이까짓 진동은 진동도 아니라며, 자기가 배를 처음 타던 1980년대에는 하도 진동이 심해서 온몸이 덜덜 떨리고 말도 할 수 없을 지경이었다고 한다. 그리고 엔진 소리를 들을 수 있어야 엔진의 상태를 바로 파악할 수 있다며 의사가

청진기로 환자의 몸 상태를 듣는 것과 비교했다. 그에게 배의 엔진 소리는 생명의 소리였던 것이다. 그것이 배를 손님으로 타는 입장과 일꾼으로 타는 것의 차이였다. 손님은 무조건 조용하기만을 바란다. 일꾼은 소리를 통해 배의 존재감을 알고 싶어 한다. 손님이 원하는 존재감은 기계의 존재감이 아니다. 반면, 일꾼이 원하는 존재감은 기계의 삶의 리듬이 전해지는 존재감이다. 그는 기계의 소음과 진동을 원한다. 같은 소리라도 누가 듣느냐에 따라 다르게 다가오는 것이다.

소음과 소음 같은 음악의 차이는 무엇일까? 일반인들은 존 케이지의 프리페어드 피아노(Prepared Piano)를 별로 좋아하지 않을 것이다. 피아노의 현에다 볼트나 온갖 잡동사니를 끼워 넣어 이상한 소리가 나게 만든 피아노 곡 말이다. 또한 사람들은 피에르 불레즈나 슈토크하우젠처럼 난해한 현대음악을 싫어할 것이다. 물론 같은 바이올린을 연주해도 현대음악의 음색은 다르게 들린다. 바로크음악을 연주할 때는 포근한 나무 악기 소리를 내던 바이올린으로 슈토크하우젠을 연주하면 기괴한 금속성이 난다. 그래서 사람들은 현대음악을 싫어한다. 그런데 컨테이너 터미널에서 나는 소리를 싫어하는 사람은 보지 못했다. 물론 선원들과 지상 요원 등 매우 한정된 사람에 한한 얘기고 그들의 의견을 다 들어보지는 못했다. 그런 사람들 중 누구도 갠트리 크레인 소리가 듣기 싫다고 찡그리는 것을 보지 못했다. 그런 그들에게 슈토크하우젠을 틀어주면 오디오 장치나 CD가 고장 났다고 내다버릴 것이다. 컨테이너 터미널에서 나는 헤테로포니는 훨씬 더 많고 듣기 싫은 소리들이 더 극단적인 불협화음을 만들고 있는데 왜 사람들은 싫다고 안 할까? 우선 첫째 이유는 컨테이너 터미널은 소리에 신경 쓸 수 있는 곳이 아니기 때문이다. 그곳은 엄청난 중장비들이 움직이므로 지상에 서 있는 사람에게 대단히 위험한 곳이다. 그는 소리 따위에 신경 쓸 수 없는 것이다. 두 번째로는, 그는 이 특수한 장소에 특수한 일을 하러 왔지 쾌적한 사무실에 일하러 온 것이 아니다. 따라서 그는 소음에 대해 불평할 계제가 아닌 것이다. 마지막으로, 가장 중요한 것은 이 소리들이 컨테이너 터미널의 본질적인 부분이라는 것이다. 여기 일하러 오는 사람치고 갠트리 크레인이나 선박의 엔진이 렉서스의 엔진처럼 조용하기를 바라는 사람은 없을 것이다. 왜냐면 그는 컨테이너 터미널의 모든 것들을 통째로 받아들여야 하기 때문이다. 중장비들이 많은 곳에 일하러 온 이상, 중장비들의 존재에 자신을 맞춰야 한다. 중장비들은 개별 인간들에게 맞춰줄 정도로 친절하지 않다. 이곳은 이 세상에서 가장 비인간적인 장소이다. 사람의 인원수보다 기계의 숫자가 더 많고, 사람의 힘보다 기계의 힘이 훨씬 센 곳이다. 따라서 그는 중장비들의 존재와 더불어 그 소리들을 이미 받아들이고 있다. 이제 소리는 컨테이너 터미널의 부산물이 아니라 같이 딸려오는 패키지의 일부이다. 만일 아무 소리가 나지 않고 조용한 컨테이너 터미널이 있다면 그는 불안해서 일을 못 할 것이다.

 소리와 소음의 결정적인 차이는 소리는 누군가에게 호소하는 것이고 소음은 아무에게도 호소하지 않는다는 것이다. 소리는 일종의 발화다. 발화(enunciation), 즉 말을 한다는 것은 나와 상관없는 존재의 주의와 관심을 끌어서 내 쪽으로 귀를 향하게 하고 나의 관심사를 전달하여 그가 나를 향하여 서 있도록 관계를 정립하는 효과를 가진다. 식당에서 '여기요' 하고 부르는 말이나 '빵빵' 하는 자동차 경적 소리가 다 발화에 해당한다. 반면, 소음은 누구의 주의를 끌려는 것도 아닌, 구석에 숨어서 저 혼자 나고 마는 그런 소리다. 그것은 누구에게도 어필하려 하지 않는다. 물론 소음이 어필하는 경우가 있는데 지나치게 크거나 자극적이어서 돌아보게 만들고 뭔가 조치를 취하게 만드는 소음이 그것이다. 자동차의 엔진 소리는 머플러를 쓰지 않았다면 너무 시끄러워서 길거리를 다닐 수 없었을 것이다. 그 소리는 일찌감치부터 어필하여 모든 자동차에는 소음을 죽이는 머플러가 달려 있다. 분명히 그 소리와 자동차 엔지니어와 사용자와 길거리의 모든 사람들은 소음을 통하여 관계를 맺고 있다.

 반면 컨테이너 터미널의 소음은 매우 규모가 크고 복잡하지만 누구에게도 어필하지 않고 혼자서 나는 외로운 소음이다. 그것은 청취자가 없기 때문에 외로운 소리이다. 많은 기계들이 합창을 하고 있지만 그것을 들어주는 사람도, 거기에 대해 평가해주는 사람도, 너무 시끄러우니 뭔가 조치를 취해야겠다고 하는 사람도 없다. 존재는 소리를 내지만 모든 존재의 소리들이 다 수용되는 것은 아니다. 많은 소리들은 잡음으로 취급되어 의미 없이 사라진다.

배에서 들은 소리 중 가장 흥미로운 부분은 바다에 따라 배에서 다른 소리가 난다는 것이다. 즉 바다가 움직이는 양상에 따라 배의 부위 중 소리를 내는 부분이 다른 것이다. 상하이를 떠나 남중국해를 거쳐 믈라카해협, 인도양, 아덴만, 홍해, 지중해, 대서양을 지나는 동안 같은 바다는 하나도 없었다. 사실 매일매일이 같은 바다는 없었다. 바람의 방향과 세기, 기온, 습도, 해수 표면의 온도가 다 다르니 그 요소들의 조합이 만들어내는 바다의 상태는 변화무쌍한 것이었다. 어떤 날은 롤만 있고, 어떤 날은 피치가 조금씩 있고, 어떤 날은 죽은 듯이 잔잔하고, 어떤 날은 롤과 피치가 같이 오는 등, 바다는 천변만화하는 얼굴을 보여주고 있었다. 그때마다 배의 다른 부위에서 다른 소리가 났다. 배라는 것이 아무리 튼튼하게 만들어져 있어도 여러 구조물들 사이에 틈이 있기 때문에 거기서 다양한 소리들이 나는데, 두꺼운 강철판으로 단단히 용접된 선체와는 달리 일반적인 아파트나 사무실 같은 인테리어 재료인 나무나 플라스틱으로 된 선실에서는 재료들이 빈틈없이 단단히 조립된 것이 아니기 때문에 여러 가지 소리가 났다. 배가 천천히 롤링하면 왼쪽으로 끼기기기긱, 오른쪽으로 끼기기기긱 한다. 양쪽으로 공평하다. 상하이에서 인도양 사이에 있는 아시아의 바다에서는 그랬다. 아덴만에서는 롤링이나 피칭은 없는 대신 쿵쾅거리는 엔진 소리가 크게 들린다. 그러다가 지중해에 들어서자 대륙이 바뀌어서 그런지 바다가 롤링하는 방향이 살짝 바뀌었고, 이제껏 전혀 들어보지 못한 완전히 새로운 소리가 들린다. 그것은 엘리베이터에서 나는 뿡뿡 하는 약간 우스운 소리다. 엘리베이터의 칼럼이 그 주위 벽과 마찰을 일으키면서 내는 소리다. 대서양에 이르자 또 새로운 소리가 들리기 시작한다. 아마 놀(swell)의 높이와 주기가 커지니까 이제껏 가만히 있던 구조물들이 거기에 반응하는 것 같다. 놀이란 파도처럼 일시적으로 쳤다가 사라지는 것이 아니라 물이 아주 큰 규모와 느린 사이클로 천천히 융기했다가 가라앉는 것을 말한다. 이제는 금속과 금속이 맞닿아서 천천히 비빌 때 나는 삐익, 삐익 하는 무거운 소리가 천천히, 주기적으로 난다.

이 지점에서 1980년대 초반에 어느 잡지에서 읽었던 선박에 대한 에피소드가 떠올랐다. 내가 호화 여객선이 아니라 굳이 화물선 항해를 하고 싶게 만든 먼 동인은 1980년대 초반에 《뿌리깊은 나무》가 폐간되고 나서 그것을 모방해 나온 《마당》이라는 잡지에 실린 항해기였다. 당시에도 나같이 호기심 많은 기자가 현대상선의 배를 타고 한 달인가 항해하며 선원들과 같이 생활하고 옆에서 관찰한 것을 쓴 기사가 실렸는데, 지금 생각하면 잡지의 기사들이 다 그렇지만 조금 극적으로 과장된 것 같다. 이 기사에는 소리에 대한 다소 극적인 서술이 들어 있다. 당시는 선원들이 주로 한국인들이었다. 몇몇 선원들이 화투를 치고 있었는데 화투를 바닥에 던지려고 높이 쳐든 기관장의 손이 공중에 딱 멎으면서 "어!" 했다는 것이다. 그의 귀에 엔진 소리가 평소와 달랐기 때문이다. 그래서 엔진실로 달려간 결과 엔진이 과열돼서 이상한 소리가 났다는 것인데, 기관장이 정말로 그렇게 귀가 예민한지는 모르겠으나 노련한 기관장이라면 배의 소리를 듣고 상태를 짐작할 수 있다고 한다. 그 기사는 화물선의 대형 선박이라는 것이 얼마나 스케일이 크고 위험한 것이며, 그 엔진을 한번 껐다가 다시 켜는 것이 얼마나 힘든 일인지 극적으로 묘사하고 있었는데, 그런 것들이 나에게 항해에 대한 로망의 단초가 되었다.

선실에 앉아 있는데 배 전체를 뒤흔드는 엄청난 굉음이 울렸다. 큰 사고가 난 줄 알고 나가보니 갠트리 크레인이 해치 커버를 내려놓는 소리였다. 30톤에 달하는 해치 커버가 화물창에 내려질 때 배 전체가 울림통이 되어 큰 소리를 낸 것이었다. 중공업이란 큰 소리가 나는 산업이다.

샤먼 항에 기항한 석탄 운반선에서 크레인이 석탄을 퍼서 부둣가의 야적장으로 옮기고 있다. 이 사진을 찍고 있을 때 어디선가 뿌앙 하고 아주 큰 소리로 기적이 울렸다. 규모가 큰 기계답게 배에서 울리는 기적은 어떤 교통기관이 내는 것보다도 중후하고 임팩트가 센 저음이다. 그것은 거대한 배의 존재감을 알리는 소리였다.

바닷사람답다는 것

신화적 표상으로서 페가서스의 고향이 그리스라면 컨테이너선 페가서스의 고향은 울산 현대중공업 조선소다. 너무 거대해서 숭고미마저 느껴지는 우아한 곡선의 육중하고 두껍고 튼튼한 선체에서부터 거주 구역과 식당과 엘리베이터에 이르는 생활공간에 이르기까지, 페가서스는 세계 최고의 배라고 할 만한 훌륭한 품질을 지니고 있다. 지금 전 세계 바다를 누비는 대형 선박은 거의 대부분 우리나라 조선소에서 만들어진 것인데, 페가서스도 그중 하나이다. 2011년 3월 기준 한국 조선사들은 전 세계 선박의 시장점유율 56.7퍼센트라는 경이적인 숫자를 기록하고 있다. 현대 조선공학의 꽃이라 할 수 있는 초대형 컨테이너선을 처음 타본 나는 그저 놀랍기만 해서 생각이고 분석이고 비평이고 할 수가 없었다. 거대한 규모와 복잡성에 나의 오감과 두뇌는 놀라움으로 마비돼버렸다. 그러다가 천천히 생각하게 되었다. 한국 사람들은 어떻게 해서 이런 큰 배를 지어서 넓은 바다에 나가게 됐을까? 그 질문은 살짝 바꿔보면 한국 사람들은 언제부터 바닷사람이었는가 하는 역사적 질문이 된다. 먼 옛날부터 바다를 개척했던 선조로는 통일신라의 해상왕 장보고가 있다. 그러나 그가 살았던 통일신라와 오늘날의 대한민국은 완전히 다르다. 그런 점을 무시하고 장보고가 바다를 개척한 것과 오늘날의 글로벌 금융자본주의 시대에 첨단 기술을 응용하여 배를 만들어서 바다로 나가는 것을 동일시하는 것은 지나치게 역사적 연속성을 강조 내지는 창작해내는 일이다. 청해진과 부산 신항만을 비교하는 것만큼 난센스인 것이다. 한국 사람들이 큰 배를 지어서 바다로 나가게 된 연유를 따지는 것은 역사적인 연구를 필요로 할 것이므로 이 글의 범위를 넘어서는 일이다. 매우 섬세한 괴물인 페가서스에 대해 내가 가지는 의문은 과연 이런 큰 물건을 다루는 바닷사람이란 어떤 존재인가 혹은 '바닷사람답다는 것(seamanship)'이란 무엇인가 하는 것이다.●

이 세상에는 두 종류의 인간이 있다. 바닷사람과 바닷사람이 아닌 사람. 양쪽은 서로를 이해하지 못한다. 살아가는 물이 다르기 때문이다. 바닷사람은 항상 짠 바닷물을 접하고 살지만 바닷사람이 아닌 사람은 일생의 거의 대부분을 민물을 접하고 산다. 바닷사람은 자신의 바다에서 자신의 방법으로 살아간다. 그들은 발아래 흙보다 물이 있는 것을 좋아하며 침대가 가만히 있는 것보다 끊임없이 흔들리는 것을 좋아한다. 하루 일과가 끝나면 집으로 돌아가서 고단한 몸을 쉬는 보통 사람들과 달리, 그들의 일과는 바다에서 시작하고 바다에서 끝난다. 그들에게는 돌아갈 집이 없다. 항상 거친 파도가 치는 바다가 그들의 고향이다. 페가서스의 선장에게 빌린 조지프 콘래드의 소설 『어둠의 핵심(Heart of Darkness)』에서 바닷사람의 특성을 표현한 문장을 발견한다. "그는 뱃사람이었고 방랑자였다. 그들의 마음은 항상 고향에 가 있지만 그들의 고향은 배다. 그리고 그들의 조국은 바다다."●

바닷사람들은 육지의 관습을 거부하고 육지의 계산법을 거부한다. 그들에게는 그들만이 쓰는 단위가 있다. 노트, 해리, 배수량, 재화 중량, 하절기 흘수선 등등.● 뱃사람들은 육지를 말할 때 'land'라고 하지 않는다. 그들은 'shore' 즉 해안이라고 말한다. '육지에서는'이라고 말할 때 그들은 'on the shore'라고 한다. 여기서의 shore는 해안가가 아니라 땅 전체와, 거기서 벌어지는 모든 일을 가리킨다. 즉 바다를 빼면 다 해안인 것이다. 흡사 군인들이 군대 밖 세상을 말할 때 '사회에서는'이라는 독특한 용법을 쓰듯이 말이다. 그런데 해안은 육지가 바다와 닿는 극히 일부의 영역이다. 해안이란 그들이 땅에 발을 디디는 그 좁은 영역일 뿐이다. 그럼에도 뱃사람들이 육지를 말할 때 해안이라고 하는 이유는 뱃사람들 중 바닷가 지역 출신들이 많고(한국에서는 부산, 울산, 마산, 목포 출신들이 많고 페가서스 선장의 경우는 에게 해변에 있는

'Seamanship'은 보통 'good seamanship'이란 말로 표현하는데 굳이 번역하자면 "훌륭한 선원의 조종술"을 말한다. 즉, 통상적으로 선박이 서로 조우했을 때 충돌의 위험을 피하기 위해 오랜 관습에서 성립된 규정에 따라 선원이 취하는 조종술을 말하는 것으로, 예를 들어 서로 좌현 대 좌현(Port to Port)으로 피하기 위한 동작을 취하는 것이 대표적이다. 여기서는 해상이라는 특수한 조건에서 발생한 위기 상황에서 선장 혹은 선원이 취해야 하는 행동이나 대처능력 및 정신적 무장상태를 말한다. 각주 김수룡.

조지프 콘래드, 이상옥 옮김, 『암흑의 핵심』(민음사, 1998), 3쪽.

해리(nautical mile)는 해상에서 쓰는 거리 단위로서, 길이는 1852미터이다. 노트(knot)는 1해리를 한 시간에 이동하는 속도이다. 배수량(displacement)은 선박이 밀어내는 물의 부피를 톤으로 나타낸 것으로서, 선박의 전체적인 크기를 따질 때 쓴다. 재화 중량(deadweight)은 선박이 실제로 실을 수 있는 화물의 중량이다. 하절기 흘수선(summer draft)은 여름을 기준으로 배가 물속에 가라앉는 깊이를 말한다.

크로아티아의 작은 바닷가 도시 리예카가 고향이다) 그들이 접하는 대부분의 육지는 해안가이기 때문이다. 그들에게 땅 전체는 접할 일도 없거니와 경험의 범위 안에 들어 있지 않다. 그들에게는 해안이 육지 세계의 전부인 것이다. 뱃사람들에게는 그들만의 언어가 있다. 항해사, 갑판장, 기관장 같은 직급은 육지에는 없을뿐더러 해군의 직급(직별장, 전대장 등)도 육군의 것과 다르다. 방랑하는 화란인처럼, 무한대의 바닷길을 목숨이 붙어 있는 한 떠도는 것이 바닷사람이다. 그에게 종착지란 없다. 항구에 닿았다고 끝이 아니라 그다음 항구가 또 기다리고 있다. 그에게 항구란 영원한 방랑의 중간 기착지일 뿐이다. 그것을 숙명으로 받아들이는 것이 바닷사람이다. 그들에게는 거친 것과 순한 것의 구분이 없다. 어떤 모양으로든 될 수 있는 물처럼, 바닷사람은 어떤 조건에도 적응하기 때문이다. 바닷사람은 독특한 종(species)이다.

 들짐승을 잡아다 길들여서 가축을 만들듯이, 육지 사람들은 바닷사람이라는 종을 포획하여 길들여서 선원을 만들었다. 선원증을 주고 1등 항해사, 2등 항해사, 갑판장, 기관장 등 직급을 부여하고 이에 걸맞는 월급을 주고, 일을 잘하면 승진시킨다. 바닷사람은 생존의 방편으로 육지 사람들이 원하는 일을 해주며 가끔씩 육지에 들르지만 그들의 마음은 항상 거친 바다에 있다. 그들은 영원히 육지에 적응할 수 없는 사람들이다. 그런 바닷사람을 육지 사람들은 '거칠다'고 한다. 거친 것은 바닷사람의 심성이 아니라 그들을 대하는 육지 사람들의 편견에 가득한 눈이다. 바닷사람들은 조류와 바람을 읽을 줄 알고 수심을 가늠할 줄 알며 별자리를 보고 자신의 위치를 계산할 줄 알고 배의 심장 소리를 듣고 기계의 상태가 좋은지 나쁜지 판단하며 어떤 바다의 물은 어떤 색깔인지 구분할 만큼 섬세하다. 예를 들어 뉴펀들랜드 주에서 시작하는 강력한 라브라도 조류를 잘 타면 대서양을 건너 영국까지 편하게 갈 수 있다. 라브라도 조류의 속도는 6노트이므로 항해하는 배에게 상당한 힘이 된다. 물론 그 반대로 가는 경우는 매우 힘들어진다. 이 세상의 바다에서 조류가

까다롭지 않은 곳은 없다. 지브롤터해협은 대서양과 지중해의 조류가 만나는 지점이므로 항해하기가 매우 까다롭다. 말레이시아의 포트켈랑은 강어귀에 있는데, 강물이 흘러들어 조수의 간만과 섞이므로 때를 제대로 맞추지 못하면 입항하기가 매우 어렵다. 영국의 사우샘프턴 항도 조류가 매우 세서 입항하기 어려운 곳이다. 선장의 일은 이 모든 것을 파악하여 판단하는 것이다. 바닷사람들이 육지 사람들에게 포획되어 월급이라는 것을 받게 되면서부터 바다는 그들에게 직장이 되었다. 그러나 바다는 직장이 아니다. 사냥꾼이 멧돼지를 쫓아가는 거친 산맥이 직장이 아니듯이 말이다. 대양의 물은 서로 통해 있으므로 바닷길은 결코 끝이 없으며, 바닷사람의 항해도 끝이 없다. 대항해시대에서부터 모든 것이 디지털화된 오늘날까지도 바닷사람은 끝없는 바다를 떠돈다. 사람에게 아가미를 단다고 물고기가 되지 않듯이, 육지 사람을 배에 태운다고 바닷사람이 되지 않는다. 바닷사람은 바다에서 태어나고 바다에서 죽는다. 그들이 육지에서 죽는 것은 껍질만 남기는 일일 뿐이다.

    배를 탈 때 가장 궁금한 것 중 하나가 선장은 어떤 캐릭터를 가진 사람일까 하는 것이다. 전에 타본 배의 선장은 독선적으로 지휘하는 스타일이었다. 물론 선장은 때로 독선적이지 않으면 안 되는 사람이다. 배가 위급한 상황에 빠졌을 때 갈팡질팡하며 아랫사람에게 의견을 물어봐서야 선장이라고 할 수 없다. 하지만 독선적이기만 해서는 선장이 될 수 없다. 좀 더 확실한 카리스마가 필요하다. 페가서스의 후버 선장은 그렇다면 어떤 사람인가? 오늘 선장에게서 배운 것은, 카리스마는 침착함에서 온다는 것이다.

    선장이 해준 얘기는 갑자기 어떤 사태가 닥쳤을 때 마음의 평정을 잃지 말고 대처하는 문제였다. 그가 선장인 이유는 거기 있었다. 예기치 못한 사태가 닥치면 선원들은 당황한다. 예를 들어 화재나 부상 같은 것 말이다. 사람들은 패닉에 빠져 몸과 마음이 얼어붙고, 정상적인 사고가 딱 멈춰버린다. 선장은 그럴 때 어떻게 지휘자로서 자세를 잡고 당황한 사람들을 제대로 판단하고 행동하도록 해야 하는지 말해줬다. 그의 설명 방식은 일종의 기계론이었다. 즉 사람을 기계로 보고 그 기계에 과부하가 걸렸을 때 어떻게 해결할 것인가 하는 관점에서 사태를 파악하는 것이다. 기계론적으로 사람을 봤을 때 유리한 점은 웬만한 사태에 부딪혀서도 패닉에 빠지지 않는다는 것이다. 예를 들어 누가 부상을 당해 피를 철철 흘리고 있을 때 그 사람을 사람으로 보면 너무나 끔찍하고 당황해서 부들부들 떨게 된다. 그러나 이 사태를 기계에 대한 어떤 것으로 보면 피는 연료가 유출된 것이고 부상 부위는 선체 일부가 파손된 것이니 그에 맞는 대처 방법을 찾아서 적절히 수리를 해주면 된다. 선장에 따르면 사람의 머리는 기계 같아서 과열하면 작동이 멈춰버린다. 자동차 엔진이 과열돼서 멈춰버리듯이 말이다. 즉 위기가 닥치면 사람은 머리가 정지해버려 정상적인 사고를 못 하고 온몸이 얼어붙어 버린다거나 비명만 지르고 있다든가 하는 것이다. 그럴 때는 엔진을 식혀줘야 한다. 마찬가지로 위기가 닥쳐서 머리가 정지해버렸을 때 우선 할 일은 머리를 식히고 평정심을 찾는 것이다.

후버 선장이 전에 타던 배에 화재가 난 적이 있다고 한다. 화물 담당 사관이었던 그는 다른 선원 세 명과 한 시간 동안 소화기를 동원해서 불을 끄고 있었는데 독일인 선장은 이미 구명보트를 타고 배를 떠나려 하고 있었다. 화재가 난 데다가 불을 끄느라 정신이 없는 다른 선원들과 무전 교신이 안 되니까 그 배는 가망이 없다고 보고 탈출하려 했던 것이다. 불을 다 끄고 그들을 다시 배로 끌어올렸을 때 선장은 부하 선원인 지금의 선장 앞에서 얼굴을 들 수 없었다고 한다. 어떤 사태가 터졌을 때 선장이 하는 첫 번째 일은 패닉에 빠진 선원들을 달래서, 때로는 야단쳐서 정신을 차리게 만드는 것이다. 카리스마는 침착함에서 오는 것이지 무조건 찍어 누르는 권위에서 나오지 않는다는 것을 그는 보여주었다.

선장이 1986년 10월 6일이라고 날짜까지 정확하게 기억하는 그날, 얘기만 들어도 끔찍한 일이 벌어졌다. 선장은 2만 톤 정도의 잡화선에서 화물 사관(cargo officer)으로 일하고 있었는데 그의 배는 일본 근해를 항해하던 중 태풍 한가운데 들어서게 되었다. 요코하마로 가는 길이었으나 배는 사정없이 태풍에 떠밀려, 엔진은 돌아가고 있음에도 불구하고 격랑에 휘말려 앞으로 나아가지 못하고 바다 위를 맴돌기만 할 뿐이었다. 극심하게 요동치는 배에서 선원들은 모두 죽음의 공포에 빠져 제정신이 아니었다. 격랑에 떠밀린 배는 어떤 바위에 100미터까지 근접했었다. 그런 광경을 본 그 배의 선장은 자포자기하는 심정으로 조니워커 한 병을 그 자리에서 들이키고는 입에 거품을 물고 쓰러졌고, 동행한 선장의 여자 친구는 이 광경에 소리만 지르고 있었다. 사무장은 정신이 나가 브리지에 있는 의자에 뻗어 있었고 선원들은 한데 모여 가족들의 사진을 보며 울부짖고 있었다. 배 안은 한마디로 극도의 패닉 그 자체였다. 아마도 성경에 나오는 세상의 종말이 그런 모습이었을 것이다. 이때 나서서 사태를 수습한 것이 지금의 선장이었다. 무엇보다도 패닉 상태에서 빠져나와 정신을 차리는 것이 제일 급했다. 그는 선장이 인사불성에 빠졌음을 보고는 자신이 선장의 직무를 떠맡았다. 그 선장은 나중에 직무 유기로 하선됐다고 한다. 선장은 계속 소리 지르는 여자의 뺨을 몇 차례 가볍게 때려 정신을 차리게 만들었다. 그러고는 갑판장에게 연락했다. 배에서 물이 새는 곳이 있느냐고 하니까 아무 데도 없다고 한다. 그렇다면 배는 상태가 괜찮은 것이다. 그러고는 기관장에게 연락했다. 엔진이 어떠냐고 하니까 70퍼센트의 출력을 내고 있다고 한다. 엔진은 정상이었다. 배가 파도에 휘말렸을 때 엔진이 꺼지면 휩쓸려 전복될 수 있지만 엔진이 돌아가고 있다면 자기 방향을 찾아 안정성을 되찾을 수 있다. 그에게 엔진 출력을 최고로 내라고 하니 배는 그제서야 조금씩 느리게나마 앞으로 나아가기 시작했다. 시속 1노트나마 속도를 내기 시작했다. 사태가 수습되기 시작한 것이다. 배는 예정된 요코하마로 갈 수 없어서 가고시마로 가야 했는데 격랑에 냉동 컨테이너가 엉망이 되어 거기 실린 새우들을 전부 주방용 냉동고에 옮겨 싣는 작업을 선장은 지휘했고, 75퍼센트의 냉동 새우를 살릴 수 있었다고 한다. 물론 나중에 요코하마로 가지 않고 가고시마로 갔다고 화주가 소송을 걸어서 이에 대한 재판을 3년이나 끄는 골치 아픈 일이 있었지만 선장은 패닉에 빠진 선원들과 배를 구한 것이다.

이런 에피소드들을 듣고, 사람들이 힘들게 일하는 것을 옆에서 보고 배운 가장 중요한 점 중의 하나가 바닷사람(seaman, seafarer)의 특징이다. 바닷사람 혹은 뱃사람 하면 육지의 일반인과는 달리 뭔가 독특한 특징을 가지고 있을 것만 같다. 우선 바다는 상상할 수 없이 거칠고, 위험한 일들이 많이 일어나기 때문에 바닷사람이라고 하면 그런 것들을 견뎌낼 만한 거칠음과 강인함이 떠오른다. 속초항의 꽁치잡이 어부에서부터 13만 톤짜리 배의 선장에 이르기까지 공통점이라면 바다와 싸워야 한다는 것이다. 반드시 이길 수만은 없는 싸움을 말이다. 해군은 자기 나라의 다른 군대보다 낯선 나라의 해군을 만났을 때 더 반갑다고 한다. 바다와 싸워야 하는 공동의 운명을 가지고 있기 때문이다.

육지 사람들은 뱃사람 하면 한쪽 눈은 없고 얼굴에는 칼자국이 나 있는 애꾸눈 선장 잭을 떠올리든가, 아니면 술을 아주 많이 마시고 성질은 난폭한 사나이를 떠올리게 된다. 그런데 배에서 만난 바닷사람들은 전혀 그런 타입이 아니다. 물론 배의 크기와 종류마다 차이는 있겠으나 오늘날 대형 화물선의 뱃사람들은 관리직(사관들)에서부터 노동자(선원)까지 다양한 유형의 사람들이다. 물론 선장은 CEO라고 할 수 있겠다. 사실 화물선이라는 것이 회사가 운용하는 것이기 때문에 뱃사람들도 계약을 맺고 월급을 받는 직원들이다. 하는 일이 다양하고 다를 뿐이다. 그렇다고 해서 선장, 기관장, 항해사, 갑판장, 선원 같은 사람들이 회사의 사장, 이사, 부장, 차장, 대리 같은 사람들과 같은 사람들은 아니다. 분명히 바닷사람들은 육지 사람과 다른 어떤 면을 가지고 있다.

후버 선장은 대단히 강한 사람이다. 자기가 옳다고 결정을 내리면 절대로 굽힐 사람이 아니다. 그는 일생을 거친 바다에서 살며 삶과 죽음의 사이에서, 이익과 손실 사이에서, 명예와 치욕 사이에서 많은 결정을 내려야 했고 자기가 내린 결정에 대해 책임을 지기 위해 행동해왔다. 또한 자신의 행동은 항상 합리화해야만 했다. 그는 주먹싸움이건 말싸움이건 누구와 싸워도 이길 자신이 있다고 하는데 실제로 그럴 거 같다. 그의 얘기를 쭉 들어보면 거친 바다는 별로 문제가 아니다. "그들은 뱃사람이다. 그들은 우리 입장을 이해한다." 이 말은 거친 바다에서 고생한 상대방에 대한 신뢰를 표현하는 말이다. 뱃사람들끼리는 바다라는 자연환경의 특성만이 아니라, 배를 운항하는 데 필요한 기술적인 문제들을 이해하고 있다는 뜻이다. 예를 들어 앵커를 어디에 내려야 하고 어디에는 내리면 안 되고 하는 문제 같은 것 말이다. 예를 들어 선장은 수심 30미터 이상의 바다에는 앵커를 내리지 않는다. 앵커 체인의 길이는 14섀클(1섀클은 27미터) 즉 378미터지만 앵커 무게에 체인의 무게가 더해지면 끌어올리기 힘들고, 체인이 끊어져서 앵커를 잃어버린 적이 몇 번 있었기 때문에 앵커는 항상 30미터 이하의 수심에만 내리는 것이다.

반면, 그가 가장 골치 아파하는 것은 육지의 사람들이다. 특히 행정 담당자들이 골칫거리다. 바다에서의 삶을 이해하지 못하고 형식에 맞춰서 이래라저래라 하기 때문이다. 선장은 그런 사람들에게 자신의 입장을 관철해야만 한다. 그리고 그는 배의 운항에 대해 항상 자신의 입장을 관철할 수 있는 논리와 자신감, 키가 크고 목소리가 우렁우렁한 사람의 존재감을 가지고 살아왔다. 선장은 'shit'이란 말을 참 많이 쓴다. 대서양의 날씨가 아주 나쁘다고 할 때도 "The weather in Atlantic is a big shit"이라고 하고, 컴퓨터에 USB를 꽂을 때도 "You put this shit in the computer"라고 하는 식이다. 흑인 래퍼들이 shit을 쓰는 것과 비슷한 맥락으로 쓴다. "아침에 할 일이 있어"는 "You got this shit in the morning, ya'll" 이런 식이다. 동유럽 출신 백인 선장과 브루클린 흑인 래퍼의 공통점은 무엇일까? 험한 세상에 산다는 것? 그래서 언어가 비슷한지도 모르겠다.

일생 동안 바다를 누빈 사람답게 할 말이 많은 선장과의 식사는 항상 두 시간이 걸린다. 매일 저녁 식사 시간은 선장의 '이제는 말할 수 있다' 시간이다. 선장은 저녁때마다 가슴속에 품어왔던 먼 바다의 이야기를 들려준다. 유고슬라비아가 티토의 휘하에서 독자적인 사회주의 노선을 걷고 있었을 때 선장은 국영 회사 소속의 배를 타고 미국 오대호에서 밀을 잔뜩 싣고 몬트리올을 지나 세인트로렌스 강 하구를 따라 대서양으로 나와서 유럽으로 나르는 항해를 하고 있었다. 그때 오대호에는 얼음이 잔뜩 얼어 있었다. 그래서 쇄빙선이 얼음을 깨고 만든 길을 따라서만 항해할 수 있었는데 배에 탔던 선장의 여자 친구는 유고슬라비아의 유명한 기자였다고 한다. 젊은 선장보다 나이가 열한 살이나 많은 그녀는 사진을 더 잘 찍을 수 있도록 선장에게 배를 좀 틀어달라고 했다. 큰누나 같은 여자 친구 말이라면 다 들어주는 선장은 그렇게 하려고 했으나 배는 두께가 1미터가 넘는 얼음에 끼어서 움직일 수가 없었다. 배는 앞으로 나아갈 수 없었다. 그래서 배를 후진하려고 했으나 얼음이 두꺼웠기 때문에 키와 프로펠러를 다 망가트리게 된다. 그래서 선장이 쇄빙선을 부르려고 하자 도선사는 그 돈은 누가 내느냐고 걱정이다. 선장은 우리 배는 유고슬라비아 국영선이며 돈은 모두 정부에서 낸다고 안심시켰다. 당시 2등 항해사였던 선장은 그 배의 선장에게 빈 종이를 들고 가서 사인을 받아온다. 도선사는 여기에 쇄빙선을 부를 수 있는 공문을 꾸몄고, 정상 가격의 두 배 되는 돈을 지불했다. 액수가 얼마든 기술적인 것에 대해 따지지 않는 유고슬라비아 정부는 어쨌든 돈을 낼 것이기 때문이다. 그 국영 해운 회사는 결국 그래서 망하게 되는데, 어쨌든 이게 선장이 바다에서 체험한 사회주의 체제이다. 선장이 들려주는 먼 바다의 이야기 중에는 한국의 부산이나 거제, 목포같이 항구와 조선소가 있는 곳들이 포함돼 있다. 선장에게는 한국도 먼 바다인 것이다.

    선장이 저녁 식사 자리에서 해주는 얘기가 먼 바다의 스케일 큰 일에 대한 것만은 아니다. 그는 대형 선박을 운항하는 데 따르는 기술적인 문제에서부터 자기 친구 얘기, 딸 얘기, 읽은 책 얘기 등 온갖 사적인 얘기들까지 다 한다. 그는 서른이 다 된 자기 딸이 미술대학을 나왔지만 도대체 인생의 목표가 없이 어떤 것에도 집중을 할 줄 모르며 인생은 다 운명이 이끄는 대로 가는 것일 뿐이라고 한다며 그녀의 수동적인 태도에 대해 불평한다. 선장은 운명은 자기가 만들어나가는 것이라고 굳게 믿고 있다. 선장 특유의 강인한 성격과 당당한 체구, 우렁찬 목소리는 정말 몇 만 톤의 배를 이끌 듯 무거운 운명을 자기 어깨에 짊어지고 왔을 것 같은 느낌이 들게 한다.

  대서양의 날씨가 나빠서 바로 나가지 못하고 지브롤터해협 안쪽 지중해에 갇혀 3일을 드리프트(배가 바다에 둥둥 떠 있는 것)한 끝에 대서양으로 나아가게 된 날 저녁 식사의 결론은 이거다. "우리는 태양을 위해 싸웠다. 그래서 태양을 얻었다." 그가 어떻게 태양을 얻기 위해 싸웠는지는 내가 며칠간 옆에서 봐왔기 때문에 잘 알고 있다. 그 과정을 써보자. 지중해를 항해하면서, 지브롤터에 닿기 며칠 전부터 대서양의 날씨가 심상치 않다는 예보가 들어왔다. 그러면서 그는 2월 17일로 예정된 사우샘프턴의 기항이 어려울 거라고 얘기한다. 사우샘프턴에 17일에 도착할 것에 맞춰서 호텔을 예약해 두고 거기 맞춰서 런던에서 인천으로 가는 비행기 표를 예약해 둔 나로서는 날짜가 늦춰지면 여러 가지 골치 아픈 일들이 생긴다. 물론 수많은 비용을 치르며 운항하는 상선의 스케줄이 지연되면 많은 손실을 입게 되므로 선장은 그에 대한 고민을 해야 한다. 그러나 나의 고민은 오로지 나 자신의 여행 스케줄에 대한 것이다. 그러다 며칠이 지나자 아마도 영국 날씨가 괜찮을 거라고 한다. 일기예보가 매일 조금씩 바뀌니까 그렇게 말한 것이다. 궁극적으로 지브롤터에 왔을 때 선장은 대서양 날씨가 정말 나빠서 며칠 피해 있어야 한다고 했다. 결국 내 스케줄은 지킬 수 없게 된 것이다.

  선장은 요 며칠간을 시시로 변하는 기상 조건과, 재화 중량이 많이 나가고 흘수가 깊은 컨테이너선 특유의 어려움과 위험에 대해 고민하며 계산기와 씨름하고 있었다. 아마도 그는 무모하게 길고 높은 놀이 치는 대서양으로 배를 몰고 들어갈 수도 있었을 것이다. 그러나 그는 선장의 신중함으로 위험을 피하기로 한다. 그래서 대서양 한가운데로 나가는 대신 스페인과 프랑스 사이에 있는 비스케이 만의 안쪽으로 바싹 붙어서 가기로 한다. 이런 결정이 쉬운 것이 아닐 것이다. 왜냐면 시간이 더 걸리고 비용이 더 걸리는 일이기 때문이다. 그런데 가장 최근에 받아본 예보에 따르면 그것도 쉬운 일이 아니라고 한다. 그래서 지브롤터해협의 안쪽, 지중해 안에서 앵커를 내리고 기다리기로 한다. 길거리에 차를 3일간 세워 놓으려면 온갖 요인을 생각해야 하듯이, 큰 배를 3일간 남의 항구 앞에 앵커를 내리고 있으려면 훨씬 더 많은 요인을 생각해야 한다. 모로코의 탕헤르 메드 항 앞에서 앵커를 내리고 있으려니까 마치 남의 담벼락 앞에 차 세워놓지 말라는 듯이 항만 당국이 앞에서 얼쩡거리지 말고 다른 곳으로 비키라고 한다. 그래서 한밤중에 배를 다시 움직여서 스페인 앞쪽, 마르베야라는 도시 앞바다에 앵커를 내리기로 했다. 여기서부터 3일간 바다 위를 떠도는 드리프팅이 시작된 것이다. 물론 우리가 떠 있을 곳은 공해상이지만 이 도시에는 해양 경비대가 있어서 우리를 다시 내쫓을 수도 있다. 주된 이유는 스페인 바다를 오염시킬 수도 있다는 것이다. 사실 해양오염은 선박에게는 초미의 관심사여서, 브리지에는 해양오염 방지를 서약하는 서류에 모든 선원이 서명하여 붙여놓았다. 그리고 해양오염 방지에 대한 통신문은 수시로 들어온다. 그것은 해적이나 테러리즘 이상의 비중을 가지고 다뤄진다.

하루를 마르베야 앞에 있는데 대서양의 저기압이 지중해 쪽으로 밀려들어 온다는 예보가 있다. 그렇게 되면 바다가 사나워진다. 그래서 배를 지중해 남쪽 해변인 모로코 쪽으로 옮기기로 한다. 예보대로 모로코 앞쪽으로 옮기니까 앞을 볼 수 없을 정도의 비바람이 몰아친다. 정말 집으로 갈 수 있을까 싶게 아득해진다. 하지만 몇 시간이 지나자 비는 개이고 바람은 조금 잠잠해졌다. 지난 3일은 태양을 찾아서 헤맨 것 같았다. 그것이 선장이 태양을 얻기 위해 고군분투한 과정이다. 그동안 그는 사나운 바람을 피하고, 해양 당국을 피하고, 13만 톤의 배와 화물을 안전하게 이끌기 위해 많은 고민을 했다. 그래서 결국 지중해를 빠져나오게 된 것이다.
그래서 그는 태양을 얻었다. 우리가 저녁을 먹고 있던 식당 창문으로
밝은 햇살이 비쳐 들어왔다. 그때 선장이 "우리는 태양을 위해
싸웠다. 그래서 태양을 얻었다"라고 말했을 때 저게 정말로 선장의
카리스마구나 하는 것을 절절히 느낄 수 있었다. 무엇이든 자신의
의지로 싸워서 얻을 수 있다는 그의 신념이 확인되는 순간이었다.

물론 바닷사람의 바다는 일반인이 상상하는 바다와는 완전히
다르다. 일반인에게 바다란 여름 한철 피서를 가서 찰랑이는 파도에
발을 담그다가 회 한 접시 먹고 오는 곳이다. 바닷사람에게 바다는
노동의 장소이며 삶과 죽음이 갈리는 치열하고 무서운 곳이다.
그들에게 바다는 온갖 재난과 사고의 보고이다. 바다를 좋아하는
사람들은 무한한 에너지로서의 바다, 무한대의 공간으로서의 바다,
무한대의 위력으로서의 바다를 체험할 일도 없고 그런 것이 있는지
알 기회도 없다. 그런 바다에서 살아가는 사람들이 뱃사람들이다.
그런데 뱃사람들은 항상 표상으로부터 소외된 삶을 살았고, 바다는
사막과 같이 주름진 공간이 아니기 때문에 표상이 들어설 자리가
없었다. 표상되지 않으면 존재하지 않는 것이다. 그래서 이 세상에는
두 가지 다른 바다가 있다. 육지 사람들의 바다와 뱃사람들의 바다.
둘은 완전히 다른 세계다. 휴가와 낭만, 경관이 전자라면 후자는
노동과 재난, 고난과 방랑의 세계다.

오늘날의 바다는 정확해진 기상예보와 정교한 항법 장치,
튼튼하고 믿을 만한 선박 덕분에 많이 편하고 안전해졌다. 그래도
바닷사람의 삶과 일은 여전히 고단하다. 그러나 그들은 불평하지
않는다. 바닷사람에게 힘든 것이 바다의 거칠음이냐고 선장에게
묻자 그는 그런 것들은 익숙해질 수 있다고 한다. 바닷사람의 삶은
옛날이나 요즘이나 인고 그 자체이다. 오늘날처럼 식사와 주거 등의
편의 시설이 호텔급으로 갖춰진 배에서도 바닷사람의 삶은 편치
않다. 1년 내내 가족도 볼 수 없고 20여 명의 같은 사람만 만날 수
있으며 바람 쐬러 쇼핑이나 극장도 갈 수 없고 이웃으로 산책이나

페가서스의 브리지에 커피 잔을 들고 앉아 있는 다미르 후버 선장. 그는 "아침에 브리지에서 마시는 커피의 향은 최고"라고 했다.

마실도 갈 수 없는 직장이 있다고 생각해보라. 이런 직장을 기꺼이 택하여 일생을 그렇게 살아가는 사람들이 바닷사람들이다. 오히려 그들이 견디지 못하는 것은 인간세계였다. 선장은 밀폐된 곳에 사람이 많은 것을 견디지 못한다고 한다. 크로아티아 시골 도시의 광장에 사람이 기껏해야 수십 명 정도 모인 것, 비상구가 어딘지도 모르는 지하 바에 사람들이 가득 차 있는 곳에 들어가면 그는 끔찍하다고 한다. 평생을 끝이 없는 바다만 보고 살아왔기 때문이다. 인간세계의 계산과 번잡함, 속고 속이는 자잘한 꾀와 노림수들을 그들은 견딜 수 없어 했다. 바닷사람들은 1년의 대부분을 바다에서 지내며, 중간중간 6개월마다 2개월씩 휴가를 얻는다. 그런데 그 휴가는 무급이므로 진정한 휴가는 아니다. 육지의 월급쟁이 휴가와는 다른 것이다. 이래저래 바닷사람은 바다에서 살 수밖에 없는 사람들이다.

거친 자연과 맞서 싸우는 사람은 다 그렇지만, 바닷사람도 산사람과 비슷하게 보수적인 편이다. 그것은 아마도 살아서 목숨을 부지하는 것이 가장 중요하고 어려운 일이기 때문에 뭔가 새로운 일을 시도하는 데 따르는 위험을 감수하고 싶지 않아서이기 때문일 것이다. 새롭고 불확실한 것보다는 옛날의 확실하고 안정적인 것이 좋은 것이다. 안전과 생존에 관해서는 말이다. 보수적이라서 그런지 바닷사람의 특징이 뭐냐고 묻자 선장은 과거를 회상하는 눈빛으로 '좋았던 옛날'을 떠올린다. 큰 배들은 모든 면에서 막대한 돈(연료, 정박료, 임대료, 운하 통과료 등등)과 연관돼 있기 때문에 일정이 매우 빠듯하다. 항구에 들어가면 짧으면 열 시간, 길어봐야 24시간 안에 모든 일을 마치고 빨리 다음 기항지를 향해 떠나야 한다. 이런 일정 속에서 선원들이 육지에 여유 있게 상륙해서 술을 마신다든가 하는 일은 상상할 수도 없다. 작은 배에서 일하던 옛날에는 이렇지 않았다고 한다. 한번 정박하면 최소 1주일, 길면 한 달도 있었기 때문에 낯선 나라의 낯선 장소들, 낯선 사람들을 만나서 새로운 경험을 할 수 있었다고 한다. 선장은 그런 것을 '모험'이라고 했다. 아마 배를 오래 탄 사람이라면 누구나 낯선 나라의 항구에서 이상한 술집에 들어갔다가 이상한 일을 당한 경험이나, 거꾸로 예상치 못한 환대를 받고 즐거웠던 경험이 다 있을 것이다. 이런 것들이 다른 직업에서는 찾아볼 수 없는 바닷사람의 낭만이고 모험이다.

  보수적인 점 때문인지 바닷사람들은 기계의 컴퓨터화를 썩 좋아하지 않는 편이다. 물론 이런 반응은 주로 선장이나 사관들에게 들은 것이므로 젊은 선원들은 다르게 반응할 수도 있다. 어쨌든 뭐가 한번 잘못되면 완전히 죽어버리는 컴퓨터를 바닷사람은 썩 좋아하지 않는 편이다. 그들은 볼 수 있고 믿을 수 있는 무겁고 단단한 기계를 더 좋아하는 편이다. 나무로 돼 있는 옛날 배에서는 목수가 모든 수선을 담당했고 쇠로 된 오늘날의 배에서는 갑판 용접수(deck fitter)가 모든 수선을 다 하는데, 두 가지 수선의 공통점은 바다 한가운데서도 나무나 쇠를 이리저리 잘라 맞춰 고칠 수가 있다는 것이다. 그러나 항해를 담당하는 컴퓨터가 고장 나면 배에서는 속수무책이다. 그래서 오래된 바닷사람은 컴퓨터 같은 얄팍한 기술을 좋아하지 않는다. 그들이 신뢰하는 기술은 두께와 무게를 잴 수 있는 기술이다.

  바닷사람이 뭐냐고 물으면 가장 간단하고 확실한 대답은 육지보다 바다를 편하게 생각하는 사람이라고 할 것이다. 19세 때부터 배를 타서 40년 가까이를 바다에서 보낸 선장이나, 그가 처음 배를 타던 1978년에 모시고 있던 선장 같은 사람들이 그런 사람들이다. 두 사람 다 예전 유고슬라비아 사람들로서 유고슬라비아 배를 탔었다. 당시는 1년을 배를 타고 육지에 내리곤 했다는데, 집에 가도 그리 편치는 않았다고 한다. 더러는 2년 가까이 땅에 내리지 않고 배를 타는 일도 있었다고 하니, 바닷사람과 육지 사람은 인내심에서 확연히 구별되는 것 같다. 후버 선장이 처음 모셨던 선장의 얘기는 아주 옛날에 종로4가의 어느 중국집에서 엿들은 마찌꼬바의 선반공 얘기를 떠올리게 한다. 마찌꼬바란 종로와 청계천 뒷골목에 있는 작은 가게만 한 크기의 공장을 말한다. 그곳에는 체계적인 교육을 받지 않고 전수된 방법으로 기계를 다루며 물건을 만들어내는 장인들이 있다. 그들의 얘기는 옛날부터 도제식으로 기술을 배운 사람들은 계산하지 않고 눈대중, 손대중으로 쇠를 깎아도 학교에서 공식으로 배운 사람보다 훨씬 정확하고 정밀하게 깎는다는 것이었다. 즉 체계적인 교육의 바깥에서 기술을 배운 사람들은 그런 방식에 대한 굳은 믿음이 있다. 후버 선장도 정말로 똑같은 얘기를 한다. 자기가 모시고 있던 선장은 항해는 기가 막히게 하고 바다에서는 대단히 편하게 지내는데 육지를 대단히 두려워했다고 한다. 아마도 육지의 온갖 사람들이 얽혀 있는 복잡하고 골치 아픈 일들이 두려웠을 것 같다. 바다에 나가면 자신과 배와 바다만 상대하면 되니까 말이다. 그 옛날 선장이 타던 유고슬라비아 상선에는 GPS 같은 것은 아예 없었고 레이더는 6마일 범위밖에 탐지하지 못하는 저성능의 것이었다. 당시 선원들이 의존했던 항해 도구는 나침반과 육분의(sextant 六分儀)밖에 없었지만 옛날 선장은 절대로 항법을 틀리는 법이 없었다고 한다. 식사 때마다 선원들이 식당에 모이면 해도를 펼쳐놓고 식탁용 나이프로 현재 위치를 딱 찍는데 절대로 틀리는 법이 없었다고 한다. 40년 동안 한 번의 사고도 없었기 때문에 영국의 로이드선급협회가 주는 상을 받았다는 그가 바다에서 일을 완벽하게 처리할 수 있었던 것은 오랜 경험에서 쌓인 노련함 때문이었다. 결국 뱃사람이란 그런 것이었다. 육지에서의 자잘한 일에 연연하지 않고 먼 바다를 고향으로 삼는 사람들.

인간이 자연의 힘 앞에 속수무책이던 옛날에 사람들이 자연을 이길 수 있는 방법은 미신밖에 없었다. 그래서 바닷사람들은 숱한 미신과 전설을 만들어왔다. 옛날 서양의 범선 맨 앞쪽에 여신상을 만들어 붙이는 것이 그런 미신의 대표적인 형태이다. 또 대표적인 미신으로 '방랑하는 화란인'이라는 전설이 있다. 악마와 계약을 맺은 덕분에 무사할 수 있었지만 그 대가로 최후의 심판일까지 바다를 떠돌아다녀야 하는 한 선장에 관한 이야기다. 항해를 하면서 바닷사람들의 일하는 모습과 생활을 옆에서 보고 이야기를 나눠보니 오늘날에도 바닷사람은 여전히 방랑하는 화란인의 신세에서 벗어나지 못하고 있다는 생각이 들었다. 한 항차가 끝났다고 항해가 아주 끝나는 것이 아니며, 그다음 항차가 기다리고 있다. 그 항차 다음에는 또 다른 항차가 기다리고 있으며, 배를 타기를 그만두고 완전히 하선하여 육지의 집에 가지 않는 이상 바닷사람들은 영원히 바다를 떠돌게 된다. 오늘날의 바다에서도 모든 뱃사람들은 여전히 방랑하는 화란인이다.

홍콩 항에서 몇 명의 선원들이 하선한다. 2등 항해사와 갑판수(Able Bodied seaman), 주방 보조였던 리산더다. 리산더는 집에 불이 나서 하선하는 거라고 한다. 하지만 하선하는 그의 표정은 밝았다. 배에서의 생활이 힘들었나 보다. 컨테이너 터미널에서 차에 짐을 싣고 떠나는 그들의 뒷모습을 나는 왠지 짠한 심정으로 바라보았다. 그것은 흡사 어딘가에 억류돼 있다가 풀려나서 집으로 가는 듯한 모습이었다. 그러나 그들에게는 육지의 집도 최후의 안식처는 아니다. 지금은 육지로 가지만 조금 쉬고 곧바로 또 배를 타러 올 것이기 때문이다. 만일 그들이 방랑하는 화란인의 운명을 가지고 있다면 말이다.

뱃사람들보다는 알량하지만 그래도 나에게는 생애 최장의 항해 기록(그 전까지는 싱가포르에서 일본의 지바까지 11일)을 나날이 경신해나가고 있을 즈음, 뱃사람의 특징이 무엇인지 조금씩 알 것 같았다. 처음 상하이에서 배를 탈 때는 가슴이 터질 것 같았다. 세계에서 제일 큰 화물선을 타고 브리지에서 선장에게 온갖 이야기를 다 물어보고, 누구에게든지 접근해서 배의 온갖 기계에 대해 다 물어보고 사진을 찍을 수 있는 천국 같은 여행이다. 그리고 샤먼, 홍콩 등 다른 항구로 항해해나갈 때, 새로 보는 항구의 모습에 너무나 흥분이 되고 감동으로 가슴이 마구 뛰었다. 배가 선석에 조금씩 다가가며 풍경이 바뀔 때쯤이면 이 엄청난 스펙터클의 한순간도 놓치지 않기 위해 디지털카메라와 비디오카메라를 양손에 하나씩 들고 좌현에서 우현으로 뛰어다녔다. 찍은 이미지와 영상들을 정리하지 못해 쩔쩔맬 정도였다. 그러다가 얀탄과 포트켈랑에 이르자 풍경도 거기서 거기고 찍을 것도 다 찍었고 바다도 물빛만 살짝 다를 뿐 대단히 다를 것이 없기 때문에 애초의 흥분은 살짝 시들해진다. 이것이 뱃사람들과 나의 큰 차이다. 그들은 새로운 항구에 들어왔다고 해서 흥분하지 않는다. 그럴 일도 없는 것이, 그들은 이미 이 항구에 몇 번 왔었고, 각자 할 일이 있기 때문에 스펙터클에 멍하니 취해 있을 수만도 없고, 그들 항해의 큰 목적은 돈벌이지 나같이 안복을 누리는 것이 아니기 때문에 항구에 배가 들어왔다고 해서 흥분할 일은 없는 것이다.

친해진 선원들의 방에 갈 기회가 생겨서 그들의 사생활을 조금 엿볼 수 있었다. 선원들의 방은 흡사 고시원처럼 최소한의 면적에 있을 것만 있다. 침대와 책상, 작은 2인용 소파, 그리고 침대만 한 면적의 빈 공간만 있다. 그들보다 두 배는 더 되는 방을 쓰는 나는 약간 미안한 생각이 들었다. 그들의 방에는 단출하게 꼭 필요한 물건들만 있다. 현대상선에서 갑판수로 일하다가 필리핀에서 소속사를 바꾸는 바람에 갑판원(Ordinary Seaman)로 강등되어 페가서스로 온 에두아르도의 방에는 두 개의 커다란 1테라바이트짜리 외장 하드 드라이브가 가장 소중한 자산이다. 그 안에 가족사진에서부터 여러 가지 영화, 한국 가수들의 노래, 예능 프로 등 각종 비디오 파일들이 들어 있다. 소녀시대를 열렬히 좋아하는 그는 일과가 끝나면 스피커로 크게 음악을 틀어놓고 듣는 것이 낙이다. 벽에는 부인과 딸의 사진이 붙어 있다. 한 달에 1100불을 받는 그의 외장 하드에는 벌크선에서부터 탱커 등 그가 일했던 각종 선박과 그가 갑판에서 했던 온갖 일들, 전 세계 온갖 대륙의 여러 항구들의 사진이 들어 있다. 그의 외장 하드는 하나의 작은 세계였다. 그것은 선원 생활의 축소판이었다.

50살쯤 돼 보이는 갑판수 엘머의 방에 가봤더니 나이가 든 사람이라 그런지 컴퓨터도 없고 낡아 보이는 성경과 몇 가지 책뿐이다. 참으로 단순한 삶이다. 그는 나에게 수에즈에서 산 뱃사람 스타일의 시계를 선물한 착한 사람이다. 키가 자그마하고 얼굴은 바다 생활에 찌들은 듯하다.

뱃사람들 — 3등 항해사 짐 몽칼

3등 항해사는 배에서 가장 바쁜 사람이다. 그는 항법, 화물 적재, 각종 행정일 등 온갖 자잘한 일에 매달려 있다. 잠이 너무 부족하다고 불평하는 이 55세의 필리핀 아저씨를 보면 딱하다는 생각이 든다. 그는 브리지에서 당직을 서는 동안에도 항상 테이블에 칼과 풀을 펼쳐놓고 무슨 서류인가를 열심히 꾸미고 있다. 그는 또한 배의 안전을 책임지는 사관이기도 하다. 내가 처음 이 배를 탔을 때 나를 데리고 배의 이곳저곳을 다 보여준 사람이 이 아저씨다. 한번은 브리지에 모든 선원들의 여권이 펼쳐져 있기에 보니까 항구에 입항하기 전에 선원 명부를 작성하고 있었다. 모든 선원들의 이름, 나이, 출신지를 꼼꼼히 확인해야 하는 작업이다. 필리핀, 크로아티아, 우크라이나 사람들이 섞여 있는 선원 명부는 보기만 해도 골치가 아프다. 그는 나에게 한국에 일자리가 없겠냐고 물어본다. 55세의 한국말도 잘 못하는 필리핀 아저씨가 한국에서 할 수 있는 일이 무엇이 있을까. 자신은 무엇이든 빨리 배운다며, 한국말도 금세 배운다며 '깜쌉니다', '안녀쎄요' 하는데 과연 그럴지…. 하여튼 그는 오랜 선원 생활에 지쳐 있다. 육지에서 같으면 몸이 아프면 다른 사람더러 대신 자리를 지켜달라고 하고 쉴 수 있으나 선원이 22명밖에 안 되는 배에서는 그럴 수가 없다고 불평이다. 그의 하루 일과는 오전 8시부터 12시까지 브리지 당직, 저녁 8시부터 12시까지 또 브리지 당직, 그사이에 안전 사관으로서 자잘한 일들을 해야 한다. 소방 호스가 잘 돌아가라고 그리스를 바르는 일에서부터 구명보트를 점검하는 일 등 안전에 대한 온갖 자잘한 일들이 그의 소관이다. 당직 시간만 치면 8시간이지만 안전 사관으로서 일하는 시간은 4시간이므로 하루에 보통 12시간을 일한다.

그런데 그가 말해준 필리핀의 자기 집 실상은 놀라운 것이었다. 자기 소유의 빌딩에 상가가 있어서 가게 여섯 개를 세를 놓고 있고

3등 항해사 짐 몽칼. 바다의 노동에 찌든 필리핀 아저씨다. 모든 필리핀 선원들이 배에서의 생활을 힘들어 했다.

래싱 브리지를 오가며 30킬로그램이나
나가는 무거운 래싱 바를 들고 컨테이너들을
조여주는 필리핀 선원들. 오른쪽의
에두아르도는 현대상선의 배를 타다가
페가서스로 옮겨왔는데, 1테라바이트 외장
하드 두 개에 한국 예능 프로의 동영상을
잔뜩 가지고 있을 정도로 열렬한 한류
팬이다.

어선이 두 척이나 있고 각 어선에는 두 명씩의 선원이 있다고 한다. 그리고 애는 네 명이나 된다. 이렇게 풍족한 것을 가진 그가 왜 늦은 나이에 한국에서 일하려고 할까. 이런 것들을 마련하느라 은행 빚을 많이 져서 그렇다고 한다. 그렇다면 은행 빚을 많이 지지 말고 어선도 팔고 건물도 팔면 되지…. 내가 이해하지 못할 어떤 사정이 있는 모양이다. 만일 3등 항해사 짐 몽칼의 모습이 나이 든 선원의 전형적인 모습이라면 좀 슬프다. 일생을 바다에서 보내고 은행 빚을 갚기 위해 또 남의 나라에 가서 일을 해야 하는 팔자라니….

하루는 브리지에서 당직을 서고 있던 짐 몽칼이 열심히 뛰어다니기 시작한다. 이렇게라도 운동을 해야 한다고 하면서 좌현 끝에서 우현 끝으로, 다시 우현 끝에서 좌현 끝으로 조깅을 하는 것이다. 배의 폭이 46미터이므로 계속 왕복을 하면 어느 정도는 거리가 나온다. 갑자기 한국의 공구 상가에서 본 어떤 아저씨가 생각났다. 공구 상가에는 선반이나 밀링 머신으로 쇠를 깎아서 부품을 만들어주는 마찌꼬바들이 있는데 작은 곳들은 구멍가게처럼 좁다. 그 좁은 공간에서 어떤 머리가 벗겨진 중년의 기계공 아저씨가 운동을 위해 뛰어다니는 것이 보였다. 동물원의 곰처럼 그 아저씨는 폭이 10미터도 안 되는 좁은 공간을 계속 반복해서 뛰었다. 아마 그는 많은 친구들을 각종 성인병으로 잃었을 것이다. 살기 위해 애쓰는 중년이 측은해 보였다. 55세의 짐 몽칼이 살기 위해 브리지에서 조깅을 하는 모습도 왠지 측은해 보이면서 마음이 짠해졌다.

뱃사람들 — 프리츠 선장

후버 선장은 항상 자기가 처음 바다 생활을 시작할 때 일했던 네덜란드 회사 얘기를 많이 한다. 그러면서 네덜란드인, 즉 더치들은 오로지 돈만 밝히는 사람들로서, 그들은 어떤 것을 보더라도 돈과 연관시킬 수 있는 사람이라고 말한다. 예를 들어 하늘의 구름을 보더라도 보통 사람들은 그냥 구름이 아름답다고 하고 지나가는데 더치들은 그것을 사진 찍어서 팔아서 돈을 벌려 할 것이라는 거다. 아마 그의 첫 바다 생활을 네덜란드 회사에서 했기 때문에 그들의 인상이 원형상처럼 그의 뇌리에 깊이 박혀 있나 보다. 그 회사에서 그는 해운업은 인간의 생명이라든가 권리의 소중함보다 오로지 돈을 우위에 놓는 비정한 일이라는 것을 뼈저리게 배운 것 같다.

후버 선장이 그 회사에서 처음 모신 선장이 프리츠다. 그는 작은 키에 땅땅한 몸매에 얼굴은 되게 컸는데, 그게 전형적인 뱃사람의 모습이라고 한다. 프리츠 선장은 담배를 지독히 피웠는데, 한 손에는 파이프, 또 한 손에는 궐련을 피울 정도로 지독한 애연가였다고 한다. 보통 브리지에는 사무실 창문같이 간단히 열 수 있는 창이 없다. 브리지의 창은 아예 열 수 없게 되어 있다. 세찬 바닷물이 들어올 수 있기 때문이다. 그런 곳에서 프리츠 선장은 하루 종일 담배를 피운다. 그리고 항해시에는 절대 술을 안 마시지만 배가 항구에 있을 때는 항상 술에 절어 있다. 다리가 불편해서 계단을 오르내릴 수 없기 때문에 그의 침실은 브리지 바로 뒤에 있었는데 거기서 그는 72세의 늙은이답게 잠도 거의 자지 않고 줄곧 담배만 피워댄다. 그러다 배가 항구에 들어가면 흐롤슈 맥주 한 상자를 갖다 놓고 계속 마신다.

그런 그에게 곤경이 찾아왔는데, 장소는 로테르담이었다. 거기서 올라탄 도선사는 너구리 잡는 듯한 브리지를 견딜 수 없어서 문을 조금 열어두었다. 이를 본 프리츠 선장은 뭐라고 했고, 고지식한 도선사는 바로 항구 관리소장에게 보고했다. 관리소장은 다시 해운 회사에 보고했고, 그전부터 프리츠 선장을 안 좋게 보고 쫓아낼 구실만 찾고 있던 회사에서는 조사관을 파견하여 브리지 바로 뒤의 자기 침실에서 술에 곯아떨어져 있는 프리츠 선장을 발견했다. 그들은 술에 취해 잠든 72세의 선장 주변에 온통 맥주병들이 나뒹굴고 있는 모습을 증거 사진으로 찍어서 결국 그의 선장 면허를 박탈하고 회사에서 쫓아내버렸다. 그리고 한동안 그의 소식은 들을 수 없었다. 몇 년 후 후버 선장이 수소문해서 들은 얘기는 스페인에 있는 단골 호텔에서 몇 달을 지내던 프리츠 선장이 호텔 방에서 홀로 죽었다는 것이다. 이런 게 뱃사람의 이미지라면 좀 서글프다. 그러나 어쩌겠는가. 오랜 바다 생활에 집안은 돌볼 수 없고 부인과는 헤어졌고 자식들에게 보낸 편지는 부인이 가로채고 전달해주지 않아 30년간 자식들과 연락이 끊어져 있다. 이런 상태에서 술에 의존하는 것은 너무 당연하다.

기항지, 홍콩

이번 항해에서 여러 항구들을 다녀보고 나중에 알게 된 것이지만, 홍콩 항의 콰이충 터미널은 세계에서 가장 바쁜 항구였다. 반면, 이 여행의 종착지인 영국의 사우샘프턴 항은 1912년에 타이타닉이 출항했다는 역사성이 있는 곳이긴 하지만 낡은 크레인만 몇 대 있는 초라한 항구였다. 다롄, 양산, 샤먼, 얀탄 등 비교적 새로 생긴 중국의 항구들이 직선으로 된 선석을 가지고 있고, 입출항하는 배들의 동선도 복잡하게 얽히지 않게 돼 있다면, 홍콩의 선석은 복잡한 모양을 하고 있고, 수많은 종류의 배들이 마구 뒤얽힌다. 홍콩 항에서는 배들이 출근 시간의 광화문 네거리처럼 서로 뒤엉켜서 아비규환을 이룬다. 경적은 자동차만 울리는 것이 아니다. 수십만 톤의 배가 접안을 하러 접근하는데 몇십 톤도 안 되는 잡화선이 바로 앞을 지나가면 다급한 나머지 경적을 울린다. 1만 3000티이유의 MSC 사보나는 들어오고, 5000티이유의 CMA CGM 쇼팽은 나가려 하고 있고, 그 틈바구니로 컨테이너를 열 개도 안 실은 작은 연안 피더선들이 아슬아슬하게 빠져나간다. 그리고 부두의 트럭들은 어떤 항구보다도 촘촘히 늘어서서 컨테이너를 싣거나 내릴 준비를 하고 있다. 벙커씨유 아니면 디젤유 등 오염 물질을 많이 배출하는 연료들을 주로 태우는 배와 갠트리 크레인과 트럭에서 나오는 매연들, 또 그 기계들의 소음이 합쳐져서, 홍콩 항은 엄청난 오케스트레이션을 이룬다. '풍경'이란 말을 들었을 때 시각적인 것만 떠올린다면 당신은 틀렸다. 홍콩 항의 풍경은 시각, 청각, 후각의 세 가지 층위에 존재한다. 그중에 어느 한 차원을 빼도 홍콩이 아니다.

    홍콩 항은 예외적으로 일반인들이 그런 모습을 볼 수 있는 산업항구다. 첵랍콕 공항에서 시내로 가려면 2009년에 개장한 스톤 커터스 브리지를 건너는데, 그 다리 위에서 이런 모습들이 다 보인다. 그러나 빨리 지나가는 버스 안에서 전 세계 어느 항구보다 더 복잡하게 얽혀 있는 홍콩 항의 요소들을 구분할 수 있는 일반인은 없을 것이다. 이래저래 일반인들은 산업 경관에서 소외돼 있다. 그들은 평소에 산업 경관을 볼 기회도 없고, 산업 경관을 구분해낼 수 있는 감식안도 없다. 무엇보다도, 그들에게 산업 경관은 의미의 영역으로 비치지 않는다. 산업 경관을 떠받치고 있는 에너지의 메커니즘과 그 요소들은 눈으로 쉽게 파악되지 않는 것이다. 반면, 비평가는 오늘날 일상으로부터 멀리 떨어져 감춰져 있는 이 거대한 경관의 의미는 무엇인가 성찰한다. 일반인의 눈에 산업 경관이 도무지 구분할 수 없는 뒤엉킨 실타래로만 보인다면 비평가에게 산업 경관은 사람의 몸처럼 근육(크레인)과 혈관(트럭과 컨테이너의 이동), 신경(정보 네트워크) 등이 구분돼 보이며 그 각각의 의미가 드러나는 곳이다. 그것은 나름의 생명을 가진 공간이다.

홍콩은 전 세계의 어느 도시보다도 복잡하고 밀도가 높은 도시이기 때문에 일반 여행객이 홍콩에 도착하면 그곳이 어떤 곳인지 느끼는 데 시간이 좀 걸린다. 물론 그는 홍콩에 오기 전에 이미 그곳이 어떤 곳인지 다 알고 있다. 홍콩 섬의 화려한 빌딩들, 그 사이를 채우고 있는 갖가지 쇼핑센터들, 산에 올라가는 전차, 중국 각지의 음식이 모여 있는 식당들 등 홍콩의 모습은 이미 사진과 정보를 통해 그에게 입력돼 있다. 그러나 그가 이런 모습을 보려면 몇 가지 절차를 거쳐야 한다. 어느 여행지나 다 그렇지만, 공항에 내린다고 바로 그런 모습이 펼쳐지는 것은 아니다. 우선 첵랍콕 공항에 내려서 홍콩 시내로 들어오기 위해서는 차를 타고 한참 달려야 하는데 중간에 보게 되는 경치는 우리가 알고 있던 홍콩과는 너무 다른, 삭막하기 그지없는 모습이다. 온통 바위로 된 산들이 잔뜩 있는 곳을 한참 지나야 시내로 들어올 수 있는데, 그 산들이 한국의 산과는 분위기가 너무 다른 것이, 무척이나 가팔라서 등산이라는 행위를 통해 가까이 갈 수 있는 곳으로 보이지 않는다. 그리고 산의 나무와 풀이 주는 분위기는 아름답다고 감상할 수 있는 그런 것이라기보다는 이상한 나라에 있는 기괴한 식충식물같이 친근해지기 어려운 모습이다. 그런데 고개를 한참 올려 그 산꼭대기 위를 보면 시커먼 산의 정상에 아파트가 있다. 부산도 산꼭대기 위에 아파트가 많은 편이지만 홍콩만큼은 아니다. 이런 기관(奇觀)은 홍콩만이 아니라 이 배가 들른 샤먼, 얀탄, 양산 등 대부분의 중국 도시들이 다 비슷하다. 중국사람들이 풍경을 관리하는 방식은 친근감과는 거리가 멀고, 전통적인 중국 정원이 얼마나 식물을 그로테스크하게 키우느냐에 초점을 맞추듯이 그들의 자연/인공 경관도 그로테스크하기만 하다.

어쨌든 이런 곳을 한참 지나서 최근에 만든 스톤 커터스 브리지를 지나야 홍콩 시내에 들어설 수 있다. 홍콩은 바쁘고 정신없는 도시이지만 관광객에게는 천천히 다가오는 편이다. 그런데 화물선을 타고 들어가는 홍콩은 갑자기 닥쳐온다. 먼 바다를 항해하다가 홍콩에 가까이 왔을 때 우선 눈에 띄는 것은 바닷가의 삭막한 산 위에 삭막하게 지어져 있는 아파트들이다. 좀 가다 보면 산 위에 군사용으로 보이는 대형 안테나들이 십여 개가 몰려 있는 것이 눈에 띈다. 그리고 좀 더 가다 보면 무슨 테마파크 같은 것이 산꼭대기 위에 지어져 있는 것을 볼 수 있는데, 산꼭대기에 롤러코스터가 있고 그것을 아이들이 비명을 지르며 타는 모습은 정말로 기관이라고 할 수밖에 없다. 아이들이 그런 기관 속에서 즐기고 자라기 때문에 그들도 커서 기관을 만들어내는지도 모른다. 홍콩의 테마파크는 즐겁게 노는 곳이라기보다는 옛날 중국 전설에 나오는 끔찍한 괴물의 도시처럼 보인다. 정말 무서운 곳이고 나 같으면 절대로 가지 않을 곳이다. 그곳을 지나 조금 더 가면 본격적으로 고층 아파트들이 나오고 눈앞에 스톤 커터스 브리지의 거대한 스팬이 가로놓여 있다. 그 다리 아래를 지나면 바로 선석이고 다른 배들이 줄줄이 정박해 있는 것이 보인다. 홍콩 항은 정말로 세게 다가온다. 조금씩 천천히 맛을 보여주면서 하나하나 드러나는 식이 아니라 홍콩이라는 괴물 같은 도시 기계가 갑자기 달려드는 형국이다. 그리고 선석이 일렬로 돼 있는 상하이의 양산 항이나 샤먼 항과는 달리, 홍콩 컨테이너 터미널은 복잡한 구조로 돼 있다. 선석이 일렬로 돼 있으면 들어오고 나가는 배들의 움직임도 단순한 편인데, 홍콩 부두의 선석들은 도시의 길거리처럼 이리저리

교차하게 돼 있기 때문에 들어오고 나가는 배들이 마구 뒤엉켜 있는 모습이 정말로 아찔하기만 하다. 양산 항의 선석이 테헤란로같이 질서 정연하다면 홍콩 항의 선석은 오래된 도시의 구 시가지를 연상시킨다. 그래서 홍콩 항의 모습은 더 드라마틱하다. 항만을 유지하는 것은 첨단 기술로 된 컴퓨터 프로그램이겠지만 눈으로 보는 풍경은 반드시 첨단적이지는 않다.

흔히 풍경이라고 하면 나무가 있고 앞에는 아름다운 강이 흐르고 배경에는 산이 있고 산 중턱에는 구름이 걸려 있는 광경을 떠올린다. 홍콩 항의 풍경은 나무 대신 대형 선박들이 잔뜩 있고 아름다운 강 대신 드넓은 바다가 있으며 배경에는 고층 아파트들이 잔뜩 서 있으며 그 중턱에는 구름 대신 갠트리 크레인들이 걸려 있는 광경이다. 그것은 온통 강철이 지배하는 풍경이다. 실제로 홍콩 항을 찍은 사진을 나중에 들여다보다가 풍경을 이루는 요소가 온통 강철로만 된 것을 보고 놀란 적이 있다. 나무, 산, 강, 집이 아니라 오로지 강철로만 된 풍경. 그런 극도의 삭막함이 역설적으로 일상에서는 만날 수 없는 초현실적인 숭고미를 만들어낸다. 아름다운 산이나 강과는 달리 이 풍경은 누구도 감상해주지 않는다. 지금 드넓은 홍콩 항에서 이 경관을 감상하며 그 의미가 무엇일까 음미하고 있는 것은 나밖에 없다. 그것은 인간이 만들어낸 가장 삭막하지만 가장 유용하고, 가장 무식한 강철로 돼 있지만 가장 정교한 정보망의 통제를 받는, 극도로 아이러니한 21세기의 경관이다.

다른 항구에서는 볼 수 없는데 홍콩 항에서만 볼 수 있는 것은 극단적인 하이테크와 로우테크의 결합이다. 일반적인 컨테이너 터미널의 구조는 '컨테이너선—갠트리 크레인—트레일러'로 된 단순화된 흐름이다. 1956년에 미국에서 시작된 화물 운송의 컨테이너화가 많은 난관을 헤치고 이런 간결한 구조를 만들어냈다. '컨테이너선—갠트리 크레인—트레일러'는 더욱 확장되어, 오늘날에는 인터모들(intermodal)이라는 방식을 통해 '화물열차—트레일러—선박'으로 이어지는 네트워크가 전 세계에서 쓰이고 있다. 이런 흐름은 무엇보다도 속도를 위한 것이다. 그러나 홍콩 항에는 한 가지가 더 추가되는 것이 있다. 그것은 바다에서 컨테이너를 받아서 육지로 날라주는 작은 배들이다. 이 배들은 컨테이너를 많아야 열 개, 작으면 한두 개 싣기도 하는 규모이다. 이런 작은 배들이 있는 이유는 100티이유 미만의 작은 컨테이너선들이 부두에 정박할 때 내야 하는 온갖 비용을 물지 않으면서 컨테이너를 하역하고 싶어 하기 때문이다. 그들은 부두로 들어오지 않고 홍콩 앞바다에 떠서 작은 배들에 컨테이너를 옮겨준다. 그래서 홍콩 앞바다는 아기 새가 어미 새에게 먹이를 받아먹듯이 약간 큰 배에서 컨테이너를 받아 싣는 정말 작은 배들의 올망졸망한 풍경이 이리저리 뒤얽혀 있다. 전속 전진하다가 급후속으로 엔진 회전을 역전시켜도 서는 데 16분, 거리로는 4킬로미터쯤 미끄러져 가야 하는 1만 3000티이유 급 배들은 작은 배들이 그 앞으로 마구 왔다 갔다 할 때 당혹할 수밖에 없다. 거대한 트럭이 비탈길을 내려오는데 갑자기 작은 승용차가 끼어들어 속도를 줄일 때 트럭 운전사가 당혹해 하는 것과 비슷하다. 그래서 홍콩 항은 여기저기서 배의 기적 소리가 울린다.

    이런 여러 가지 모습으로 말미암아 홍콩 항의 풍경은 가히 충격적이다. 이미지가 액자에 들어 있듯이 풍경도 액자에 들어 있는데 항구에서 보는 홍콩의 경관에는 그런 액자가 없다. 바다에서 갑자기 홍콩 항이다. 액자는 경관을 만나기 전에 갖춰야 할 사전 지식이기도 하고 마음의 준비이기도 하며, 입장료를 내듯이 실제로 거쳐야 할 단계들이기도 하고 치러야 할 의식이기도 하다. 반면, 화물선을 타고 콰이충 터미널로 접근해서 보는 홍콩 항의 경관에는 액자가 없다. 기껏 준비라고 해봐야 항해 중 해도를 보면서 홍콩 항까지 몇 마일 남았고 어디서 변침해야 하고 도착 예정 시간은 몇 시고 도선사는 몇 시에 배의 좌현으로 올라타고 하는 기술적인 사항들뿐이다. 그것은 액자에 포함되는 상징성이라고는 전혀 없는, 전적으로 드라이한 절차들이다. 그래서 항구의 모든 사물들은 갑자기 달려든다. 홍콩 컨테이너 터미널이라는 초대형, 초복잡 기계는 그런 식으로 나에게 달려들었다. 액자가 없이 홍콩 항을 맞이한다는 것은 루브르박물관에서 들라크루아의 그림을 둘러싼 액자를 벗겨내고 캔버스 자체만을 보는 듯한 희귀한 경험이었다. 나는 디지털카메라와 비디오카메라로 홍콩 항의 액자 없는 기계들을 미친 듯이 찍어댔다. 산업 경관의 안복으로 배가 부른 나는 이제 본격적으로 남중국해에 들어설 마음의 준비를 하고 있다.

홍콩 항에서 누군가의 럭셔리 보트가 부두에 내려지고 있다. 이 배가 차지하는 부피를 대강 헤아려 보니 컨테이너 21개 분량이었다. 컨테이너 한 개를 유럽에서 아시아로 나르는 운임이 대략 100만 원 정도(컨테이너 운임은 수시로 변동하며 변동 폭이 크므로 이것은 대략의 수치)라고 하면 이 배를 나르는 데 2000만 원쯤의 운임이 들어간 셈이다.

다음 쪽. 페가서스가 홍콩의 콰이충 터미널에 들어서고 있다. 왼쪽에 갠트리 크레인들이 붐을 올린 채 기다리고 있는 곳이 우리가 정박할 선석이다. 전 세계의 어떤 컨테이너 터미널도 이런 복잡한 구조를 가진 곳은 없다.

상하이 양산 항에서 봤던 1만 3000티이유의 초대형 컨테이너선 MSC 사보나를 홍콩에서 또 만났다. 배에 잔뜩 실린 컨테이너들의 밀도와 홍콩 아파트들의 밀도가 서로 경쟁하는 듯하다. 이 광경을 보면서 나날이 밀도가 높아가는 이 세계는 도대체 어디로 가는 걸까 고민해본 적이 있다.

오늘날의 항해술, 대항해시대와 무엇이 다를까?

항해라는 것, 까마득히 먼 곳을 찾아서 며칠이고 망망한 바다를 헤치며 나아가는 것, 대단히 힘들고 멋진 일이다. 6000여 개의 컨테이너를 싣고 가는 항해는 무겁고 중요한 짐들을 싣고 멀리 있는 목적지까지 사고나 손실 없이 가는 대단히 흥미진진한 여행이다. 그 끝에는 많은 사람들이 필요로 하는 것들을 확실하게 실어다 주었다는 성취감과 안도감이 기다리고 있을 것이다. 이 항해 여행의 핵심 덕목은 책임감과 임무의 완수이지 즐거움이나 여가는 아니다. 사실 항해는 대단히 힘든 노동이다. 그럼에도 항해가 흥미진진한 여행인 이유는 중간에 불확실성들이 개입해 있기 때문이다. 평촌역에서 지하철 4호선을 타고 충무로까지 가는 여행에는 아무런 불확실성이 끼어 있지 않기 때문에 전혀 흥미로운 여행이 아니다. 중간에 바깥 풍경이라도 볼 수 있으면 약간 흥미롭겠지만 지하철 여행에서는 그런 것도 없다. 바뀌는 것이라고는 사람들의 얼굴과 승무원 목소리 정도이다.

지하철 여행과 차원이 많이 다른 대형 화물선의 항해에서도 큰 불확실성의 요소는 없다. 기껏해야 날씨나 일정이 좀 변하는 것 정도다. 날씨는 하루에 두 번씩 텔렉스로 정보가 들어온다. 남중국해에 게일(gale 폭풍)이 있을 것이라는 주의가 있다. 바다 전체에 흰 파도가 뒤덮여 있고 10도 이내의 롤링이 있는 정도다. 작은 배들은 이 정도의 파도에 배 전체가 흔들리지만 페가서스는 거의 영향을 받지 않는다. 아주 나쁜 날씨가 아니고서는 항해에 영향을 주지 않는다. 반면, 항해 일정은 항구의 사정, 조수 간만의 차이 때문에 영향을 받는다. 화물을 다 실었어도 페가서스처럼 흘수가 깊은 배는 만조가 되어 수심이 깊어지지 않으면 떠날 수가 없다. 상하이의 양산 항에서도 아침 9시에 출발할 예정이었으나 짙게

낀 안개 때문에 시계가 나빠져 항구 전체가 폐쇄되었다. 항구는 오후 4시쯤 다시 열렸으나 간조이므로 수심이 충분히 깊지 않아 떠날 수가 없었다. 그래서 수심이 만조에 이르는 밤 9시나 돼서야 떠날 수가 있었다. 배가 크니까 흘수와 수심이 문제가 되는 것이었다. 그러나 어느 항구에 언제 간조가 오고 언제 만조가 오는지도 다 알 수 있으므로 이는 불확실성의 요소가 아니다. 다만, 예정 시간에 출항하지 못하고 연기될 경우 간만의 차가 계산해야 하는 요소로 더해지는 것일 뿐이다.

그런 것을 빼고는 이 항해에서는 모르는 것, 불확실한 것이란 거의 없다. 오늘날 지구상의 어디에 무엇이 있는지 다 알려져 있고 조류의 방향과 세기, 수심이 표기된 자세한 해도가 있기 때문이다. 게다가 무엇보다도, 오늘날에는 전지전능한 항해 도구인 GPS가 있다. 오늘날 항해를 하다가 위치나 방향을 틀리는 것은 불가능하다. 그런 것이 없던 대항해시대에는 항해에서 가장 기본이 되면서도 어려운 것이 현재 자기 위치를 찾는 것이었다. 그 시절에 내가 만일 북서쪽으로 100마일 떨어진 곳에 있는 어떤 항구에 간다면 나침반이나 별자리 등을 써서 현재 자신의 위치를 파악한 다음 거기서부터 정확한 방위각 345도를 재어 그 방향으로 향하면 되고, 당시 배에 속도계란 없었으니 추측 항법(dead reckoning: 장님처럼 추정하는 법이란 뜻. 로그(log)라고 불리는 측정기의 줄이 풀리는 정도에 따라 배의 속도 및 주항거리를 재는 장치를 쓴다)의 방법으로 한 시간에 얼마나 가나 계산하고, 여기에 풍향, 풍속과 조류의 방향과 속도를 더하여 계산해야 한다. 그런데 이런 방법은 대단히 부정확할 뿐 아니라 날씨가 나빠서 별자리를 볼 수 없으면 그저 막연히 갈 수밖에 없는, 장님 같은 항해였다. 그래서 16세기에 동아시아를 향했던 포르투갈과 네덜란드의 수많은 상선들 중 다시 유럽으로 돌아온 배가 반도 안 되었고 상당수는 침몰하거나 바다를 뱅뱅 돌다가 선원들이 하나둘씩 죽어가는 비참한 항해를 해야 했다. 17세기 포르투갈에서 인도를 왕복하는 항해는 20개월이 걸렸는데

리스본을 떠나서 되돌아온 배는 80퍼센트가 안 되었다고 한다.
 당시의 항해에서 위도(남북 간의 위치)를 구하는 것은 어느 정도 쉬웠으나 경도(동서 간의 위치)를 구하는 것은 상당히 어려웠다. 경도를 구하기 위해서는 정확한 시간을 알아야 하는데 18세기만 해도 이것이 상당히 어려웠다. 항해를 위한 정확한 시간을 알아낸 사람은 영국의 시계공 존 해리슨으로서 그는 1773년에 정확한 시계를 개발해서 의회로부터 상을 받았다. 수많은 뱃사람들이 자신의 정확한 위치를 알지 못해 바다를 떠돌다가 죽어갔으니, 당시 항해란 정말로 목숨을 건 모험이었다. 게다가 해적까지 들끓었다. 또한 선원들 간의 갈등이나 선상 반란, 비타민C를 충분히 섭취하지 못해서 걸리는 괴혈병, 아프리카에서 옮겨온 말라리아 등 각종 난관이 뱃사람들을 기다렸다. 옛날사람들은 이런 조건에서 뉴질랜드라는 것이 있는지, 아메리카라는 것이 있는지도 모르는 상태에서 막연히 새로운 항로를 찾아서 항해를 했던 것이다.
 사실 마젤란 같은 사람의 항해는 더욱 어려웠던 것이, 그는 여러 가지 자료와 학설들을 스스로 연구한 결과 스페인을 떠나 계속 서쪽으로 항해하면 지구가 둥그므로 다시 스페인으로 돌아올 수 있다는 확신을 가지고 있었다. 그러나 그 이전에 어떤 인간도 그렇게 해본 사람이 없었으므로 그의 확신은 검증된 지식이 아니라, 할 수 있으리라는 믿음일 뿐이었다. 사실 지구 일주 항해를 완수한 사람은 마젤란이 아니라 선단의 수로 안내인 피가페타였으나 마젤란이 필리핀의 세부에서 원주민들과 싸우다가 죽었을 때 항해를 계속할 수 있었던 것은 지구 일주 항해에 대한 마젤란의 확신 때문이었다. 마젤란은 원래 포르투갈 사람이었으나 (포르투갈 발음으로는 마가양이스) 항해를 위한 지원을 받기 위해 스페인에 귀화한 몸이었으므로 그는 항해 도중 포르투갈령이었던 브라질 근처에는 갈 수가 없었다. 포르투갈 사람들이 배신자인 마가양이스를 보면 죽이려 할 것이기 때문이었다. 그래서 브라질을 멀리 우회하여 아르헨티나의 해안으로 접근하여 오늘날 마젤란해협으로 돼 있는 곳을 따라 항해하며 태평양이라고 '믿었던' 곳으로 나아가야 했는데, 이 과정에 많은 불확실성이 있었다. 인류 중 누구도 대서양에서 남미의 남단 끝을 돌아서 태평양으로 나갔던 사람이 없었던 것이다. 이 얼마나 불확실성의 세계였던가. 더구나 그는 혼자가 아니라 다섯 척의 배들을 이끄는 선단장이었다. 선원들과 다른 배의 선장들은 이 고달프고 불확실한 항해를 그만두고 빨리 유럽으로 되돌아가자고 끊임없이 그를 졸라대고 협박하였다. 그래서 그는 선단의 한 선장에 대한 처벌로 그를 무인도에 놔두고 와버렸다.

아르헨티나의 동해안을 따라 항해하면서 그는 서쪽으로 난 바닷길은 다 들어가봐야 했다. 혹시나 태평양으로 향하는 길일지도 모르기 때문이다. 들어가다가 거기가 아르헨티나 내륙으로 통하는 강의 어귀인지 태평양으로 향하는 해협인지 아는 유일한 방법은 컵에 줄을 매달아 물을 길어서 마셔보는 방법밖에 없었다. 물이 짜면 계속 전진이고 민물이면 강물이므로 되돌아 나와야 했다. 이런 식으로 일주일이나 들어갔다 나온 적도 있다. 이런 고된 과정을 수도 없이 되풀이해야 했던 그가 마침내 태평양을 발견했을 때 바다가 너무 잔잔해서 태평양(pacific)이라고 이름 붙였다고 한다.

오늘날의 항해에서 이런 식의 불확실성과 모험은 아예 없다. 항해사는 상하이에서 영국의 사우샘프턴까지 가는 길의 모든 것을 알고 있다. 그의 손에는 더 이상 정확해질 수 없는 해도가 있고, 그것도 여러 가지 축적으로 있어서 아주 글로벌하게 지구 전체의 차원에서 내가 어디를 출발해서 어디로 가는지 볼 수 있고, 더 축적이 작은 해도가 있어서 내가 인도양의 어디쯤을 지나고 있는지 볼 수 있고, 더 작은 차트가 있어서 스리랑카의 남쪽을 언제쯤 통과할지 알 수 있고, 항구 근처에 가면 항구의 디테일이 나오는 해도가 있어서 모든 것이 아주 정밀하고 확실하게 나타난다.

이는 운전으로 치면 이런 과정이다. 서울에서 부산시 해운대구에 있는 금수복국집을 찾아간다고 하면 일단 부산이 어느 방향에 있는지 알아야 한다. 북쪽에 있는지 남쪽에 있는지,

남쪽에서도 서쪽인지 동쪽인지 알아야 한다. 부산을 간다면서 목포 쪽을 향해 길을 나설 수는 없기 때문이다. 경부 고속도로가 아무리 한 줄로 뻗어있지만 오늘날은 중간에 갈라져 나가는 고속도로들이 많아졌으므로 수시로 내가 경부고속도로 위를 달리고 있는지 확인해야 한다. 안 그러면 호남고속도로로 빠질 수도 있고 새로 생긴 중부내륙고속도로로 빠져들 수도 있다. 이것은 큰 줄기의 내비게이션이다. 그러다가 차가 충청도를 지나 경상북도로 접어들면 심리적으로는 이제 슬슬 부산에 가까이 왔다는 생각이 든다. 차가 경상남도로 들어서고 부산 인터체인지를 지나면 이제 내비게이션은 로컬한 차원으로 접어든다. 해운대구가 어디쯤인지 찾아야 하며, 이때는 길거리에 있는 수많은 표지판의 도움을 받아야 한다. 그래서 해운대구에 접어들면 금수복국집이 파라다이스 호텔 근처에 있으므로 더 크고 대표적인 지형지물인 파라다이스 호텔을 먼저 찾아야 한다. 거기서부터 골목으로 접어들어 금수복국에 들어서는 것이다. 아주 큰 차원에서 전체적인 땅의 모양을 보고 점점 더 작은 차원으로 접근해 들어가는 방식의 내비게이션이다.

　이것은 길 위에 있는 지형, 건물, 표지판 등 실제 존재하는 사물들을 참조점으로 하는 매우 전통적인 방식의 내비게이션이다. 반면, 이런 참조점을 전혀 보지 않고 내가 지금 어디 있는지 확인하지 않고 길을 찾아가는 것이 차량용 내비게이션 시스템을 이용한 방식이다. 여기서는 어떤 것도 알 필요가 없이 장님이 길을 찾듯이 아가씨 목소리가 가리키는 대로만 가면 된다. 전체를 전혀 모르면서 디테일만 쫓아가는 식이다.

　GPS를 쓰기는 하지만 오늘날 배에서의 내비게이션은 전통적인 방식에 가깝다. 자동차 이상으로 모든 것이 자동화돼 있고 항법 장치가 잘 갖춰져 있지만 배에서는 장님처럼 항해하지는 않는다. 해도를 항상 보고, 주변의 지형지물을 보고, 바다 위에 떠 있는 부표(왼쪽에는 파란불, 오른쪽에는 빨간불이 켜져 있으므로 항상 그 사이를 통과해야 한다. 이것을 벗어나면 수심이 얕거나 암초가 있어서 좌초할 수 있다)를 주의해서 보고, 무엇보다도 마주 오는 배들을 잘 보며 항해해야 한다. 항해사는 내가 지구 위의 어디쯤 있는지 항상 알고 있는 상태에서 항해하지, 장님 같은 상태에서 무조건 전자장치의 지시대로만 항해하지 않는다. 그것은 실제의 지구와, 로컬 차원의 지구, 정보상의 지구를 대조하는 복합적인 차원의 항해이다. 오로지 추상적인 데이터에 의존해서 하는 항해는 시뮬레이터에서만 있을 뿐이다. 만일 있을지도 모르는 미지의 사태는 시뮬레이터를 통해 미리 연습해보기 때문에 오늘날 항해에서는 미지의 영역이란 가뜩이나 없다. 그렇다고 사고가 없는 것은 아닌데 사고는 아무리 정교한 시스템이라도 어딘가 나 있는 구멍을 통해 그 체제가 일시적으로 붕괴되는 일이기 때문이다.

육지의 도시만 수시로 변하는 것은 아니다. 바다에는 수시로 새로운 시설들이 생기고 준설되어 수심이 깊어지기도 하므로 해도 수시로 업데이트해줘야 한다. 종이에 출력한 해도 정보를 덧대어 업데이트해 놓았다. 홍콩에서 남중국해로 가는 해역을 보여주고 있다. 작은 숫자들은 수심을 나타낸다.

27° 04.9440' N		AIS	
121° 32.1630' E			10:26 LOC
TARGET LIST	All Targets		Range Unit: Nm

MMSI	Name	RNG	BRG	87
564495000	WAN HAI 213	4.4	294	
538003407	MOL DEVOTION ...	5.0	197	
412450008	MINFUDINGYU45...	7.4	356	
372999000	HANJIN QINGDA...	7.4	265	1
412450031	MINFUDINGYU45...	9.0	337	
412450135	MINFUDINGYUF...	9.0	334	
412450203	MINFUDINGYUF...	9.1	302	
412450053	MINFUDINGYU46...	9.3	354	

| Extended Info | Show Sector | Send SRM | Send Text Message |

AIS(Automatic Identification System)에 근처를 항해하는 다른 배에 대한 정보가 나타나 있다. 배 이름 옆에는 RNG(range 거리), BRG(bearing 방위각)가 나타나 있어서 다른 배와 우리 배의 거리, 그 배와 우리 배의 상대 위치를 알 수 있다. 아덴만에서는 해적들에게 우리 배의 위치가 노출되는 것을 막기 위해서 이 장치를 꺼놓았다.

인도양에서 벌크선 한 척이 석양을
가로질러 항해하고 있다. 참 외로워 보이는
것이 바닷사람의 운명일까.

사물의 변증법

배가 운항한다는 것은 배를 이루는 여러 가지 사물들 사이에 적절한 궁합이 맞는다는 것을 의미한다. 그것은 쇠와 물과 사람과 대기와 화물을 이루는 온갖 물질들 사이의 미묘한 조화를 요구한다. 만일 쇠와 물이 조화를 이루지 못하고 한쪽이 한쪽을 압도한다면 배를 이루는 쇠는 짠 바닷물에 녹이 슬어 선체에 구멍이 나고 마침내는 침몰하고 말 것이다. 그래서 대형 선박에는 여러 겹 페인트칠을 하고, 각각의 칠은 초음파를 이용한 계기로 두께를 정확히 재서 선체 표면 전체에 골고루 되도록 한다. 만일 물과 사람이 조화를 이루지 못하면 사람은 물의 지루함 혹은 물의 폭력을 견디지 못하고 바다를 떠나고 말 것이다. 물론 사람이 일으킨 환경 변화 때문에 물이 신음을 하는 경우도 있다. 쇠와 사람도 당연히 조화를 이루어야 한다. 배 안의 쇠는 여러 가지 형태를 하고 있는데—두꺼운 것에서 얇은 것까지, 곧은 것에서 굽은 것까지 장소와 기능에 따라 무척이나 다양하다—이것들이 인간의 용도와 편리에 맞아야 한다. 엔진실처럼 삭막한 곳에 가보면 엔진과 발전기, 변압기 같은 주변기기를 이루는 쇠는 인간의 스케일과 힘을 훨씬 초과해 있음을 느낄 수 있다. 그래도 인간이 이것들을 제어할 수 있기 때문에 존재 가치가 있는 것이다. 이 많은 물질들의 조화와 협동이 이 큰 배를 앞으로 나아가게 만드는 것이다. 그것은 거대한 오케스트레이션이고 선장은 당연히 그 지휘자다. 그러나 배와 관계된 모든 물질이 한 가지 성질만 가지고 있거나 무조건 조화로운 것은 아니다. 모든 물질이 그렇지만, 선박과 항해에 관계된 물질들은 상반된 성질을 가지고 있다. 편리하면서 동시에 위험하고, 이로우면서 동시에 해롭고, 약이 되면서 동시에 독이 되는, 대단히 변증법적인 성질을 가지고 있는 것이다.

철

강철은 굳건하고 강하다는 선입견과 달리 열에 약하며, 삭막하다는 선입견과 달리 의외로 온갖 부드러운 모양을 하고 있다. 배는 강철로 된 조각 작품의 거대한 갤러리다. 앤서니 케이로가 와서 봤으면 입을 다물지 못했을 것이다. 그는 이미 배를 보고서 그런 작품을 만들어냈는지도 모른다. 배를 이루는 대부분의 철은 강철이며 연철이나 주철은 거의 없다. 배를 만드는 엔지니어들은 철조각의 도사들이다. 강철은 적절한 빛을 받아 빛나면 이 세상에서 제일 우아한 물건으로 변한다.

많은 사람들은 쇠로 만든 배가 뜨는 것이 신기하다고 한다. 그러나 아르키메데스의 원리만 알면 그것이 쇠건 돌이건 같은 용적의 물보다 가볍기만 하면 어떤 것이든 뜰 수 있다는 것을 이해할 수 있을 것이다. 문제는 그것이 물 위에 떠야 하고 앞으로 나아가야 한다는 것이다. 그래서 배는 강철로 만들어야 한다. 과거의 배는 나무로 만들었지만 13만 톤이나 되는 배를 나무로 만들 수는 없다. 배의 옆면과 같이 철판 두께가 4센티미터 정도 되면 금속이라기보다는 속이 꽉 찬 바위 같은 느낌이 든다. 두드려도 철판에서 나는 '텅텅' 소리가 아니라 바위를 두드리듯 둔탁한 '딱' 소리밖에 안 난다. 만약 철이 없었더라면 구리나 알루미늄같이 훨씬 비싼 금속으로 배를 만들었어야 했을 것이며 그랬다면 비용 때문에 해운업과 항해술은 오늘날처럼 발달하지 않았을 것이다. 철이 없었더라면 이렇게 큰 배를 만들 상상 자체를 하지 못했을 것이다. 배만이 아니라 갠트리 크레인이나 컨테이너도 다 마찬가지다. 철 없이는 그런 물건은 아예 존재하지 않는 것이다.

물

부드럽고 형태가 없지만 많이 모이면 강해지며, 형태가 있는 것들(배, 항만 시설)의 형태를 변형시키거나 파괴해버린다. 에너지가 실리면 물은 이 세상에서 가장 파괴적인 물질로 변한다. 파도를 이길

배라는 것은 수많은 파이프들이 모세혈관처럼 얽혀 있는 구조물이다. 파이프들은 플랜지로 서로 연결돼 있고, 파이프의 중량을 지탱하고 움직임이 없도록 천정에서 내려온 구조물과 아이볼트로 붙들어 매여 있다.

컨테이너를 묶어두는 래싱 브리지의 하단. 구조물과 보강재로 구성되어 있으며, 구조물의 끝단에는 판을 붙여 굽힘 강도를 키웠다. 보강재는 둥근 형상으로 만들어서 응력을 분산시킬 수 있도록 하였으며 삼각형으로 하면 중량이 많아지므로 둥근 형태로 가볍게 했다.

배의 중간은 구조가 일정하게 똑같은 패턴으로 반복되지만 선수 쪽으로 가면서 점점 구조와 형상이 복잡해진다. 경사진 판이 배의 선체를 이루는 외판이며 검은색과 노란색으로 페인트가 칠해진 것은 구조를 튼튼하게 해주는 보강재이다. 외판과 보강재를 연결할 때 외판의 용접 부위를 지키고 보강재의 용접을 위해 구멍을 뚫어둔다. 위의 큰 구멍은 중량을 경감시키기 위해 있는 것이다. 보강재를 따라 있는 수평으로 붙어 있는 판은 보강재의 단면 2차 모멘트를 키워 굽힘 강도를 높이기 위한 것이다. 엄청나게 큰 배의 구조 강도를 높이기 위해 이렇게 작고 세밀한 데까지 설계와 시공이 이루어져 있다는 것은 놀라운 일이다.

갑판과 외판을 관통하는 종구조물을 횡구조물과 연결시키는 방법으로 횡구조물에 구멍을 뚫어 용접했다. 횡구조물과 종구조물의 연결 부위는 강도 관점에서 중요도가 떨어지기 때문에 용접의 편의성과 정확성을 고려해서 이렇게 만들었다.

선수 부분으로 가면 구조는 미로처럼 복잡해진다. 선수부의 복잡한 구조물 사이로 사람이 통과할 수 있는 구멍을 뚫었고, 응력이 집중되지 않고 분산될 수 있도록 위아래가 둥글게 돼 있다.

수 있는 것은 아무것도 없다. 그래서 배에서 가장 쇠가 두꺼운 부분은 파도를 직접 맞는 앞부분이다. 두께가 7센티미터 정도 된다. 이 배의 옆판 두께는 4센티미터이다. 배에서 쓰는 물은 바닷물(밸러스트 워터), 청수(淸水 청소용 물, 엔진 냉각수. 해수를 걸러서 만들며, 청수는 먹지는 않고 청소나 허드레 용도로만 쓴다), 식용수(병에 들은 미네랄 워터만 식용으로 쓴다), 오수(汚水 주방에서 설거지한 물, 화장실에서 나온 물, 청소하고 난 물) 등 다양한 종류가 있다.

  물은 가만히 있지 않는다. 쉴 새 없이 출렁이고 때려대고 밀쳐낸다. 물은 배를 떠 있게 하는 지지체이지만 또한 거대한 장애물이자 재난의 원천이기도 하다. 그러므로 배는 물에 적응해야 한다. 배가 물을 바꿀 수는 없다. 인간은 물을 정화하고 무언가를 섞어서 다른 용액으로 만들고 끓여서 음식을 만들고 커피를 만드는 등 다양한 방법으로 물을 바꿀 수 있지만 대양의 물을 자기에게 유리한 쪽으로 바꿀 수는 없다. 그것은 인간에게는 무한대의 양이고 무한대의 에너지다. 먼 우주에서 보면 지구가 하나의 점에 불과할지라도 인간에게 대양은 무한대의 공간이다. 인간은 대양의 물에게 무조건 순응해야 한다. 그리고 대양의 물은 하늘과 한패다. 하늘이 사나워지면 물도 사나워진다. 보퍼트 풍력계급(Beaufort wind scale)이라는 게 있어서 바람을 0(완전히 잠잠)에서 12(태풍)까지 분류하고 있다. 며칠 전 얀탄에서 싱가포르로 항해하는 동안 풍력계급이 5 정도(초속 14~28미터의 폭풍)였다. 13만 톤의 이 배는 그 정도의 바람과 파도에 거의 영향을 받지 않는다. 약간의 둔중한 롤링과 피칭이 있을 뿐 굳이 의식해야 느껴지는 정도지 어지럽거나 할 정도는 아니다. 그러나 마주 오는 작은 배는 선수 전체에 파도를 흠뻑 뒤집어쓴 채 위아래로 많이 피칭하며 힘겹게 항해하고 있다. 물론 짐을 많이 실어서 흘수선이 깊어진 벌크 캐리어이기 때문에 물 위로 나온 선체가 낮아서 파도를 쉽게 덮어쓰게 되는 것이다. 물은 배를 있게 하는 존재의 근거지만 배를 없앨 수 있는 마귀의 손이기도 하다.

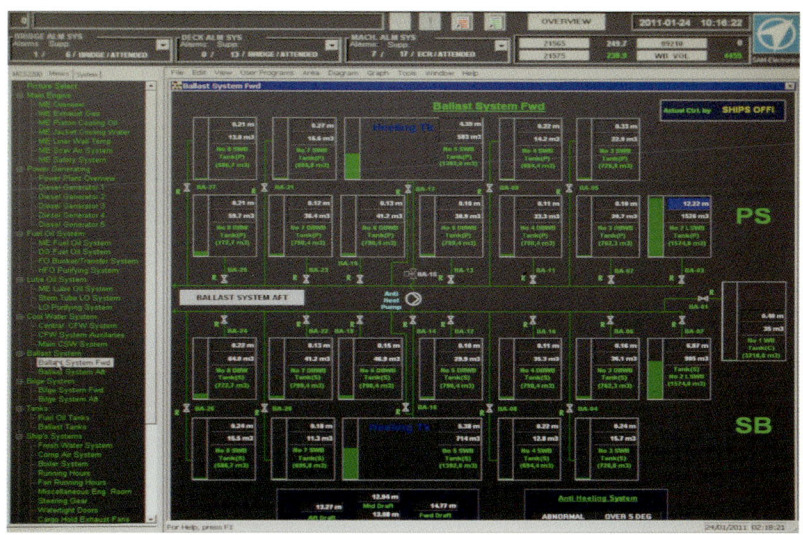

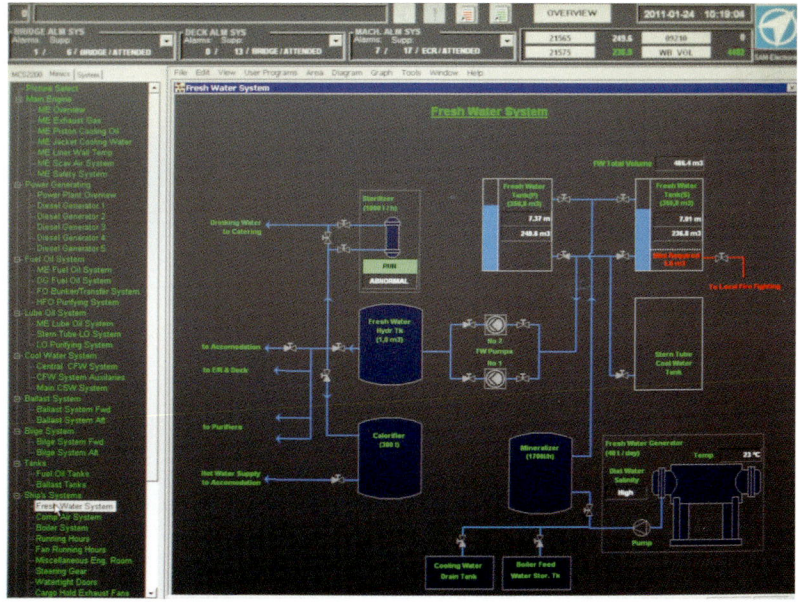

배의 균형을 맞춰주는 밸러스트 탱크의 현황을 보여주는 디스플레이. 브리지와 기관실에 똑같은 디스플레이가 연동되어 있다. 배는 싣고 있는 화물의 무게와 항해 상태에 따라 수시로 밸러스트 워터를 넣거나 빼며 균형을 맞춰줘야 한다. 초록색 막대는 물이 차 있는 양을 보여주며 물의 깊이와 부피가 나타나 있다. 모든 숫자를 더해보면 총 1만 1000톤의 물을 채울 수 있는 앞쪽 밸러스트 탱크에 4800톤의 물이 차 있음을 알 수 있다.

청수, 즉 민물의 상태를 보여주는 디스플레이. 오른쪽 아래에 있는 FWG(Fresh Water Generator)에서 바닷물을 끌어올려 민물로 만들면 주방과 목욕실, 마실 물(실제로는 병에 들은 생수만 마심)로 공급된다.

바닷물은 결코 균질하지도 않고 가만히 있지도 않는다. 옛날부터 지금까지 뱃사람에게 결코 변하지 않는 것은 딱 하나, 물길을 알아야 한다는 것이다. 물이 깊은 곳이 있고 얕은 곳이 있으며, 바다마다 조류의 방향과 세기가 다르다. 인도양은 전체적으로 아주 잔잔하지만 바다 전체에는 물이 흐르는 듯한 띠 모양의 자국들이 죽죽 나 있다. 조류가 흐르면서 내는 자국이다. 어떤 것은 큰 배가 지나간 자국처럼 아주 좁고 길게 나는 것도 있다. 선장은 그런 자국의 모양과 방향을 잘 보고 그 길에 맞게 배를 모는 사람이다. 그것이 진도와 내륙 사이의 좁은 바다를 눈이 어지러울 정도로 빨리 흐르는 울돌목이건 드넓은 인도양이건 선장은 물길을 잘 알고 배를 몰아야 한다. 그래서 항구 근처에 진입하거나 나갈 때 일정한 톤수 이상의 배에는 현지의 물길 사정을 잘 아는 도선사가 올라타서 배를 어떻게 몰라고 지시해주는 것이다. 물론 도선사는 조언자지 궁극적인 책임을 지는 사람은 아니다. 모든 책임은 마스터, 선장의 손에 달려 있다.

쌀

오늘날 세계의 바다를 누비는 화물선의 선원들은 대부분 필리핀 사람들이다. 임금이 싸고(해운 회사는 선원들의 국적에 따라 다른 기준의 임금을 준다) 영어를 할 줄 알기 때문에 선원으로 많이 고용되는 것이다. 필리핀 사람들은 압도적으로 쌀을 많이 먹는다. 아마 한국 사람보다 더 많이 먹는 것 같다. 그들의 식사는 항상 밥과 튀긴 생선이나 돼지고기, 야채 볶음, 이런 식으로 구성돼 있다. 쌀이 없다면 필리핀 사람들은 제대로 된 식사를 하지 못할 것이며, 따라서 항해가 불가능할 것이다. 배에서 쌀은 벙커씨유보다 더 중요한 연료다. 하긴 한국 사람들도 화이트칼라에 속하는 사람이나 점심에 햄버거나 파스타를 먹지 현장에서 힘든 일 하는 사람들은 예외 없이 100퍼센트 밥과 찌개를 먹는다. 시장이나 공장 주변을 가보면 밥, 찌개, 김치와 생선 조림이나 제육볶음이 담긴 쟁반을 나르는 아줌마들을 많이 볼 수 있다. 그들에게 냄새 안 나고 간편하게끔 샌드위치나 파스타로 점심을 먹으라고 하면 그릇을 집어던질 것이다. 필리핀 사람들도 마찬가지다.

고기

배에서 주는 음식은 좀 심하게 고기에 편중돼 있는 편이다. 매 끼니마다 고기가 나온다. 솜씨 좋은 주방장 차베스는 고기를 다양한 방법으로 잘 요리할 줄 안다. 그는 서양 요리와 필리핀 요리의 다양한 고기 처리 방법을 잘 알고 있고, 그에 따라 다양하게 맛을 낼 줄 안다. 리춘이라는 필리핀 식 돼지고기 요리는 고소하며, 닭가슴살을 서양식으로 연하게 구울 때도 있다. 그가 고기를 요리하는 방법에 대해서는 불만이 없다. 문제는 그것이 항상 고기라는 점이다. 물론 이 고기는 상당한 역사적 발전의 결과이기는 하다. 대항해시대의 선원들은 당연히 신선한 고기는 먹을 수 없었고, 기껏해야 냄새 나는 절인 고기나 말린 소시지 정도만 먹을 수 있었던 데 비하면 오늘날은 모두 냉동이므로 최고로 신선한 고기는 아니지만 그래도 질 좋은 고기를 먹을 수 있다. 문제는 고기와 채소의 밸런스다.

채소

16세기 전까지 많은 선원들이 몇 달씩 채소를 못 먹고 항해하다 죽었을 때, 이것이 비타민C 부족으로 인한 구루병 때문임을 처음 안 사람이 뉴질랜드를 발견한 쿡 선장이었다. 단지 신선한 채소를 공급함으로써 그는 많은 선원들의 목숨을 구했을 뿐 아니라 더 큰 바다로의 항해를 가능케 했다. 채소는 철이나 디젤엔진, 항법 장치 이상으로 항해에서 중요하다. 어떤 첨단 장치가 나와도 사람이 살지 않고는 항해가 불가능하기 때문이다. 대항해시대에는 배에 탄 모든 사람이 병으로 죽어 빈 배만 유령선처럼 항구에 들어온 일도 있었다고 한다. 물론 배에서 먹을 수 있는 채소는 한정돼 있다. 들르는 항구마다 채소를 싣기는 하는데 어떤 채소를 주문하느냐는 전적으로 주방장의 취향과 지식에 달려 있다. 한국 선원이 타지 않은 배에서 고사리나 냉이 같은 채소를 기대할 수는 없다. 필리핀 주방장은 그래도 채소를 쓰는 방식이 한국 요리와 비슷하다. 예를 들어 생선 요리를 할 때 마늘과 생강을 많이 쓰며, 국에 시금치를 넣는 경우도 많다. 채소도 쌀 못지않게 중요한 연료다.

향신료

향신료는 16세기에 포르투갈이 공격적으로 아시아로 진출하여 무역을 시작했을 때 가장 많이 수입했던 화물이었다. 후추, 계피 등의 향신료가 가장 돈이 남았기 때문이다. 이제 후추가 없는 유럽 식탁은 상상할 수 없을 정도로 향신료 수입은 항해의 중요한 계기이면서 유럽인뿐만 아니라 전 세계인의 입맛을 크게 바꿔 놓았다. 물론 향신료 때문에 포르투갈이나 스페인 같은 유럽 나라들이 아시아에 진출하여 해상 패권을 잡게 되었고 식민지를 개척해 나갔다는 것은 아이러니한 일이다. 사람은 자기가 가진 재주 때문에 희생을 당하는 경우가 가끔 있는데(옛날 중국이나 한국에서는 어떤 재주를 가진 사람을 특정 목적에 쓰고는 죽여버리는 일이 종종 있었지 않은가) 아시아 나라들은 향신료 때문에 유럽의 식민지가 되었다. 물론 전적으로 향신료 때문만은 아니지만 유럽 나라들이 아시아에서 패권을 장악한 것은 향신료 수입을 원활하게 하기 위한 목적이 컸다. GPS의 도움을 받아 지구 어디든 누비는 21세기의 첨단화된 배의 식당에 있는 후추와 생강을 보면서 바로 너희가 이 먼 바다로의 항해를 시작하게 한 일등 공신이라는 생각을 해보았다.

술

선원들은 의외로 배에서 술을 거의 마시지 않는 편이다. 술 먹고 취해서 행패를 부리는 선원이나 사관의 모습은 오늘날 배에서 볼 수 없다. 물론 육지에 가면 달라질지 모른다. 그러나 배에서는 술은 그리 인기 있는 식품은 아니다. 선장은 저녁 식사 때 와인 한 잔 정도는

하지만 맥주나 위스키 같은 술을 마시지는 않는다. 어제 저녁은
웬일인지 사관 휴게실이 와자지껄한 것이, 배에 탄 이래로 이렇게
큰 소리로 사관들이 떠드는 것은 처음 봤다. 알고 보니 기관장의
생일이라 사관들끼리 모여서 술을 마시고 있었다. 평소에는 조용히
식사하는 뱃사람들이지만 역시 술이 들어가니까 삼겹살 집에서
소주를 걸친 한국 아저씨처럼 목소리가 높아지는 것은 똑같았다.

생선

서양 선원들은 생선을 그렇게 많이 먹지 않으나 필리핀 선원들은
압도적으로 생선을 많이 먹는다. 그들이 많이 먹는 생선은 틸라피아
(붕어 비슷하게 생긴 민물고기), 마히마히(도미), 라푸라푸(농어),
바라쿠다(삼치) 등이다. 왜 필리핀에서는 같은 음절이 반복되는
이름의 생선을 많이 먹는 것일까? 『대항해시대』를 읽다가 이에
힌트가 될 만한 구절을 찾았다. "포르투갈어로 '개', '아들'은 각각
cao, filho이고 정상적인 포르투갈어에서는 그 복수형이 caes,
filhos이지만 디우에서는 cao-cao, fi-fi가 되었다!"• 이 서술을 보면 왜
부트로스 부트로스 갈리나 치치같이 같은 음절이 반복되는 이름들이
생겨났는지 짐작할 수 있다. (한국, 영국, 독일에는 이런 이름이
전혀 없으며 중국, 인도, 멕시코 등지에 많다. 중국의 세계적인
쇼트트랙 스피드스케이팅 선수인 양양A, 천안문 사건의 주모자로
체포된 왕단단이 대표적인 경우이다.) 일일이 명사의 복수형을
외우기 귀찮으니까 명사를 반복해버리는 것이다. 필리핀 사람들은
라푸나 마히가 떼로 다니는 것을 보고 그 물고기는 항상 여러
마리로 다니니까 그렇게 반복되는 음절의 이름을 붙인 것이 아닐까
짐작해보았다.

배에 타고서 생선을 먹다가 그런 생각을 했다. 고기잡이배에서
생선을 잡는 것은 결국 생선이 생선을 잡는 것이다. 배도 생선의
모양을 하고 생선처럼 바다에서 헤엄치는 물건이니까 말이다.
생선이란 말이 살아 있는(生) 곱고 아름다운 것(鮮)을 가리키듯이,

주경철, 『대항해시대』
(서울대학교 출판부, 2008),
493쪽.

주방장이 필리핀 식으로 튀기려고 생선을 반으로
갈라놨다.

배도 살아 있는 듯 에너지로 넘치고 생선처럼 미끈하게 아름답다. 컨테이너선에는 없지만 크루즈선이나 구축함에는 배를 안정시키기 위한 지느러미 모양의 안정장치(stabilizer)가 있는 경우가 있다. 구조나 항법, 용어 등 여러 가지 면에서 배에서 많은 것을 차용해온 항공기의 옆에 공기 흐름을 안정시키기 위해 붙여놓은 가늘고 긴 판은 아예 핀(fin 지느러미)이라고 부르는 경우도 있다. 그런데 인간은 생선의 모방물인 배를 이용하여 생선을 잡는다. 이런 현상을 어떻게 이해해야 할까? 왜 생선을 잡을 때 자동차나 비행기를 쓰지 않고 생선과 가장 닮은 배를 쓰는 것일까?

    자연계를 잘 관찰해보면 형태가 같은 것들끼리 쫓아가며 잡아먹는다는 것을 알 수 있다. 네 발 달린 사자는 네 발 달린 얼룩말이나 임팔라를 잡아먹고, 날개가 달린 매는 날개가 달린 꿩이나 비둘기를 잡아먹는다. 곤충은 곤충끼리 잡아먹는다(뱀이 새나 네발짐승을 잡아먹는 것은 예외로 친다). 생물들은 형태가 같으면서 크기가 다르면 서로 잡아먹고 먹히며 포식자 관계를 이룬다. 그래서 큰 물고기가 작은 물고기를 잡아먹고, 큰 생선인 고기잡이배가 작은 물고기를 잡아먹는다. 크기가 다를 때 포식자의 먹이가 되기도 하고 천적이 되기도 한다.

    형태의 근원에서는 결국 배도 생선이다. 항공기 형태가 새의 형태를 모방하고 있듯이 배의 형태도 물고기를 모방하고 있다. 이 세상에 수많은 크고 작은 원과 사각형들이 있어서 러시아 인형처럼 작은 원 속에 더 작은 원이, 또 작은 원 속에 더 작은 원들이 겹겹으로 다양하게 겹쳐져 있어서 다른 위상과 기능을 하듯이, 배는 결국 이 세상에 존재하는 수많은 물고기형의 존재, 즉 물속에 살면서 헤엄치고 다른 더 작은 물고기를 잡아먹는 존재들 중 하나가 아닌가 생각해보았다. 그런데 배라는 물고기는 크기가 압도적으로 크고 쇠로 돼 있고 파괴적인 엔진이 달려 있어서 많은 매연을 내뿜어 공기를 더럽히고 많은 물자와 사람을 날라서 지구 환경을 변화시킨다. 형태는 물고기형이나 존재론적으로 배는 물고기를 훨씬 초월해 있다. 그런 배에 타고서 생선을 먹는다는 것은 이상한 일이다.

벙커씨유(Bunker C油)

배의 연료다. 기름 중에서 가장 정제가 덜 된, 싼 연료다. 거의 아스팔트처럼 찐득하기 때문에 바로 연료로 쓸 수가 없어서 보일러로 가열해서 점도를 낮춘 다음에야 쓸 수 있다. 가열된 벙커씨유는 정화 장치를 거쳐서 찌꺼기들을 걸러내고 필터로 한 번 더 걸러야 엔진으로 들어간다. 이 배는 하루에 250톤 정도의 벙커씨유를 쓴다. 벙커씨유 덕분에 해상 운송이 가능하다. 이렇게 저급한 기름인 벙커씨유를 쓰는 이유는 오로지 값이 싸서다(톤당 500불). 만일 벙커씨유 가격이 올라가면 해상 운송료가 올라갈 것이고 그러면 해상으로 날아야 하는 모든 것들—원유에서부터 각종 자잘한 수입품들—의 값이 다 올라갈 것이다. 고마운 벙커씨유다. 그런데 배의 연돌(굴뚝)을 보면 10만 마력의 힘을 내는 엔진답게 엄청난 양의 시커먼 연기가 나오는데, 마치 바다 전체를 뒤덮을 정도의 양이다. 큰 배들이 항해할 때 보면 물 위에 남는 궤적만큼이나 긴 연기의 궤적을 남기는 것을 볼 수 있다. 그 연기는 단순히 사라지는 기체가 아니라 자세히 보면 깨알 같은 검댕이다. 연돌 근처의, 멍키 덱(monkey deck)이라 불리는 제일 높은 갑판에는 그 검댕들이 시커멓게 쌓인 것을 볼 수 있다. 그래서 브리지 윙과 멍키 덱은 수시로 청소해줘야 한다. 그 안에 각종 흉악한 오염 물질들이 있을 것이다. 아무리 망망하게 넓은 인도양이지만 공기 오염도를 자세히 측정해보면 배들이 남긴 배기 물질들이 항상 대기에 떠 있을 것이다. 배의 궤적이 사라지는 정도의 거리에 항상 일정한 간격으로 또 다른 배들이 다니고 있기 때문이다.

약간 다른 얘기지만 옛날에 중국 어느 오지 마을에 아무런 이유도 없이 콜레라가 돈 적이 있다고 한다. 워낙 오지의 산간 마을이라서 외부와의 연결이 거의 없는 이곳에 콜레라가 옮을

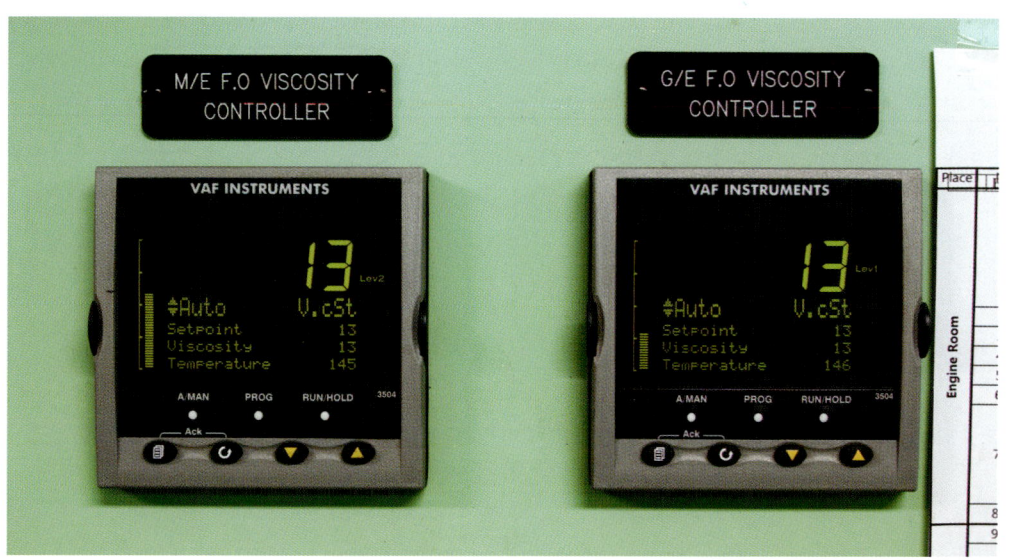

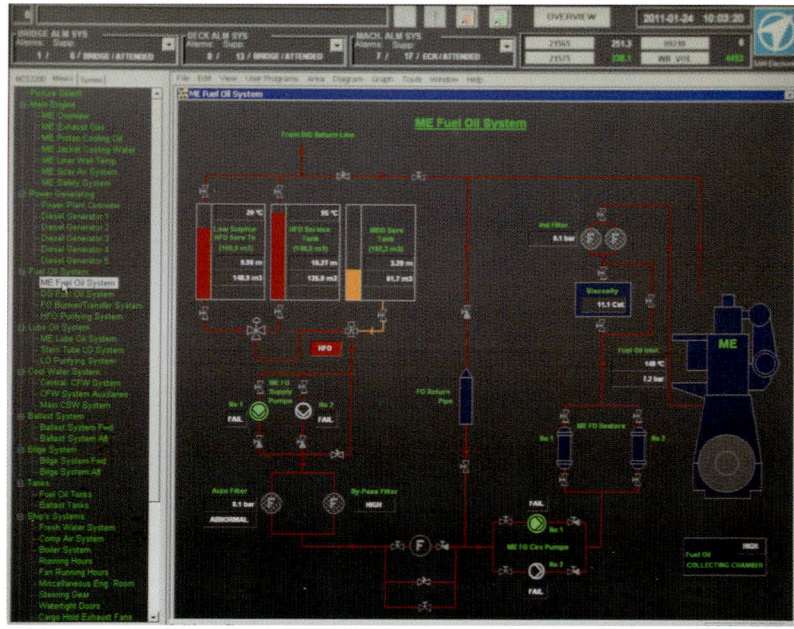

연료유의 점성을 나타내는 계기. 벙커씨유는 상온에서는 너무 찐득하여 연료로 쓸 수 없으므로 온도를 높여 점성을 낮춰줘야 한다. 주 엔진과 발전용 엔진으로 들어가는 연료의 점성이 13에 맞춰져 있고 온도는 145~146도이다.

연료유가 탱크에서 주 엔진으로 가는 경로를 보여주는 디스플레이. 펌프로 끌어올려진 벙커씨유는 필터를 거쳐 히터로 가열하여 점성을 낮춘 후 엔진으로 들어가서 연소된다.

이유가 없다고 생각한 과학자들이 혹시나 해서 보니 콜레라가 퍼지는 곳은 여객기 항로와 일치했다고 한다. 지금이야 여객기에서 오물을 밖에 버리지 않고(기차에서는 어느 나라나 그렇게 한다. 그래서 열차가 역에 서 있는 동안 화장실을 써서는 안 되는 것이다) 따로 탱크에 모았다가 공항에서 처리하지만 1970년대만 해도 대기 중에 바로 버렸던 모양이다. 그래서 여객기에서 버린 배설물에 섞여 있던 콜레라균이 중국의 산간 오지 마을에 퍼지게 된 것이다. 궤적상에 있는 대기를 오염시킨다는 점에서 배와 항공기는 비슷하다. 배는 정말로 심하게 공기를 오염시킨다. 벙커씨유 덕에 우리가 여러 가지 물건들을 쉽게 얻지만 그 덕에 우리의 환경도 죽어간다. 대기를 덜 오염시키는 저황 벙커씨유를 쓰면 좋지만 값이 비싸다. 해상 운송에서 제일 중요한 요인은 더 이상 인간의 모험심도, 낯선 땅에 대한 호기심도, 기술 발전에 대한 욕망도 아니다. 오로지 돈이다. 해운 회사는 자선사업가가 아니다. 그러므로 환경 규제가 명령하지 않는 한 비싼 저황 연료를 쓸 확률은 없어 보인다. 벙커씨유, 있어도 골치고 없어도 골치다. 페가서스는 로테르담에서 1만 톤의 벙커씨유를 실을 예정이다. 70일간 소모할 수 있는 양이다.

<u>전기</u>

배에서 전기가 쓰이는 곳은 생활용 전기(전등, 세탁기, 컴퓨터 등 각종 생활 기구), 조리용, 조종 장치, 각종 펌프(연료펌프, 윤활유 펌프, 밸러스트 펌프 등등), 냉동 컨테이너 등이 있다. 배에는 다섯 대의 디젤 발전용 엔진이 있고, 지금은 냉동 컨테이너를 90개만 싣고 있으므로 발전기는 한 개만 돌아가고 있다. 그 외에 한 개의 비상 발전기가 있다. 이 배의 발전기가 만들어내는 전압은 6600볼트이다. 꽤 고전압이다. 배는 하나의 거대한 공장 같은 시설이다. 거기에는 여러 가지 크고 작은 펌프, 주방 기구, 각종 제어장치와 컴퓨터, 조명 기구, 냉난방장치 등 전기를 필요로 하는 곳들이 아주 많다. 그 때문에 배는 서 있는 동안에도 각종 펌프를 돌려야 하고 냉동

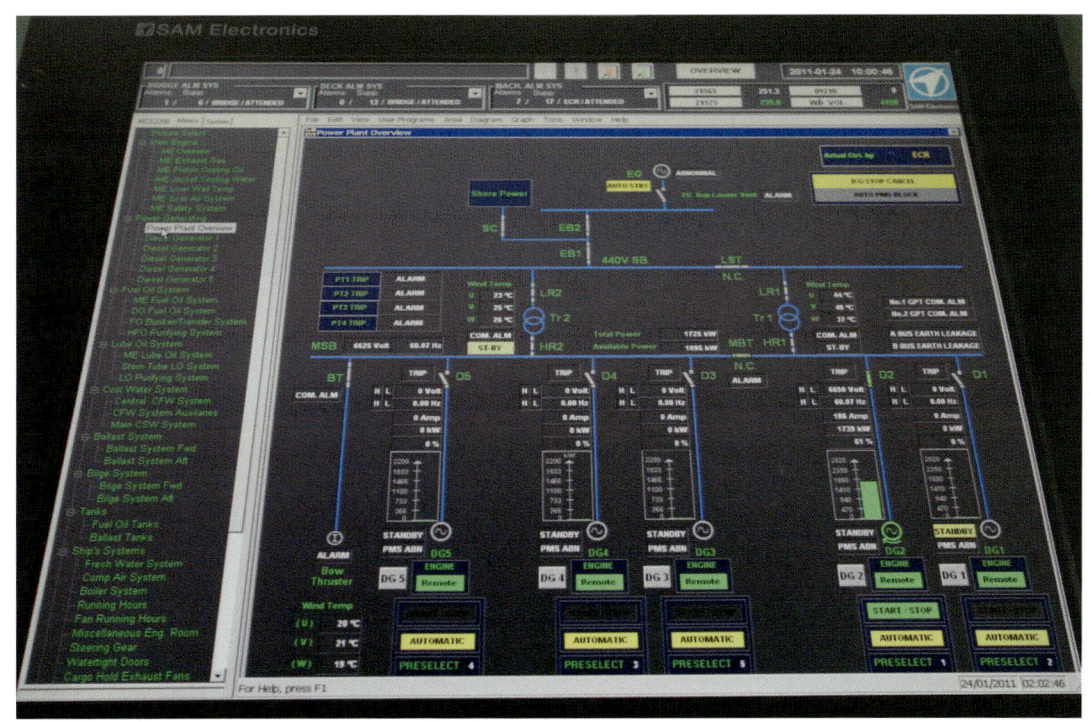

다섯 대의 디젤발전기의 상태를 일목요연하게 보여주는 디스플레이. 현재 두 번째 엔진만 가동 중이며 6650볼트의 전기를 만들어내고 있다. 1739킬로와트의 전력을 생산 중이다. 60와트 형광등 2만 9000개를 켤 수 있는 전력이다. 배에서는 밸러스트 펌프, 연료펌프, 각종 용수 펌프 등 계속 돌려야 할 펌프들이 아주 많고, 냉동 컨테이너는 항상 냉동 상태로 있어야 하며, 켜둬야 하는 등이 아주 많아서 막대한 전력이 소모된다. 사진 제일 왼쪽에는 이 모니터를 통해서 조종하고 조정할 수 있는 항목들이 표시돼 있다. 그것이 이 배의 시스템 전부라고 해도 과언이 아니다.

컨테이너를 가동해야 하기 때문에 전기 생산을 멈출 수 없다. 그래서 정박하고 있는 동안에도 디젤발전기에서 나오는 엄청난 양의 매연이 항구 하늘을 뒤덮고 있다. 두 대의 발전기는 최대 출력이 2800킬로와트, 세 대는 2200킬로와트다. 다 합치면 1만 2200킬로와트다. 즉 1메가와트가 넘는다. 이 전기는 최대 100개의 냉동 컨테이너를 다 싣고, 바우 스러스터를 가동했을 때를 염두에 둔 출력이다.

배를 움직이는 주식은 엔진을 돌리는 벙커씨유고 부식은 그 연료를 때서 나오는 전기이다. 전기는 어디까지나 연료의 부산물이지 그 반대는 있을 수 없다. 어차피 발전기는 항상 돌아가므로 배에서 전기를 아낄 필요는 없을 것 같다. 형광등 한 개쯤은 그냥 켜놔도 될 것 같은 생각이 든다. 그런데 그 발전기를 돌리기 위해 엄청나게 시커멓고 냄새가 고약한, 각종 유해 물질이 가득 들은 매연을 내뿜는 엔진이 돌아간다. 물론 배에서 대기 오염을 줄이기 위해 형광등 한 개쯤 덜 켜라는 것은 우스운 얘기겠지만 전체적으로 소모되는 전기의 양을 줄이면 매연도 덜 배출되지 않을까? 그것은 마치 살을 빼기 위해서 밥만 덜 먹을 것이 아니라 반찬도 덜 먹어야 하는 것과 비슷한 이치인 것 같다.

황

벌크 캐리어의 경우 황을 대량으로 싣고 항해하는 경우가 있다. 황은 호흡하면 안 좋다. 그리고 화재를 일으킨다. 그러나 꼭 필요한 곳들이 있다. 예를 들어 와인에 황을 넣지 않으면 오래가지 못한다. 반면, 연료에 들어 있는 황은 대기를 오염시킨다. 자동차 연료의 황은 대기에 나가면 아황산가스를 만들며, 이것이 빗물에 섞이면 산성비가 된다. 배에서 쓰는 벙커씨유에는 많은 황이 함유돼 있으므로 환경에 민감한 특정 항구들(미국이나 유럽이나 일본 같은 선진국들)은 몇 마일 전부터 저황 연료(low sulfur fuel)를 쓸 것을 요구하고 있다. 그래서 배에는 보통 벙커씨유와 저황 벙커씨유를 같이 싣고 다니다가 그런 항구 근처에 오면 저황 연료로 바꾼다. 물론 저황 연료가 더 비싸기 때문에 꼭 필요한 곳에서만 쓰는 것이다. 앞으로 각국의 환경 규제가 더 심해지면 모든 곳에서 저황 연료를 써야 하는 날이 올 것이다.

석탄

벌크 캐리어로 나른다. 석탄은 액체도 아니고 증발하는 것이 아니므로 휘발유처럼 인화성이 없을 것 같고 따라서 불도 안 나는 안전한 연료인 것 같지만 미세한 석탄가루들이 마찰을 일으키면 불이 날 수 있다. 석탄가루가 날리면 공기를 오염시킨다. 물론 그것을 호흡하면 진폐증에 걸릴 수 있다. 과거에 무연탄에서 나오는 일산화탄소 때문에 많은 사람들이 연탄가스에 중독되었으나 요즘 화력발전소에서 쓰는 무연탄은 (화력발전소에서 일하는 분의 말에 따르면) 타고 남은 가스를 다 정제하여 대기를 오염시키지 않는다고 한다.

불

헤라클레이토스는 만물의 근원은 불이라고 했는데 결국 배를 움직이는 것은 불의 힘이다. 앞으로 나아가는 동력도 불에서 나오며 각종 모터와 센서, 조명을 움직이는 것도 불의 힘이다. 벙커씨유를 때는 디젤엔진이 그 모든 것을 하는 것이다. 엔진의 각 온도는 12개의 실린더 각각의 온도와 배기가스 온도, 피스톤 냉각유 온도 등 부위별로 항상 모니터링되며, 이상이 있을 경우 경고 신호가 들어온다. 모든 불이 그렇듯이, 잘 가둬두어야 한다. 배의 주방에서는 불꽃이 있는 불은 쓸 수가 없어서 두꺼운 철판을 데우는 식의 조리 기구를 쓰고 있다. 전기모터는 불과 상관없이 돌아가는 동력 장치지만 결국 모터를 서게 만드는 것도 불이다. 앵커를 끌어올리는 모터는 앵커 줄이 지나치게 풀려 있어서 과부하를 받을 경우 과열되어 정지해버린다. 그러면 앵커를 끌어올릴 수 없으며, 극단적인 경우는 앵커 체인을 끊어서 바다에 버려야 하는 경우도 있다.

불을 막는 가장 좋은 방법은 숨이 막히게 하는 것이다. 배에는 다량의 이산화탄소 소화기가 비치되어 있으며, 엔진실 옆방에는 400여 개의 빨간색 CO2 봄베가 불이 나면 이산화탄소를 내뿜기 위해 기다리고 있다.

컨테이너

이 배의 주인공인 컨테이너 얘기를 빠트릴 뻔했다. 무려 6000개의 컨테이너가 겹겹이 쌓인 채 함께 여행하고 있었기 때문에 그들의 존재를 잊은 것 같다. 그들이 존재감을 알릴 때는 배가 기울어질 때 삐걱거리는 것과, 크레인으로 들어서 바닥에 놓을 때 '쾅' 하고 큰 소리를 낼 때뿐이다. 그 외에는, 컨테이너들은 말이 없는 짐짝일 뿐이다. 냉동 컨테이너는 냉동기가 돌아가는 소리를 내지만 그것은 기계가 내는 소리 중 제일 못생긴 소리다. 그냥 아무 리듬도 강약도 없고 듣기 싫은 '윙' 하는 소리일 뿐이다.

마크 레빈슨이 쓴 『더 박스(The Box)』라는 책을 읽어보면 높이 285센티미터, 길이 20피트 혹은 40피트, 그리고 더러는 46피트의 단순하기 그지없는 이 강철 상자가 전 세계 해상 운송의 표준이 되기까지 파란만장한 길을 걸어야 했음을 알 수 있다. 이 책은 영감이라고는 통 없고 대부분의 얘기가 1950년대 말 뉴욕 항의 노조와 해운 회사 간에 어떤 알력이 있었는지, 컨테이너 하나당 얼마의 요율을 매기기 위해 이해 당사자들이 어떤 줄다리기를 했는지를 서술하고 있어 매우 읽기 따분하지만 적어도 오늘날과 같이 표준화된 컨테이너가 세상에 나오기까지 사연이 많았다는 것은 확실히 말해준다. 그것은 경제적, 경영적, 기술적 문제였던 것이다. 결국 오늘날과 같이 40피트 컨테이너가 표준화됨으로써 해상 운송에 일대 혁명이 일어난 것이다. 사실은 그게 대부분의 배들이 컨테이너를 운송하고 있는 CMA CGM이란 회사가 존재할 수 있는 이유다. 덴마크의 머스크나 독일의 하파크 로이트도 마찬가지다.

갑판 위에 6단으로 높이 쌓여 있는 컨테이너. 단순한 짐짝이 아니라 귀하게 모셔야 하는 상전이다. 이 속에 첨단 전자제품에서부터 이케아의 가구, 이삿짐 등 많은 사람들이 필요한 온갖 짐들이 들어 있기 때문이다. 컨테이너들은 래싱 바로 단단히 묶여져 있다. 저것들을 수시로 조이는 일은 갑판부 선원들의 몫이다.

컨테이너 자체는 극도로 단순한데, 그렇게 단순하게 만드느라고 그렇게 힘든 과정이 있었던 것이다. 부피와 무게와 취급 방법이 다른 수많은 화물들을 하나의 통일된 상자에 넣게 하는 것이 힘들었고, 컨테이너를 트레일러와 열차와 배 사이에 자유롭게 호환할 수 있게 시스템을 만드는 것이 힘들었고, 그 컨테이너의 표준화된 크기를 정하는 것이 지난한 논쟁의 과정이었으며, 컨테이너 하나당 운송비를 얼마를 매길 것이냐를 놓고 미국 정부와 해운 회사들 간에 줄다리기를 하느라 또 몇 년을 보낸 끝에 오늘날과 같이 표준화된 컨테이너가 나타난 것이다. 티이유(TEU)란 단위는 그렇게 해서 탄생했다. 오늘날은 대부분의 컨테이너가 길이 40피트이지만 처음 나왔을 때는 20피트였으므로 'Twenty Foot Equivalent Unit'이란 말이 컨테이너를 따지는 표준 단위가 되었다. 총용량 1만 1300티이유인 페가서스는 말레이시아의 포트켈랑에 6474개의 컨테이너를 싣고 도착해서 644개를 내려놓고 691개를 실었다. 떠날 때는 6521개의 컨테이너를 싣고 있었고 1만 566티이유, 톤으로는 10만 210톤이다. 그중에는 화학물질이나 인화 물질 등의 위험 물질 2000톤을 실은 컨테이너 96개가 포함돼 있다. 그리고 90개의 냉동 컨테이너가 포함돼 있다. 그 결과 배는 물속으로 많이 가라앉아, 흘수가 앞쪽 14.48미터, 뒤쪽 15.70미터가 되었다. 선체에서 그만큼이 물속에 있다는 얘기다.

사실 컨테이너 자체는 바보상자인데 그 주변에 많은 장치들이 붙어서 복잡한 시스템으로 만들어주고 있다. 배에서는 1등 항해사가 어느 항구에서 어느 회사의 컨테이너 몇 개를 배의 화물칸 어디다 실을 것이며, 그에 따른 무게 배분은 어떻게 하고, 배의 균형을 잡기 위해 밸러스트 탱크는 부위별로 얼마씩 채워야 하는지 계산한다. 물론 오늘날은 그런 계산을 도맡아주는 덱마스터 마린(Deckmaster Marine) 같은 프로그램이 있어서 다 해준다. 항구에서도 그와 비슷한 프로그램으로 어떤 배가 어떤 컨테이너를 몇 개를 내리고 받을 것이며 어떤 트레일러들이 언제 몇 번 선석에서 컨테이너를 실어낼 것인지 계획을 세우고 실행한다. 이런 모든 스마트한 프로그램들이 컨테이너를 전 세계 해상 운송의 총아로 만들어주었다.

만일 컨테이너가 없었으면 오늘날 전 세계의 모든 자잘한 물건들을 만들어 팔아 경제 대국으로 급부상하고 있는 중국은 그것들을 수출할 수 없었을 것이다. 화물을 개별적으로 일일이 포장해야 하고, 일일이 배에 실어야 하고 일일이 배에서 내려서 트레일러에 옮겨 실어야 하는데 운송비가 많이 든다면 싼 값을 주 무기로 하는 중국 상품은 아예 존재할 수조차 없었을 것이다. 페가서스도 그렇고, CMA CGM의 다른 배들도 그렇지만, 유럽과 중국을 잇는 노선에 가장 큰 배들이 투입되며, 보통 한 나라당 하나의 항구에 들르는 것과 달리 중국에서는 다롄, 톈진, 상하이, 샤먼, 홍콩, 얀탄 등 많은 항구에 들르는 것만 봐도 글로벌한 컨테이너 운송에서 중국이 차지하는 비중을 알 수 있다. MS윈도우만 깔면 어떤 컴퓨터든지 전 세계에서 쓸 수 있는 것과 마찬가지로, 컨테이너 터미널만 지어놓으면 글로벌한 운송 네트워크에 참여할 수 있다.

그럼에도 컨테이너는 누구에게도 주목받지 못하고 묵묵히 일하는 일꾼이다. 한국에서야 매우 빈곤하지만, 문화 선진국에서도 항공기, 선박, 철도 등의 운송 기계에 대해서는 많은 대중용, 전문가용 책들이 있고 그에 대한 매니아층도 두텁지만 컨테이너 자체에 대한 매니아는 거의 없는 것 같다. 마치 열심히 일하는데 아무 주목도 못 받는 부엌데기처럼 컨테이너는 그저 말없이 배에 실려 전 세계의 항구를 돌아다니고 있을 뿐이다. 바다에서는 사람만 방랑하는 것이 아니라 컨테이너도 방랑한다.

언어

컨테이너선은 다국적일 수밖에 없다. 나라 간의 운송에 쓰이는 기계이고 여러 나라 사람들의 협력이 있어야 움직이는 기계이기 때문이다. 항공기와 흡사하게 그것은 모든 것을 규격화하고 통일화하고 평준화하는 기계다. 선실 벽에는 배에서의 공용어는

컨테이너선의 화물창 구조. 배 전체와 갑판 전체에 컨테이너를 가득 실을 수 있는 구조로 돼 있다.
© Seebeer

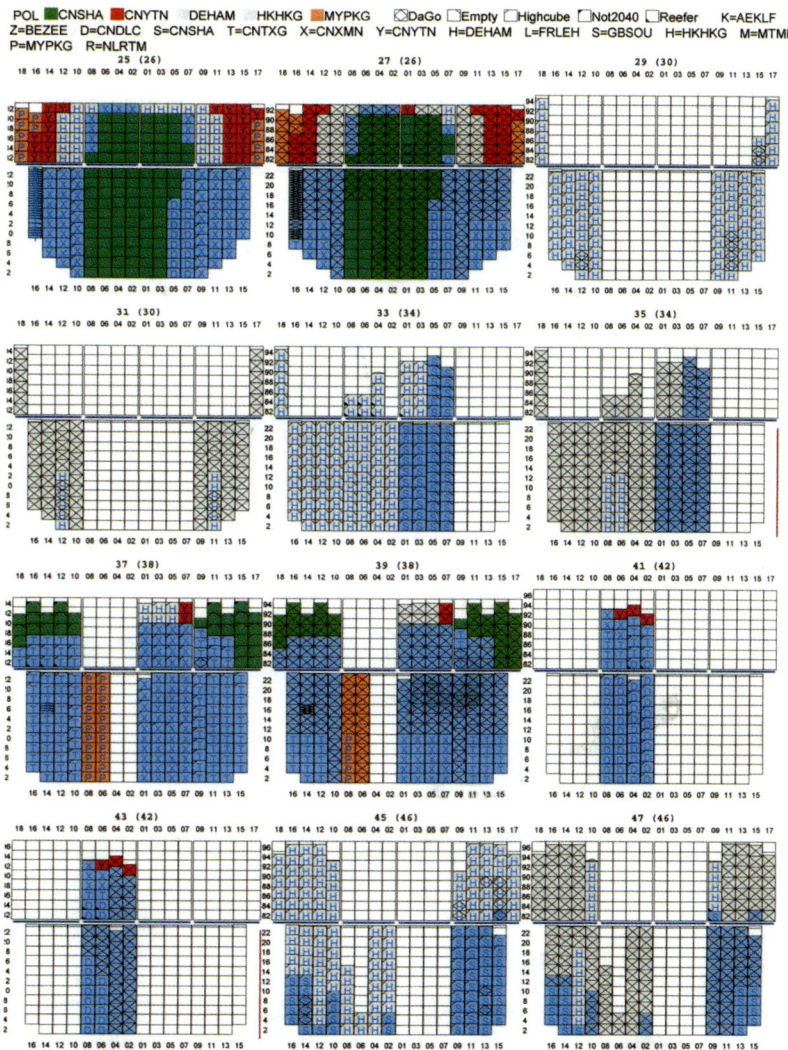

베이플랜(Bayplan 본적선부도). 어느 항구에서 실은 컨테이너가 어디에 쌓여 있는지 일목요연하게 보여주는 그림이다. 항구가 색깔별로 표시돼 있다. CNSHA=중국 샤먼 CNYTN=중국 얀탄 DEHAM=독일 함부르크 HKHKG=홍콩 MYPKG=말레이시아 포트켈랑 BEZEE=벨기에 제브뤼게 NLRTM=네덜란드 로테르담 FRLEH=프랑스 르아브르 GBSOU=영국 사우샘프턴 DaGo=위험물(Dangerous Goods) Reefer=냉동 컨테이너. 만일 컨테이너가 뒤섞인다면 대혼란을 초래할 것이다. 적재한 컨테이너를 정확한 장소에 놓아 다시 정확하게 배달할 수 있도록 하는 것도 중요하지만 배의 무게 균형을 맞춰서 컨테이너를 싣고 내리는 것도 중요하므로 컨테이너의 적재에 대한 프로그램은 사람이 짜는 것이 아니라 컴퓨터가 담당하는 일이다.

영어라고 써 붙어 있다. 그 영어가 쓰이는 환경은 컨테이너라는 환경이다. 사실 컨테이너 자체는 기계라 할 수 없다. 너무나 단순한 직육면체의 강철 상자이기 때문이다. 그것이 기계인 이유는 레고 블록처럼 더 큰 시스템과 맞물리는 하나의 작은 단위이기 때문이다. 컨테이너 자체는 기계가 아니지만 그것을 움직이는 선박, 트레일러, 갠트리 크레인, 로더, 항만, 도로 등이 컨테이너를 둘러싼 기계이다. 컨테이너를 통한 물류는 서울에서 대전이나 대구를 잇는 식의 어느 지역 단위를 상정하는 것이 아니라 나라와 나라를 잇는 글로벌한 차원에서 벌어지는 일이기 때문에 그것은 필연적으로 언어와 관습의 혼합을 수반한다. 선박 물류에서는 다양한 언어가 쓰인다. 오늘날 큰 선박의 선원들은 필리핀 사람들이 많다. 싼 인건비 때문에 중국인들을 쓰고 싶지만 그들은 영어를 못한다. 그렇다면 필리핀 선원들은 표준적인 영어를 유창하게 하는가? 전혀 그렇지 못하다. 물론 배에서 쓰는 영어들은 어떤 혼란도 막기 위해서 아주 단순하고 분명하다. "Hard starboard!(급우회전!)" 하는 식이다. 선장은 항해사에게 명령한다. "127도!' 즉 'one two seven!" 하고 분명하게 말해준다. 이 숫자를 잘못 알아들으면 변침하는 각도를 잘못 잡아서 암초나 다른 선박에 부딪칠 수 있다. 그래서 이런 언어들은 큰 소리로 분명하게 발음되고, 계기판에는 크고 빨간 글씨로 127이라고 고딕체로 써 있으므로 선장이 말한 127이 456이나 96이 아님을 분명히 알 수 있다.

  선장은 분명하고 확실하게 현대를 횬다이로 발음한다. 나는 한국 사람이니까 선장보다 더 크고 확실한 권위를 가지고 "횬다이가 아니라 현대입니다!"라고 할 수 있지만 감히 그렇게 하지 못한다. 이 배에서는 선장이 왕이기 때문이다. 프랑스의 항구도시 르아브르(Le havre)는 레하브르다. CMA CGM의 배들은 음악가 이름이 붙어 있는 것들이 많은데, 상하이의 양산 항에 CMA CGM 베를리오즈(Berlioz)가 들어왔다. 베를리오즈라면 환상교향곡을 작곡한 프랑스 작곡가이다. 선장은 그 배 이름을 끝내 '벨로이즈'라고 발음했다. 그 외에도, 선장은 허리케인은 휴리케인, 타겟은 타짓, 게다가 사인, 코사인은 정말 이상하게 발음했다. 퍼시픽은 퍼치픽, 알류샨 열도는 알레우티안, 서(sir)는 시어로 발음하는 자신만의 고유 언어를 가지고 있다. 물론 선장이 틀렸다고 해서 내가 감히 고쳐줄 생각은 할 수 없다. 세계에서 제일 큰 해운 회사 이름은 머스크(Maersk)이다. 컨테이너를 다루는 선원이라면 가장 친숙한 이름이 머스크이건만 선장은 끝까지 메르크스라고 발음한다. 그가 자신의 식으로 수십 년을 발음해온 것을 나는 고칠 생각을 하지 못한다. 이런 말들은 추상적인 이름이 아니라 뱃사람들이 수십 년 동안 상징과 물리적 현실을 다루어온 기반이기 때문에 그런 발음을 고쳐준다는 것은 물리적으로 불가능한 일이다. 그것은 마치 물고기에게 이제까지 네가 살아온 짠물은 너무 짜서 안 좋으니 오늘부터 민물에 살라고 하는 것과 같이 무리한 요구다. 다른 말은 다 괜찮은데 이상하게도 나를 가장 당혹스럽게 하는 발음은 다름 아닌 휸다이다. 크로아티아 사람이건 필리핀 사람이건 현대를 제대로 발음하는 사람은 없다. 내가 제대로 된 발음으로 고쳐주려고 해도 이들에게는 이미 길게는 수십 년에서 짧게는 몇 년간 휸다이가 입에 붙어 있다. 나를 제외한 모든 사람이 휸다이라고 하는 세계에서 나만 현대를 고집할 수 없다. 무엇보다도, 내가 현대라고 말하면 그들은 못 알아들을 것이다. 그래서 나도 CMA CGM 페가서스 공화국의 언어에 적응하기로 했다.

    매우 친절한 필리핀 메스맨(주방 보조)은 나에게 "워터 프롬 더 탑!"은 절대로 마시지 말라고 신신당부한다. 탑에서 나온 물은 마시지 말라니? 덱하우스의 맨 꼭대기층의 물이 오염이라도 됐나? 잘 들어보니 "워터 프롬 더 탭(tap)"이었다. 수도꼭지에서 나오는 물은 절대로 마시지 말고 생수병에 있는 것만 마시라는 얘기였다. 저녁 식탁에 고기가 올라와 있길래 메스맨에게 무슨 고기냐고 물으니 '따르끼'라고 대답한다. 따르끼가 뭐지? 계속 물어봐도 따르끼란다. 도대체 무슨 고긴지 알 수가 없다. 필리핀 식 고기인가?

나중에 먹어보고 알았다. 그것은 터키(칠면조)였다. 그들은 이런 언어로 소통한다. 그러면서 길이 363미터, 재화 중량 13만 톤의 배를 정확히 목적지로 움직인다. 배는 공식적으로는 그 배가 등록된 나라의 영토이지만(페가서스는 말타에 등록돼 있으므로 말타 영토이다), 언어적으로는 어디의 영토도 아니다. 이 배는 누구도 제대로 된 영어를 하지 못하는데 엄청난 화물을 싣고 엄청난 거리를 이동한다는 점에서 무척이나 신기한 사회다.

그것이 가능한 이유는 그런 차이들을 없애고 언어를 간결하게 만들었기 때문이다. 선장은 말했다. "배에서 최고의 영어는 아프리카식 영어다!"라고. 육지에서라면 다음과 같이 말했을 것이다. "제가 우현으로 좀 틀었으면 좋겠는데 허락해 주시겠습니까?" 배에서는 간결하게 말한다. "스타보드(Starboard)!" 물론 그래도 혼란은 있다. 수에즈운하의 최북단에 포트사이드라는 도시가 있는데 선장과 도선사가 노닥거리다가 아무 생각 없이 대화 속에서 포트사이드(port side는 좌현이란 뜻도 있음)를 언급했다가 조타수가 이 말을 듣고는 그게 좌현인 줄 알고 왼쪽으로 꺾어서 사고를 낼 뻔했다는 우스갯소리가 있다.

선박이나 기계 관련 용어들 중에는 생물의 이름을 딴 것이 많다. 예를 들어 앞서 말한 바람의 세기를 0에서 12까지 나타낸 보퍼트 풍력계급에서 재미있는 것이 3단계에서 '흰 말'이 나타난다고 쓴 것이다. 파도가 거세져서 말갈기가 날리는 듯 흰 파도가 생긴다고 해서 그렇게 쓴 것 같다. 로프를 한 바퀴 돌려서 매듭을 만드는 것을 '눈(eye)'이라고 하는데 모양이 눈과 닮았기 때문이다. '불도그 그립(bulldog grip)'은 불도그의 입처럼 단단히 무는 그립이며 펠리컨 슬립 훅(pelican slip hook)은 펠리컨의 부리처럼 큼지막하게 부풀은 형태고 페어 링크(pear link)는 배 모양의 걸이쇠다. 꼭 배에서만 쓰는 것은 아니고 목공에서 많이 쓰는 용어로 도브테일 피팅(dovetail fitting 열장이음)이라는 것이 있다. 목재를 비둘기 꼬리날개 모양으로 깎아서 못을 쓰지 않고 꼭 맞게 맞추는 것을 말한다. 배에서 특이하게 볼 수 있는 것으로 머시룸 벤틸레이터(mushroom ventilator)가 있다. 정말로 버섯처럼 위에 뚜껑이 덮여 씌워져 있는 환풍기이다. 환풍기에 바닷물이 들어오면 안 되므로 이런 형태로 돼 있다. 생물 이름은 아니지만 사물의 이름을 붙인 것 중에는 햄버거 턴버클(turnbuckle: 죔쇠)이 있다. 문자 그대로 옆에서 본 모습이 햄버거같이 생겼다고 해서 그렇게 붙인 이름이다. 또 재미있는 이름 중에 크리스마스트리가 있다. 배의 마스트에 항법용의 각종 등이 달린 기둥을 말하는데, 왼쪽에는 초록 등, 오른쪽에는 붉은 등을 달도록 돼 있고 배의 상태에 따라 다양한 등을 달고 있어서 마치 크리스마스트리처럼 생겼다고 해서 이런 이름이 붙었다. 크리스마스트리라는 이름은 배만 아니라 비슷한 구조를 가진 다른 구조물에도 쓰는 이름이다. 이와 비슷한 것으로 피아노 키(piano keys)가 있다. 공항 활주로 끝에 착륙 방향을 지시하는 등이 일렬로 있는데 이 모양이 피아노의 타건들이 일렬로 늘어선 것같이 생겼다고 해서 그렇게 부르는 것이다.

    왜 기계류에 생물이나 사물의 이름을 붙이는 걸까? 몇 가지 이유를 생각해볼 수 있다. 우선은 무엇보다도 옛날에 그런 물건들이 처음 나왔을 때 그런 물건들을 다루는 사람들은 교육 수준이 높지 않은 하층민들이었다. 20세기 중반만 해도 미국의 해안가에서 힘겨운 부두 노동을 하는 사람들의 평균 학력이 10년이 안 됐다고 하니 말이다. 뱃사람도 마찬가지였을 것이다. 그들에게 추상적이고 낯선 이름보다는 일상의 사물과 가까운 친근한 이름이 부르기 쉬웠을 것이다. 하긴 컴퓨터 마우스에도 추상적인 이름보다는 부르기 쉬운 '쥐'라는 이름이 붙어서 전 세계 공용어가 됐지만 그게 꼭 하층민만을 염두에 둔 것은 아니었을 것이다. 여기서 두 번째 이유가 나온다. 그것은 약간은 심리적인 것인데, 사물을 자기에게 가까이 끌어당기기 위한 방법이다. 대개 이런 물건들은 삭막하고 위험하다. 사람이 어떤 위험한 사태에 처했을 때 두려움을 극복하는 가장 쉽고 중요한 방법은 그 사태를 자기가 알고 있는 표상의 체계

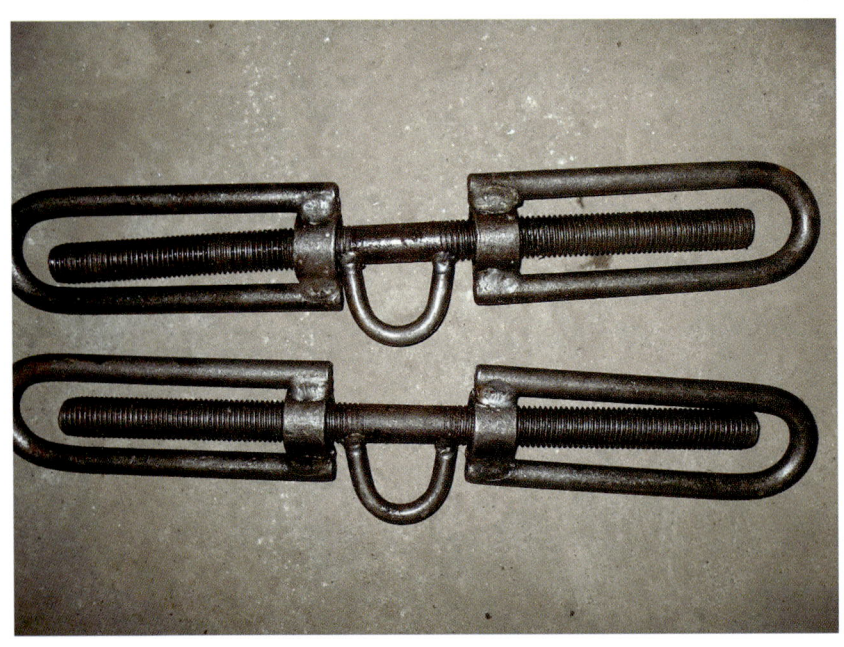

버섯을 닮았다 하여 머시룸
벤틸레이터라 불린다.

햄버거를 닮았다 하여 햄버거
턴버클이라 불린다.

안으로 끌어들이는 것이다. 예를 들어서 저쪽 골목에서 걸어오는 시커멓게 생긴 남자가 누군지 모르면 불안하다. 그런데 점점 가까이 와서 그의 이름을 알게 되면 마음이 편안해진다. 혹은 낯선 사람도 일단 통성명을 하고 나면 조금 편안해진다. 그래서 미국 사람들은 통성명을 할 때 반드시 악수를 한다. 그런 식으로 단단하고 무겁고 두려운 도구들에 불도그니 비둘기니 버섯이니 하는 이름들을 붙이면 친근하고 편안하게 느껴지는 것이다. 말을 조심해야 할 때가 있다. 보르헤스는 썼다. "이집트인들에 따르면 원숭이는 사람들이 강제로 일을 시킬까봐 일부러 말을 하지 않는다고 한다."•

Jorge Luis Borges, *Collected Fictions* (Penguin Books, 1999). 189쪽.

사람
가장 알 수 없는 물건.

극초대형 컨테이너선의 브리지 윙 위에 선장과 도선사로 보이는 두 사람이 서 있다. 거대한 기계 앞에 사람의 존재감은 극히 미미하다. 그가 과연 배를 조종한다고 할 수 있을까?

컨텍스트 속의 사물

필리핀 요리에는 생선이 많이 쓰이는데 튀김을 많이 하는 편이다. 그런데 튀길 때 비늘을 긁어내지 않고 통째로 튀긴다. 처음에 그것을 보고 도저히 먹을 수 없다고 생각했으나 필리핀 요리의 컨텍스트로 들어가자 먹을 수 있게 되었다. 그것은 마치 수영장에서는 노출이 아주 심한 수영복을 입고 있어도 민망하지 않은 것과 비슷한 것이다. 평소에 물고기를 잡아먹는 수달을 보고 저 비린 생선의 비늘과 가시와 지느러미는 다 어떻게 처리하며 먹는 것일까 궁금해한 적이 있다. 답은 간단하다. 그런 것들을 먹는 컨텍스트 속으로 들어가면 되는 것이다. 야생에서의 테이블 매너란 가리지 않고 먹는 것이므로 그냥 다 집어삼키면 된다. 단, 수달은 생선 뼈는 소화시키지 못하므로 똥에 섞여 나온다. 컨텍스트가 모든 것을 다 처리해주는 맷돌은 아닌 것이다. 그래도 컨텍스트는 이질적인 사물들을 용융해 서로 접합될 수 있도록 해준다.

    배에는 식당이 사관용과 선원용으로 구분돼 있는데 사관들은 대개 서양 사람들이므로 서양식으로 먹는다. 선원들은 대개 필리핀 사람들이므로 필리핀 식으로 먹는다. 사관과 선원이 메뉴도 자연스럽게 갈리는 것이다. 나는 필리핀 음식이 먹고 싶을 때는 선원 식당에 가서 앉는다. 그리고 접시에 음식을 담아서 필리핀 선원들과 함께 앉아서 필리핀에 갔던 얘기를 하면서 먹기 시작한다. 자연스레 필리핀 음식의 컨텍스트로 들어온 것이다. 일단 컨텍스트로 들어온 이상 필리핀 식을 따르게 된다. 강물에 몸을 맡기면 강이 흐르는 대로 따라 흐르듯이 말이다. 그런데 비늘이 싫다고 일일이 비늘을 걷어내고 있으면 아마 같이 먹는 필리핀 선원들이 이상하게 생각할 거 같다.

    컨텍스트만 갖춰져 있으면 무슨 일이든 가능한 것이다.

군대에서 밥 먹으러 가려면 식사 집합을 해야 한다. 그리고 집합할 때는 반드시 모자를 써야 한다. 부대 안에서 맨머리로 돌아다니는 군인은 없다. 그런데 어떤 병장이 전투모(가장 일반적인, 헝겊으로 된 군인 모자)를 찾을 수 없었다. 그래서 그는 할 수 없이 철모를 써야만 했는데 전투복에 그냥 철모만 쓴다는 것은 있을 수 없는 일이었다. 마치 넥타이를 맸는데 그 밑에는 티셔츠를 입은 것과 같은 것이었다. 그래서 그 병장은 탄띠를 차야만 했다. 철모와 탄띠는 항상 같이 가는 것이기 때문이다. 그렇게 복장의 컨텍스트가 갖춰지자 그제서야 그 병장은 식당에 갈 수 있었다.

보통 한 달간의 여행이라면, 만일 여행지가 유럽인 경우 열 나라 이상을 돌았을 것이다. 그리고 수도 없이 기차와 차를 갈아타고 숙소를 바꿨을 것이다. 차로 가든 발로 걷든 많은 거리를 이동하는 여행이다. 특정한 목적이 있지 않은 한 한 달간 파리에만 있는 식의 여행은 없을 것이다. 물론 루브르박물관에 미친 사람이라면 파리에 한 달도 있을 수는 있다. 그런데 이 항해 여행은 같은 배 안에 한 달간 있는 것이다. 물론 배는 아시아에서 인도양을 거쳐 아랍 세계를 거쳐 지중해를 거쳐서 유럽으로 가는 글로벌한 움직임을 하고 있지만 나의 움직임의 범위는 내 방–브리지–식당–갑판 정도다. 배는 전 세계를 누비지만 나는 배 안에만 있을 뿐이다. 좀 심하게 말하면 감옥에 갇혀 있는 듯한 느낌이 들기도 한다. 특히 해적 위험 구역에서는 덱하우스에서 갑판으로 통하는 모든 문을 잠궈놓아 며칠간은 바깥에 나갈 수도 없었다. 일반적인 여행의 기준으로 보면 너무나 갑갑한 여행이다. 그러나 화물선을 타고 하는 항해 여행이라는 대단히 특수한 컨텍스트에 놓이면 모든 것이 가능하다. 물론 육지에 내려서 시내 구경을 할 수도 있겠지만 컨테이너선이 항구에 머무는 시간은 20시간이 안 된다. 게다가 컨테이너선은 대개 시내에서 멀리 떨어진 컨테이너 터미널에 접안하기 때문에 시내까지 나갔다 오는 것도 쉽지 않다. 상하이 같은 경우는 시내까지 택시로 두 시간 이상 걸리므로 시내에 갔다 오는 것이 아예 불가능하다.

그게 이 여행의 컨텍스트이다. 나는 필리핀 식으로 튀긴 도미의 비늘을 먹듯이 폐쇄 상태의 여행이라는 컨텍스트를 받아들인다. 도미의 비늘을 먹는다는 사실이 나로 하여금 필리핀을 체험하게 하는 매개이듯이, 이런 폐쇄 상태가 화물선 여행을 체험하게 하는 매개이다. 화물선은 위험하고 폐쇄된 곳이지 아무나 아무 데나 들어갈 수 있는 곳이 아니기 때문이다. 예를 들어 항구에 정박하여 컨테이너를 하적하는 동안은 위험하므로 갑판에 나갈 수가 없다. 배가 입출항하기 위해 윈들라스(windlass)•로 로프를 감고 푸는 동안에는 선수와 선미는 접근해서는 안 된다. 튕기는 로프에 맞으면 즉사할 수 있기 때문이다. 무시무시한 엔진실에 갈 때는 기관장에게 미리 말해야 한다. 안전을 위해 당연한 조치들이다. 이념이나 문화나 단순한 관습이 아닌, 위험을 피하고자 하는 화물선의 특수성이 여행의 컨텍스트를 만들어낸다.

• 톱니바퀴 비슷한 모양의 회전 드럼을 갖는 윈치와 앵커 체인 롤러를 겸한 기계

기항지, 포트켈랑

홍콩을 떠나 얀탄을 거친 페가서스는 이틀을 항해하여 싱가포르해협을 거쳐 믈라카해협으로 들어가서 말레이시아의 항구 포트켈랑(Port Kelang)에 닿는다. 페가서스의 항로 중 최남단인 싱가포르의 위치는 북위 1도 17분, 동경 103도 50분, 거의 적도 부근이다. 날짜는 2월 1일. 건기와 우기의 차이를 빼고는 1년 내내 날씨가 거의 똑같은 이곳에서 2월이라고 해서 날씨가 특별한 것은 없다. 항해에서의 날씨는 지금이 언제냐도 중요하지만 어느 곳이냐에 따라서도 많이 달라진다. 상하이에 오기 전에 페가서스는 중국의 다롄에 기항했었는데 그곳의 날씨는 영하 10도에 눈이 많이 왔다고 한다. 그곳으로부터 10일이 지난 지금, 기온은 31도에 습도는 대기를 가득 메우고 있다. 이런 습기 찬 기후는 인도양 내내 우리를 따라오다가 수에즈운하에 들어서서야 떠날 것이다. 그리고 지중해를 지나 대서양을 따라 북상함에 따라 페가서스는 다시 겨울로 들어설 것이다.

항해는 지역과 기후의 차이를 동시에 견뎌야 하는 여행이다. 기온이 변하면 누가 제일 영향을 받고 고통을 느낄까? 사람이야 지역과 계절에 맞춰 날씨를 예측할 수 있고 몸이 그럭저럭 적응하지만 기계는 날씨의 변화를 예측해서 적응하는 능력이 없다. 기온이 변하면 제일 고생하는 것이 엔진이다. 엔진은 바닷물을 끌어들여 냉각하는데, 기온이 변하면 바닷물의 온도도 변한다. 해수 온도가 낮으면 괜찮은데, 더운 지역으로 들어가서 해수 온도가 올라가면 엔진의 열을 식히기 힘들어진다. 전 세계에서 해수 온도가 제일 높은 축에 속하는 홍해는 서쪽에는 수단과 이집트, 동쪽에는 사우디아라비아가 있는데, 양쪽 다 사막이라서 겨울에도 기온이 높고, 따라서 해수 온도도 높다. 해수 온도가 37도까지 올라가는 홍해에서는 엔진도 더위를 먹는다. 그러면 해수를 끌어들여 바로 엔진으로 보내는 것이 아니라 냉각한 다음 보내줘야 한다. 사람도 기계도 적정한 온도가 맞춰져야 제 기능을 할 수 있다. 결국 기계는 인간과 세계의 환경 사이에 끼어서 둘을 매개하는 인터페이스이므로, 양쪽의 성질이 극단적으로 변하면 버티기 힘들어진다.

말레이시아에서 제일 큰 항구인 포트켈랑은 쿠알라룸푸르에서 38킬로미터 떨어져 있다. 포트켈랑 맞은편에는 풀라우켈랑(Pulau Kelang)이라는 섬이 있다. 완전히 평평한 그 섬은 아주 낮은 땅이 한도 끝도 없이 펼쳐져 있고 전부 빽빽한 밀림이 들어차 있다. 열대의 구렁이도 표범도 독충도 있을 것 같은 밀림이다. 좁은 수로의 한편에는 첨단 항구 시설이 있고 그 맞은편에는 원시 밀림이 있다. 이게 바로 믈라카다. 믈라카는 시간과 공간의 축이 직교하는 그 중간에 놓여 있다. 공간적으로 보면 서쪽에 거의 문명의 흔적이 보이지 않는 광대한 밀림이, 동쪽으로는 한때는 세계에서 제일 높은 빌딩이었던 페트로나스 타워를 가진, 말레이시아의 수도 쿠알라룸푸르가 있다. 시간적으로 보면 포트켈랑은 한때 세계 무역의 중심지였던 믈라카와, 이제는 동남아시아의 한 도시에 불과한 믈라카 사이에 놓여 있다.

이 믈라카가 바로 16세기에 향신료를 유럽으로 수출하고 유럽에서는 직물들을 수입하며 아시아 무역의 중심 역할을 했던 곳이다. 이 지점에서 나는 『대항해시대』를 펼쳐 들고 읽는다. 가장 흥미로운 부분은 16세기만 해도 유럽, 즉 서양이 세계를 지배하지는 않았다는 점이다. 유럽이 확실하게 세계를 지배하게 된 것은 19세기에 들어와서의 일이고 그 전에 세계에서 가장 큰 세력은 중국과 인도였다고 한다. 그리고 아시아에 진출하여 무역을 하던 포르투갈이나 스페인의 상선들은 지역 전체를 장악한 것이 아니라 몇몇 거점들을 중심으로 무역을 하면서 영향력을 넓혀가려 애쓰다가 점차로 쇠퇴하기도 했다는 것이다. 믈라카가 바로 그 아시아 무역의 중심지 가운데 하나였다고 한다. 그런 믈라카는 지금은 그저 눈앞에 끝없이 펼쳐져 있는 밀림일 뿐이다. 오늘날 말레이시아 주변은 석유와 천연가스가 많이 나와서 컨테이너선보다 유조선과 LNG선이 더 많이 보이고, 항구 시설도 점차 확장해가고 있기는 하지만 한때 여기가 세계 무역의 중심지였다는 것은 믿을 수 없는 일이다. 이렇게 끝없이 밀림만 있는데….

컨테이너 야적장 너머로 도시만 끝없이 펼쳐진 다른 항구들과 달리, 포트켈랑에서는 컨테이너 야적장 너머도 끝없는 밀림이다. 어찌 보면 낭만적인 풍경이기도 하다. 새벽안개에 잠긴 야자수 가지 사이로 아침 햇살이 퍼지는 모습은 뭔지 남국 특유의 낭만이 있을 거 같고 뭔가 좋은 일이 있을 것만 같은 느낌을 준다. 이래서 서양 사람들이 열대를 낙원으로 생각했고 그렇게도 집요하게 식민지로 삼으려 했는가 보다. 이곳에 오면 뭐든지 다 편안할 거 같다. 1980년대만 해도 뱃사람들은 이런 이국적인 곳에 상륙해서 며칠 놀다가 다시 항해를 하는 로망을 즐겼었다고 한다. 그러나 포트켈랑에서 육지에 간 선원은 치통 때문에 치과에 간 용접공 한 사람뿐이었다. 보통 치과 치료라는 것이 한 번에 안 끝날 텐데 과연 한 번에 가능한가 했더니 선원들이 주로 가는, 한 번에 치료를 끝내주는 곳이 있다고 한다. 선원들의 삶, 터프하다. 컨테이너선은 가장 빠른 배고, 화물을 부리는 것도 빨리 해야 하기 때문에 선원들은 20시간도 안 되는 정박 동안에 육지에 가서 놀고 돈 쓰고 할 겨를이 없는 것이다. 그게 오늘날의 물류가 사람에게 가하는 스트레스다. 믈라카에서 있을 법한 아름다운 추억은 포기한 채, 페가서스는 다시 바쁜 길을 나선다.

포트켈랑을 떠난 페가서스는 안다만 해역으로 들어섰다. 안다만 해역은 인도의 동쪽 바다, 즉 벵골 만의 일부이다. 그리고 벵골 만은 더 큰 바다, 인도양의 일부이다. 여기서 계속 서쪽으로 항해하여 스리랑카의 남쪽을 살짝 스쳐서 인도의 왼쪽으로 나가면 완전히 망망대해인 인도양이다. 이곳은 아시아에서 유럽으로 가는 주요한 해상 통로이고 고속도로같이 배들이 좌우로 오가는 곳이지만 점점 서쪽으로 가면서는 배들을 보기가 힘들어진다. 아무래도 항구에서 멀어지니까 배들도 뜸해지는 것이다. 어쨌든 아주 평화로운 풍경이다. 대단히 습하고 끈적한 동남아의 공기 속에 풍경이 찐득하게 녹아 있는 듯하다.

　　포트켈랑을 나서자 이제 망망한 인도양이다. 이틀을 항해하여 스리랑카 남쪽 끝을 살짝 스치듯 항해할 때만 해도 사방에 열 척 정도의 배가 보이고 하더니 스리랑카를 벗어나서 몰디브에 가까이 오니까 정말로 인도양 한가운데, 사방에 배도 안 보인다. 사실 이번 항해를 앞두고 망망대해를 열흘 항해하는 것은 얼마나 흥미진진할까 적잖이 기대했었는데 이건 기대와 너무 달랐다. 에메랄드빛의 깊고 새파란 바닷물은 아름다웠지만 며칠을 가도 오로지 바다만 나오자 슬슬 맥이 풀리며 약간 우울해지기 시작했다. 여기서 만일 치통이라도 나면? 맹장염이라도 걸리면? 육지에서는 할 일이 없는 별별 걱정이 다 들고 육지가 그리워지기 시작했다. 같은 바다에 같은 사람들에 비슷한 음식에 비슷한 얘기들에서 오는 지루함도 더해져서 더 무기력해져 갔다.

　　상하이에서 홍콩 사이를 항해할 때는 저녁 아홉 시면 곯아떨어지곤 했는데 여기서는 잠도 잘 안 오고 꿈도 군대 다시 가서 배식을 받는데 내 것만 밥이 없는 식의 흉흉한 꿈만 꾸게 된다. 그간 사관들이 먹는 서양 음식도 잘 먹었는데 갑자기 느끼해져서 먹기 싫어지고 앞으로 이런 것만 먹어야 한다면 어떻게 하나 하는 공연한 걱정도 든다. 해도를 보면 땅에 대한 묘사는 없고 오로지 바다를 표시하는 하얀 종이밖에 없는, 이제 문명과는 영영 멀어진 곳으로 들어선 것이다. 사실 문명과 완전히 멀어진 것이 아니라 상대적으로 멀어진 것일 뿐인데도 불안감은 점점 커간다. 배 자체가 대단한 문명 시설인데도 불구하고 불안감에서 오는 무기력감과 우울감은 점점 커져간다. 밥을 아무리 먹어도 배가 고프고 팔다리에 힘이 없다. 최소 아라비아반도의 끝인 아덴만까지는 가야 뭔가 육지 비슷한 것이 나올 텐데 거기까지 일주일 이상이 남았다. 정말 아득하다.

나에게 유일한 위안이 된 것은 한 선원이 얘기해준 수에즈운하의 광경이다. 수에즈운하는 배들이 일렬로밖에 지날 수 없기 때문에 삼십 척의 배들이 일렬로 기다렸다가 가면 맞은편의 배들이 또 삼십 척 지나간다고 한다. 그때 세계 각국의 배들이 일렬로 늘어선 모습이 무척이나 장관이라고 한다. 그의 이 말 한마디에 나는 다시 흥분하고 기대감으로 몸에 힘이 생기는 것 같다. 수에즈를 기다리며 앞으로 열흘을 참자!

여기서 뱃사람과 나의 결정적인 차이가 나타난다. 선원들 중 아무도 망망한 바다 한가운데 있다는 것 때문에 무기력하거나 허망해 하지 않는다. 그저 일상의 일들을 해나갈 뿐이다. 3등 항해사는 선원 휴게실에서 영화 DVD를 열 개쯤 잔뜩 빌려 들고 갈 뿐, 다른 것에 대해서는 걱정하지 않는 것같이 보였다. 뱃사람들은 환경 변화에 민감하게 반응하지 않고, 망망하면 망망한 대로, 바쁘면 바쁜 대로 사는 사람들이다. 하긴 바다라는 것이 대단히 크고 긴 리듬을 가졌는데 육지의 일상에서 하듯이 몇 분 안에 버스가 안 온다고 초조해 하거나 몇 시간 안에 누가 약속 장소에 오지 않는다고 초조해 하는 식의 심리로는 바다에서 살아갈 수 없다.

2월 5일 토요일은 항해를 시작한 후로 최악의 날이었다. 내 방에 가만히 앉아 있는데 갑자기 우울감이 몰려오면서 온몸에 기운이 쭉 빠지는 것이, 심리적인 문제가 아니라 내 몸에 무슨 심각한 이상이라도 생긴 것이 아닌가 하는 걱정이 들 정도였다. 사실 우울감이라기보다는 무기력증이었는데, 거의 쓰러질 지경이었다. 그런 상태는 한 번만 오는 것이 아니라 살짝 한 번 왔다가는 마치 계속 파도가 치듯이 좀 더 세게 온다. 이걸 그냥 놔두면 심리적 공황 상태에 빠질 것 같다는 생각이 든다. 그래서 브리지로 올라가서 밝은 햇살도 좀 쬐고 사람들과 얘기도 하자 약간 나아지는 것 같기는 한데 팔다리에 힘이 없이 간신히 서 있는 게 꼭 쓰러질 것만 같았다. 왜 양수리나 양평의 물가에 집을 짓고 오래 살면서 하루 종일 물만 보면 우울증이 걸린다고 했는지 이제는 알 것 같다. 눈앞에 오로지

물만 있는 느낌, 세상으로부터 고립되어 아무런 도움도 받을 수 없고 주변에는 타인뿐이라는 느낌이 우울감이나 우울증을 가져오는 것이다.

우울감과 고립감에서 오는 고충을 선장에게 얘기했더니 자기 부인이 배에 타고 함께 8일간 항해할 때 같은 문제를 겪었다며, 그녀도 망망대해에 나가자 어디가 아프면 어쩌나, 어떤 문제가 생기면 어쩌나 하고 없는 문제를 만들어서 고민했다고 한다. 그러면서 그는 사람의 마음이야말로 가장 바보 같은 것이기 때문에 마음만 잘 다스리면 아무 문제가 없다고 한다. 그렇다고 그가 모든 일들을 오로지 마음만 잘 다스려서 해결한 것은 아니다. 40년 가까운 바다 생활에서 그는 크고 작은 문제들, 온갖 바보 같은 문제들과 씨름해야 했다. 아마 그가 겪었던 고난들은 식탁에서 웃으며 얘기할 수 있는 수준이 아니었을 것이다. 목숨이 왔다 갔다 하는 심각한 순간도 많았을 것이다. 다만, 그는 그럴 때마다 자신의 마음이 쓸데없이 동요하여 지나치게 고민하고 괴로워하지 않도록 잘 다스리는 마인드 컨트롤에 신경 썼다고 한다. 바다 한가운데서 어쩌겠느냐, 당장 지금의 항해를 즐겨라, 눈앞 식탁에 놓인 이 푸딩을 즐겨라! 그래서 나는 후식으로 나온 푸딩을 열심히 푹푹 퍼먹었다.

사람의 마음은 참으로 얄량한 것이, 브리지에 올라가자 2등 항해사가 지브롤터의 해도를 펼쳐놓고 있는 것을 보고 나의 마음과 몸은 다시 생기를 띠기 시작한다. 육지를 볼 수 있다는 기대감도 그렇지만, 생전 처음 볼 지브롤터의 모습에 흥분이 되었기 때문이다. 때마침 브리지에 온 선장이 스페인 쪽 알헤시라스 항구와 모로코 쪽 탕헤르 메드 항구에 대해 설명해준다. 이국적인 풍경에 대한 기대로 나는 다시 활기를 찾는다. 뱃사람들이라면 설사 고향에 간다면 모를까 이국적인 항구에 간다고 해서 흥분하지는 않을 것이다. 오늘날 기껏해야 항구에서 20시간 이상 머물지 않는 대형 컨테이너선의 선원이라면 더 그렇다. 배에 하나밖에 없는 중국제 육분의를 가지고 선장이 직접 브리지 바깥으로 나가서 태양의 각도를 측정하는 법에 대해 강의를 해주어 나는 다시 활기를 찾을 수 있었다. 옛날 사람들이 레이더도 GPS도 없이 이것만으로 항해했을 때는 얼마나 막막했을까 생각하면 지금의 항해는 집에 앉아서 인터넷으로 물건을 주문하듯이 쉬운 것이다. 무기력하게 있을 순 없다. 더 많이 배우려고 하자.

  어제 포트켈랑을 떠난 페가서스는 안다만 해역으로 들어섰다. 어제 저녁부로 믈라카해협은 완전히 벗어난 것이다. 넓은 바다에 나왔으니 물결이 거칠 것이라는 예상과는 달리 바다는 항해를 시작한 이후 가장 잔잔하다. 바다 전체에 거의 물결이 없는 것이, 상하이 앞바다보다 더 잔잔하다. 사실 파도가 좀 치고 배가 롤링을 좀 하고 마주 오는 배들이 파도를 흠뻑 뒤집어써야 사진 찍을 것도 좀 있는데 여기서는 그런 모습은 통 볼 수 없다. 그나마 마주 오는 배들도 거의 없다. 이곳은 아시아에서 유럽으로 가는 주요한 해상 통로이고 고속도로같이 배들이 좌우로 오가는 곳이지만 점점 서쪽으로 가면서는 배들을 보기가 힘들어진다. 아무래도 항구에서 멀어지니까 배들도 뜸해지는 것이다. 어쨌든 아주 평화로운 풍경이다. 동남아답게 공기는 대단히 습하고 덥지만 그야 어쩔 수 없는 것이다.

  그런데 안다만이라면 뭔가 떠오르는 것이 있다. 1987년 11월 말 북한의 간첩 김현희가 중동에서 노동자들을 가득 태우고 오던 대한항공기를 폭파시켜 수많은 목숨을 희생시킨 곳이다. 이 사건은 여러 가지로 알 수 없는 면들이 많다. 사건 난 날이 김대중 대통령 후보가 여의도에 100만 명의 시민들을 모으고 유세 연설을 한 날이라 무척이나 센세이셔널했고, 다음 날 신문에 그 사진이 대문짝만하게 날 것이었는데 갑자기 대한항공기가 북괴의 소행으로 폭파되었다는 기사가 1면에 크게 나서 놀랐고, 항공기가 아무런 구조 요청 신호도 보낼 수 없을 정도로 순식간에 산산조각 나려면 많은 양의 폭탄을 터트려야 하는데 아무리 김현희가 고도의 훈련을 받은 흉악한 북괴 간첩이라 해도 혼자서 그 많은 폭탄을 비행기에 다

실을 수 없다는 점, 그렇게 많은 생명을 죽인 극악무도한 살인범인데 무죄로 사면되었다는 점 등 도대체 알 수 없는 구석이 한두 가지가 아닌 사건이다. 더군다나 그녀는 자신을 그림자처럼 따라다니며 경호하던 정보기관 직원과 결혼하여 경주인가 어디서 잘 살고 있다고 한다….

　아마 그때 희생된 원혼들은 아직도 진실이 밝혀지지 않은 이 사건 때문에 어딘가 구천을 떠돌고 있지 않을까 싶다. 그래서인지 안다만 해는 잔잔하기만 하다. 항해를 시작한 이래 이렇게 깨끗하게 수평선이 샤프한 선으로 보인 것은 처음이다. 중국 근처는 바다에 항상 안개가 끼어 있어서 수평선 자체가 보이지 않았던 것이다. 구름도 수평선에 평행으로 층층이 착실하게 떠 있다. 가끔 벼락이 치던 새벽의 구름과는 영 딴 모습이다. 아마도 안다만 해는 그날의 진실을 알고 있을 것이다. 대한항공기가 어디서 폭발하여 어느 지점으로 어떤 모양으로 추락했는지 바다는 보았을 것이다. 바다가 말을 할 수 있다면…. 수많은 원혼들의 소리를 뒤로 하고 페가서스는 서쪽으로 계속 나아간다.

　포트켈랑을 떠난 지 8일 동안 육지라고는 전혀 보지 못하고 망망한 바다만 헤쳐왔다. 육지에 가장 근접했을 때가 스리랑카의 남단을 스친 것과 아덴만에서 지부티와 예멘 사이의 좁은 해협을 지나올 때다. 그러나 두 번 다 밤에 통과했기 때문에 육지를 보지는 못했다. 대항해시대의 뱃사람들이 썩은 물과 냄새 나는 음식만 먹으며 하나둘씩 죽어가다가 멀리 육지를 보았을 때 얼마나 기뻤을지 충분히 짐작이 간다. 물론 그곳이 육지가 아니라 물도, 먹을 것도 없는 무인도라 실망한 적도 많았을 테지만 말이다. 인도양을 항해하는 내내 덥고 습도가 높았었다. 바다는 때로는 아름답게 푸른 적도 있었지만 너무 더워서 그것을 즐길 여유는 없었다. 그러다가 아덴만을 거쳐 홍해에 접어들자 배는 북위 20도쯤 상당히 올라왔는데 양쪽이 사막이라 날씨는 아예 뜨거워졌다. 대기 중 습도는 줄었는데도 말이다. 나는 '아무리 더워도 그늘에만 들어가면 시원하다'는 말을 안 믿는다. 홍해에서는 아무리 그늘에 들어가도 뜨겁다. 뜨거운 바다에 뜨거운 공기다.

    2월 9일로 접어들어 시나이반도에 가까워오자 날씨가 달라졌다. 뜨거운 사막의 공기가 서늘한 지중해의 공기로 바뀌었다. 선장은 인도양에서 불어오던 남서풍이 지중해에서 불어오는 북서풍으로 바뀌었기 때문이라고 한다. "남쪽에서 오는 것은 무엇이든지 사람을 죽인다! 북쪽에서 오는 것만이 우리를 살릴 수 있다!" 그는 선지자처럼 말했다. 한국도 여름에는 남쪽에서 올라오는 덥고 습한 공기 때문에 찜통더위도 겪고, 기압이 너무 낮으면 태풍이 되어 많은 피해를 입는데 남쪽 공기가 안 좋은 것은 지중해에서도 마찬가지인 것 같다.

이른 아침 햇살을 받은 짐 리보르노(Zim Livorno)가 예인선에 이끌려 포트켈랑 항으로 들어서고 있다. 앞에는 말레이시아의 전통적인 형상으로 보이는 잡화선이 묘한 대조를 이루고 있다. 뒤에는 끝없는 원시의 정글이 또 묘한 대조를 이룬다. 그렇다고 이 바다가 원시의 바다는 아니다. 이 바다는 원유가 많이 나는 곳이어서 수많은 채굴 시설들이 들어서 있다. 이 기묘하고 신비스런 광경 앞에, 이 세계란 도대체 무엇일까 하는 궁금증이 나를 숙연하게 만들었다.

습도가 높은 열대의 뿌연 공기 속에
벌크선, 컨테이너선 등 잡다한 배들이
포트켈랑에 정박해 있다.

21세기의 해적

2011년 2월 3일. 설날이다. 선장은 모든 선원을 브리지로 모이게 했다. 설날을 축하하기 위해서가 아니다. 해적에 대한 주의 사항을 전달하기 위해서다. 내가 배에 탄 이래 모든 선원이 모인 것은 처음이다. 해적은 늘 인도양에 출몰해왔다. 아시아와 유럽을 오가는 배들은 모두 인도양을 통과해야 하므로 해적이 어제 오늘 일은 아니다. 페가서스도 수없이 이 해역을 지나다녔다. 그런데 문제는 최근 들어 해적들의 활동이 더 활발해졌다는 것이다. 며칠 전에는 CMA CGM의 다른 7000티이유 급 컨테이너선인 바그너와 베르디가 공격을 당할 뻔했다. 음악가들을 골라서 공격하는 해적. 이제 별자리(pegasus)를 공격할 차례인가?

컨테이너선이 유리한 점은 순항속도 24노트로 화물선 중 제일 빠르다는 것이다. 다른 배들은 보통 14~18노트 정도의 속도로 순항한다. 그리고 화물을 가득 실으면 흘수선이 아주 깊어지기 때문에 건현(freeboard)*이 대폭 낮아지는 벌크 캐리어나 원유 운반선과 달리 컨테이너선은 건현이 높아서 올라오기 힘들다. 그런데 최근 바그너와 베르디가 공격당할 뻔한 것은 새로운 현상이다. 그들은 빠른 속도로 해적들을 피했고, 한동안 따라오던 해적들은 포기하고 돌아갔지만 위협이 되는 것은 사실이다. 페가서스라고 무조건 안심하고 있을 수만은 없다. 두 배가 공격당할 뻔한 곳은 인도의 북부 서해안 쪽이다. 이제 며칠 후면 우리 배가 닿는 곳이다. 그래서 선장이 모든 선원들을 브리지에 소집한 것이다.

선장은 최근 해적들의 활동 양태에 대해 설명하고 그들이 모선으로 이용하는 배들의 사진을 보여준다. 그리고 내일부터 갑판으로 통하는 모든 문은 단단히 잠그고 냉동 컨테이너의 관리처럼 꼭 필요한 때만 나가도록 한다. 이제 한동안 갑판으로

* 수면에서 갑판까지의 거리

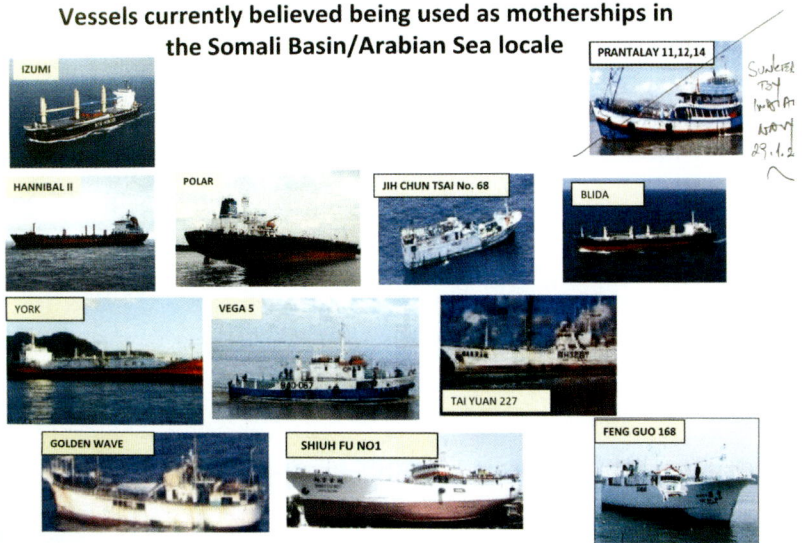

안다만 해로 접근하자 해적에 대한 여러 가지
주의보들이 들어오고 분위기가 으스스해진다.
브리지에는 납치되어 해적 모선으로 쓰이고
있는 것으로 의심되는 배들의 사진이 붙어 있다.
그중에서 프란탈라이라는 배는 페가서스가
위험 지역을 지나는 도중 인도 해군에 의해
격침됐다.

안다만 해 부근. 해적의 습격을 알리는
표시(piracy attack)가 해도 여기저기에 적혀
있다. 페가서스의 항로는 맨 아래에 연필로
표시돼 있다. 해적 소굴 한가운데로 들어가는
것이다.

나가서 햇볕을 쪼이는 일은 불가능하게 됐다. 그리고 주간에는 정기 근무자 외에 사관 한 명이 추가로 브리지에서 해적 감시 근무를 서고, 야간에는 두 명이 추가로 근무를 선다. 만일 해적들이 배에 올라오면 어디를 통해 도피한다는 계획까지 하달한다. 비상경보가 울리면 선원들은 중앙 사무실로, 사관들은 브리지로 모이라고 한다. 선장은 비상경보가 울리면 나도 브리지로 오라고 한다. 이런 얘기들을 하자 모든 선원들의 얼굴은 긴장으로 굳었다. 나도 긴장이 되어 가족들 얼굴이 생각났다. 만일 해적들이 선원들을 인질로 잡으면 나는 어떻게 행동해야 하나. 나도 같이 인질 노릇을 해야 하나, 아니면 나는 손님이라고 말하면 봐주려나. 착잡한 노릇이다. 재미있자고 한 여행에 이게 무슨 꼴이람. 그래도 괜찮겠지. 사방을 둘러보니 멀고 가까운 곳에 열 척의 크고 작은 배들이 눈에 띈다. 모두 우리 배보다 해적에 더 취약한 배들이다. 확률적으로나 구조상으로나 우리가 해적에게 당할 위험은 적은 편이다. 그런데 오늘 아침에 텔렉스로 들어온 정보에 따르면 원유 운반선을 공격하려 한 해적에게 신호탄을 쏘고 안전 요원들이 경고사격을 하여 쫓아버렸다고 한다. 그리고 어떤 해적들은 기관총과 로켓으로 무장하고 있다고 한다.

 해적에 대한 경계를 강화하기로 한 2월 3일 저녁 18시. 바그너와 베르디가 인도양에서 해적들에게 공격당할 뻔한 그 지점에 들어선 시간이다. 브리지에는 양쪽 윙에 사관들이 네 시간 교대로 보초를 서기로 했다. 우리 배에서 한 일은 밤에 눈에 띄지 않도록 항해등을 제외한 모든 등을 끄고 등화관제를 위하여 창문을 두꺼운 종이로 가린 것이다. 브리지에는 AIS라는 장치가 있는데, 다른 배들에 대한 정보를 알려주는 장치이다. 지금 어떤 거리에 어떤 속도로 어떤 이름의 배가 항해하고 있고 그 배의 톤수는 얼마고 길이는 얼마고 등의 기본적인 정보를 주는 장치이다. 이 장치에 나타나려면 자기 배에 대한 정보를 등록해야 한다. 즉 우리 배도 이 장치에 정보가 등록되어 있으므로 다른 배의 AIS에 나타난다. 그리고 해적들도 이 장치를 가지고 있다. 그래서 해적이 나타나는 지역에서는 이 장치를 끄도록 되어 있다. 일종의 무선 침묵(emission control)인 것이다. 그리고 이 장치의 디스플레이 위에는 종이에다가 'This device has been turned off as an Anti-piracy measure!'라고 써서 붙여놓았다. 이런 소프트한 것들이 배에서 할 수 있는 전부이다. 유엔 안전 규약은 민간 화물선에 총을 싣지 못하도록 하고 있으므로 해적에 맞서 싸울 수는 없고, 유엔 안전 규정도 해적들과 싸우지 말고 순순히 협조할 것을 권하고 있다. 해적을 막는 대비책으로 갑판 둘레에 철조망을 두르는 방법이 있지만 설치하는 데 일주일, 다시 철거하는 데 일주일이 걸리는 큰 작업이다. 만일 해적이 배에 올라탔을 때 할 수 있는 일이란 싸우려 들지 말고 순순히 행동하라는 것이다. 결국 결론은 '아무것도 하지 말라'는 것이다.

도대체 이 세계의 질서란 어디 간 것일까? 왜 이런 일이 21세기에 일어나는 것일까? 물론 21세기라고 모든 일들이 합리적이고 납득할 수 있게 벌어지는 것은 아니다. 이 세계의 모든 곳에서 수많은 범죄와 납치와 약탈, 고문 같은 비인간적인 일들이 끊이지 않는다. 그때 마침 나는 『대항해시대』의 해적에 대한 부분을 읽고 있었다. 저자 주경철에 따르면 해적은 근대의 해상무역 체제가 낳은 부산물이다. 그들은 이런저런 식으로 국가와 특정한 관계를 맺어왔고 국가는 필요하면 그들을 이용하다가 필요 없으면 토벌하고 하는 식이었다. 결국 해적의 등장이란 근대국가의 성립과 깊은 연관이 있다. 국가 권력이 해상 패권을 장악하자 또 다른 권력을 누리려는 자들이 해적이 된다.

그런데 소말리아 해적은 성격이 다르다. 소말리아는 친미 정권인 모하메드 파라 아이디드가 무너진 이래 십수 년간 정부가 없었다. 그래서 아무도 해적을 통제할 수가 없다. 이 해적들은 국가권력의 공백 때문에 생겨난 것이다. 국제분쟁이라면 자진해서 끼어드는 미국이 왜 해적 문제는 수수방관하고 있는 걸까? 우선 큰 이유는 큰 해운 회사 중에 미국 회사가 없기 때문이다. APL 같은 회사가 큰 미국 해운 회사였지만 싱가포르에 팔렸다. 그러므로 미국이 해적 문제에 직접 끼어들 일은 없는 것이다. 미국의 해군은 인도양보다는 이라크와 가까운 페르시아 만에 다 모여 있다. 그곳이 더 전략적으로 중요하기 때문이다. 그래서 인도양에서 해적들이 활개를 치는 것이다. 건현이 낮고 속도가 느린 벌크 캐리어나 탱커들은 불쌍하게도 해적의 침입에 아주 취약하다. 그 배들은 그냥 위험을 안고 달리는 것이다. 바닷사람들이 16세기부터 그래왔듯이 말이다.

    2월 5일 토요일, 브리지에는 해적에 대한 온갖 텔렉스 메시지로 어수선하다. 거의 매일 한 건 꼴로 해적의 공격 시도에 대한 보고가 들어오고 있다. 오늘 정오 무렵 당직사관이 해도에 'Pirate high risk area, bonus'라고 써놓은 곳을 지나왔다. 'extra high risk'를 보너스라고 써놓은 것이다. 이젠 점점 더 해적들과 가까워지는 것이다. 오후 2시에 우리 배의 8마일 뒤에 아주 작은 배가 시속 5노트의 느린 속도로 따라 오고 있는 것이 레이더에 잡혔는데 선장은 그게 해적일 수도 있고 작은 어선일 수도 있다고 한다. 그래서 나는 어선일 확률이 크지 않을까라고 대답했다. 뭘 알아서가 아니라 해적이 아니길 비는 마음에서 그랬다. 그런데 저녁 무렵 선장이 직접 받은 이메일 메시지를 들고 브리지에 올라왔다. CMA CGM 쇼팽이 공격당할 뻔했다는 것이다! 쇼팽이라면 원래 내가 부산에서 타려고 했던 그 배가 아닌가! 순간 아찔한 생각이 들었다. 내가 만일 그 배에 탔었더라면⋯. 홍콩에서 그 배가 우리 배보다 먼저 출항하는 것을 보았고 어젯밤쯤 인도양 어디선가 앞질렀다고 했는데 우리 배를 뒤따라오다가 해적에게 당할 뻔한 것이다. 결국 아까 낮 두 시에 우리 배 뒤에 있던 작고 느린 배가 쇼팽을 공격하려 했던 그 배라고 선장이 추정한다. 그러면서 아드레날린이 솟을 좋은 기회를 놓쳤다고 껄껄 웃는다. 나는 그런 종류의 아드레날린은 원치 않는다고 대답했다. 선장은 심지어 앞으로는 고래 보는 관광 상품이 있듯이 해적을 보는 관광 상품도 생길지 모르겠다고 농담이다. 며칠간 바그너, 베르디, 쇼팽 등 음악가 이름을 딴 CMA CGM의 배만 차례로 공격하려 했는데, 간담이 서늘하기는커녕

결국 올 것이 오고 말았다. CMA CGM 쇼팽은 내가 원래 부산에서 타려다 스케줄이 안 맞아서 못 탄 배인데 안다만 해에서 해적에게 쫓기게 되었다. 다행히 해적들은 올라타지 못했고 아무 피해도 없었지만 나는 간담이 서늘해졌다.

프랑스의 호위함 게프라트(Guépratte)가 우리 곁을 내내 지켜주어 안심할 수 있었다. 하지만 한편으로는 21세기에 왜 우리가 해적 때문에 떨어야 하는가 하는 한심한 생각도 들었다.

농담을 하다니. 물론 이 컨테이너선들은 전부 화물선 중에서 제일 빠르고(순항속도 시속 24노트) 건현이 높아서 해적들이 납치에 성공하지 못하고 다 포기했지만 그래도 나는 간담이 서늘하다. 그러나 선원들 중 누구도 해적을 걱정하는 이는 없는 것 같다. 다들 우리 배가 빠르기 때문에 접근하기 어려울 것이라고 한다.

  2월 6일 일요일, 브리지로 올라갔더니 흥미로운 뉴스가 들어와 있다. 인도 해군이 해적에게 나포되어 모선으로 쓰이고 있던 어선 프란탈라이를 침몰시켰다고 한다. 인도 해군의 함정이 프란탈라이에 다가가서 경고 무전을 보냈을 때 아무 회신이 없었고 해적들이 선박에 접근하기 위해 쓰는 스킵 보트 두 척을 황급히 배 위로 끌어올려 도주하며 사격하는 것을 보고 해적 모선이라고 확신하고 격침시킨 것이라고 한다. 죽은 해적들은 안됐지만 그래도 이런 소식을 들으니 안심이 된다. 오후 한 시쯤, 레이더 스크린을 보니 좌현으로 17마일쯤 거리의 수평선에 해군 함정으로 보이는 배가 보인다. 좀 더 시간이 지나자 망원렌즈로 바싹 찍을 수 있었다. F714라는 헐넘버(hull number)•를 확인해 보니 프랑스 해군의 라파에트 급 스텔스함인 게프라트이다. 페가서스가 프랑스 해운 회사의 배라서 프랑스 해군이 호위해주는 건지는 잘 모르겠으나 해군의 호위를 받으니 마음이 든든하다.

  구프라트에서 북위 13도 6분, 동경 56도 37분상에 있는 특정한 배의 속도와 방위각을 말하며 응답하라는 무전을 20분째 반복해서 보내고 있는데 그 배에서는 아무 대답이 없다. 아마도 해적선이길래 응답이 없는가 보다 생각하니 약간 긴장감이 돈다. 그러다 결국 그 배는 한참 후에야 대답을 하는 것이었다. 지금 우리 배는 딱 해적 위협 지역의 한가운데 있다. 그래서 군함도 보이고 그러는 것 같다. 사방은 망망대해고, 아주 멀리 27마일 지점에 다른 회사의 컨테이너선이 우리와 같은 방향으로 가는 것이 보일 뿐, 그 많던 배들이 다 어디로 갔나 싶다. 오늘 자정쯤이면 아덴만의 국제공용통로(International Recommended Corridor)로 들어가게

• 함선의 고유번호

되는데 거기서는 모든 배들이 일정한 통로를 따라 항해하며 재화
중량 3만 톤 이하의 선박들은 군용 함정의 호위를 받기 때문에
많은 배들이 바글바글 눈에 띌 것 같다. 포트켈랑을 떠날 때만 해도
아무것도 안 보이는 망망대해가 보고 싶더니 그런 바다에서 5일을
지내니까 이제는 다른 배들이 그립다. 사람의 심리란 이리도 알량한
것이란 말인가.

해적을 간접적으로나마 겪고 나서 나는 우리 시대의
테크놀로지라는 것이 무엇인가 생각하게 되었다. 테크놀로지가
떠받쳐주는 질서라는 것은 완벽하지도 않고 영구하지도 않다. 이
세계를 이루는 본질적인 구성 요소는 혼란이다. 인간의 문명은
그 속에 테크놀로지와 프로그램이라는 작은 영토를 지어놓고
그것을 세계라고 부른다. 그 세계에는 보이지 않는 허술한 틈들이
많아서 언제든지 혼란이 틈입할 수 있다. 사고나 천연 재해, 해적이
그것이다. 해적들이 들고 있는 AK47 자동소총과 RPG 로켓은
모두 값이 싸고 구조가 단순한 무기들이다. 그들이 극단적인 로우
테크놀로지를 구현하고 있기 때문에 해적에 대한 대비책도 로우
테크놀로지로 갈 수밖에 없다. 골판지, 철조망, 소방 호스, 무저항
등이 그것이다. 해적이란 존재는 거대하고 정교한 첨단 기술에 어떤
틈이 있는지 밝혀주는 어두운 등불이다.

보르헤스의 해적

보르헤스의 『픽션 모음』에는 중국의 흥미로운 여자 해적 얘기가
나온다.* 보르헤스의 소설이 다 그렇지만, 어디부터 어디까지가
사실이고 어디부터가 허구인지 알 수가 없게 얘기들은 마구 뒤섞여
있다. 중국의 여자 해적 얘기는 그래서 더 흥미롭고 상상력을
자극한다.

여자 해적이 있기는 했다. 항해술을 알고 무지막지한 선원들을
다룰 줄 알며 거친 바다에서 큰 배를 쫓아서 약탈하는 그런 해적
말이다. 매리 리드가 그런 여자였는데, 그녀는 해적이라는 직업은

Jorge Luis Borges, *Collected Fictions* (Penguin Books, 1999).

아무나 할 수 있는 것이 아니며, 기품 있게 제대로 해내려면 자기처럼 용기 있는 사람이어야 한다고 말했다. 풋내기 선원 시절, 그녀가 좋아하던 남자가 우락부락한 선원에게 모욕을 당했다. 매리 자신이 그에게 싸움을 걸어 옛날 카리브 해에서 하던 식으로 일대일로 싸웠는데, 왼손에는 길지만 믿을 수 없는 뒤에서 장전하는 권총을 들고, 오른손에는 믿을 만한 칼을 들고 싸웠다고 한다. 권총은 빗나갔지만 칼은 제 역할을 잘 해주었다고 한다. 매리 리드의 담대한 경력은 그녀의 배가 1720년 자메이카의 산티아고 데 라 비가에서 스페인 갤리선에게 지는 바람에 끝나고 말았다.

또 다른 여자 해적으로는 앤 보니가 있었다. 배에서 최소한 한 번은 목숨을 잃을 뻔한 적이 있는 이 당당한 아일랜드 여자는 높은 가슴에 불타는 듯한 빨간 머리를 가지고 있었다. 그녀는 매리 리드와 같이 갑판에 서서 같은 교수대로 걸어 올라갔다. 그녀의 연인인 존 라캄 선장도 같이 교수형에 처해졌다. 앤은 경멸하는 태도로 말했다. "남자같이 싸웠더라면 개같이 목매달리지는 않았을 텐데." 그들보다 더 대담했고 더 오래 살았던 또 다른 여자 해적이 황해에서부터 안남 지역의 경계에 있는 강에 이르는 극동의 바다를 휘젓고 다녔다. 용감한 과부 칭을 말하는 것이다.

수련기

1797년 황해의 여러 해적선에 돈을 댄 투자자들이 연합체를 만들어서는 그 선단의 제독이 될 사람으로 시험을 거쳐 깐깐한 칭 선장을 선정했다. 칭이 해안 주변 마을을 어찌나 혹독하게 털며 본때를 보였는지 그 지역 주민들이 황제에게 눈물 어린 선물을 보내며 도움을 청할 정도였다. 그들의 딱한 호소는 황제의 귀에 들어가, 마을에 불을 지르고 어구는 다 내버리고 내륙으로 이사하여 농사 기술을 배우도록 하였다. 그리하여 텅 빈 해안 마을만 발견한 침략자들은 지나가는 배들을 습격하기 시작했다. 바다를 통한 교역이 불가능해졌기 때문에, 이것은 해안 마을을 습격하는 것보다 더 골치 아픈 일이었다. 다시 한 번 조정은 단호하게 대처했다. 이제는 농사꾼이 된 예전의 어부들에게 쟁기와 소를 포기하고 원래 쓰던 배와 그물을 다시 이용해서 고기잡이를 하라고 했다. 농민들이 예전에 겪은 끔찍한 일들이 떠올라 바다로 돌아가기를 주저하자 당국은 또 다른 조처를 취했다. 당국은 칭 제독을 황실 선단의 지휘자로 임명했다. 투자자들은 이 소식을 듣고는 분개하여 독이 든 음식을 올렸다. 결국 칭은 죽었고 그의 영혼은 고기밥이 되었다. 두 번의 반역 행위로 눈이 돌아가버린 칭의 아내는 해적들을 모아놓고 복잡한 사정을 설명한 다음 황제의 거짓된 자비와 투자자들을 위한 더러운 봉사를 독기를 품고 다 걷어차 내버리라고 설득했다. 그녀는 독립 해적이 되었다. 그녀는 또한 새로운 지도자를 뽑을 것을 제안하여 스스로 지도자로 뽑혔다. 그녀는 졸린 듯한 눈과 웃으면 충치가 드러나는 마른 젊은 여인이었다. 그녀의 기름을 바른 검은 머리는 자신의 눈보다 더 밝게 빛났다. 칭 여인의 침착한 지휘 아래 해적선은 거친 바다의 위험 속으로 뛰어들었다.

지휘

칭 여인 자신이 만든 선단의 규율은 이의를 제기할 수 없는 것이었으며 혹독했다. 간결하고 정연하게 쓰인 규율에는 통상 공식적인 중국어에 우스꽝스런 근엄함을 부여하는 식의 말라버린 꽃 같은 수사법이란 없었다(그 살벌한 사례는 밑에서 보게 될 것이다). 선단의 법률 몇 마디를 발췌하면 다음과 같다.

훔치고 약탈한 물건은 어떤 것도 사적으로 취할 수 없다. 모든 물건들은 등록될 것이며 10을 받은 해적은 그중 2만 자기 것으로 취한다. 8은 창고로 들어가며 이는 일반 자금으로 불린다. 이 일반 자금에서 어떤 것이든지 허락 없이 가져가면 죽게 된다.

누구든지 개인적으로 상륙하거나 넘어서는 안 되는 선을 넘으면, 붙잡아다가 모든 선단이 보는 앞에서 귀에 구멍을 뚫을 것이다. 같은 짓을 또 저지르면 죽게 될 것이다.

누구도 마을에서 사로잡은 여자를 공개된 곳에서 마음대로 유혹하여 배로 데리고 와서는 안 된다. 배의 사무장에게 먼저 허락을 얻어야 화물칸에 여자를 데리고 갈 수 있다. 사무장의 허락 없이 어떤 여자에게든 폭력을 쓰면 죽음으로 처벌할 것이다.

포로로 잡혔다가 빠져나온 사람들의 얘기에 따르면 해적선에서 주로 먹는 것은 건빵, 살찐 쥐, 밥이었다고 한다. 전투가 있는 날이면 해적들은 화약에 술을 섞었다. 할 일이 없을 때는 작은 등불을 켜놓고 카드놀이와 주사위 놀이, 음주와 판탄(fantan)이라는 도박과 아편으로 시간을 때웠다. 칼 두 자루를 같이 차는 것이 주된 무장이었다. 해적들은 배에 타기 전에 총의 화염에 다치지 않도록 일종의 부적으로 마늘을 탄 물을 뺨에 뿌렸다. 해적들은 여자와 함께 항해했고 선장은 대여섯 명의 첩들을 데리고 탔는데 이들은 승리를 거둘 때마다 다른 첩으로 바뀌었다.

모든 해적 스토리가 다 그렇지만 보르헤스의 해적 이야기도 해적에 판타지를 부여하고 있다. 그러나 21세기의 소말리아 해적에게 판타지는 전혀 없다. 그들은 AK47 소총과 RPG 로켓으로 무장한 채 되는 대로 살상하고 약탈하는 폭도들일 뿐이다. 내 일생에 「캐리비안의 해적」 같은 영화를 보는 일은 다시는 없을 것이다. 해적이라면 어떤 형태로도 만나고 싶지 않다.

비평과 관찰의 일과

배에서의 일과는 전적으로 내가 어떻게 가장 즐겁게 지내느냐를 기준으로 짜면 된다. 사실 아무 규제도 스케줄도 없이 아무렇게나 보내도 되는 일과이지만 대체로 일정한 패턴을 가지고 있다. 여섯 시쯤 일어나서 덱하우스 바깥에 있는 통로로 나가서 하늘과 바다를 살핀다. 멋진 광경이라도 펼쳐지면 바로 카메라를 들고 나가서 찍으려는 것이지만 인도양은 망망하고 수평선이 흐리게 보이는 대양일 뿐 별 특별한 것이 없다. 토스트와 계란과 과일과 커피로 아침을 먹고 나면 카메라와 읽을 책을 들고 브리지로 올라간다. 화물선을 타고서 먼 옛날 사람과 물자는 어떻게 험한 바다를 건너 세계 각국으로 퍼져 나갔고 그것은 지금 우리가 사는 근대 세계를 어떤 식으로 형성하게 되었나를 서술한 『대항해시대』를 읽는 것은 큰 즐거움이자 매우 뜻있는 일이다. 특히 유럽이 세계를 장악하기 전 아시아가 세계에서 제일 큰 힘이었고 그중의 한 지역이 믈라카였다는 부분을 읽고 있는데 마침 믈라카를 지나간다든지, 해적의 위협이 높은 지역을 지나면서 해적의 역사에 대한 부분을 읽는다든지 하는 것은 묘한 흥분을 가져다준다. 옛날에 여기가 그랬었단 말이지 하고 혼자 생각하게 된다. 주경철의 서술은 역사상의 사실에 대한 많은 수치 데이터와, 역사적 사실들의 원인에 대한 상반되는 주장들에 대한 자신의 견해를 밝히고 있어서 무척이나 복잡한 것이지만 재미있는 이야기체로 돼 있기 때문에 전혀 딱딱하지 않고 읽기가 흥미롭다. 더군다나 인도양의 푸른 물결을 보면서, 배는 아덴만을 향해 가는데 책의 서술도 그 지역에 대한 것일 때 묘한 흥분을 느끼게 된다.

아침에 브리지에 올라가면 제일 처음 하는 일은 당직사관에게 "굿모닝!" 하고 인사를 하고는 레이더 스크린을 보면서 가까운 배가 어떤 것이 있나 살피는 것이다. 멋진 배가 지나가면 사진을 찍고, 배들이 멀리 있으면 책을 읽는다. 바다를 보면서 당직을 서는 2등 항해사나 3등 항해사와 이런저런 얘기를 주고받는 것은 자잘하지만 큰 즐거움이다. 필리핀의 삶 얘기도 하고, 항해에 대한 얘기도 하고 뭐든지 얘기한다. 선장은 나에게 자신의 경험이 농축돼 있는 항해술 강의를 해준다. 어떤 곳에서도 배울 수 없는, 참으로 농도 짙은 현장 강의다. 가끔 한밤중의 항해는 어떤가 궁금해서 브리지에 올라가보기도 하는데, 칠흑 같은 바다를 봐야 하기 때문에 브리지의 모든 계기들은 제일 어둡게 조절해놓고, 해도가 있는 공간 사이에 두꺼운 커튼을 쳐서 불빛이 새어나오지 않게 한다. 브리지에서 하는 일 중에서 중요하고 흥미로운 것은 도서관같이 꽂혀 있는 수많은 매뉴얼들을 읽는 것이다. 무선신호규정, 화물결속방법, 세계 각국의 항국입출항수속요령, 긴급구조요령, 다양한 신호방법 등 매뉴얼은 한도 끝도 없이 많다. 열심히 공부하고 물어보는 나를 보고 선장은 나도 인증서를 받을 수 있을 거라고 한다. 무슨 인증서를 받을 수 있냐고 하니까 "필리핀 요리사 자격증!" 한다. 내가 평소에 필리핀 요리를 즐겨 먹기 때문이다.

    브리지에 있는 것이 더 이상 재미가 없으면 갑판으로 나가서 산책을 하는데, 컨테이너선은 갑판에 컨테이너들이 빼곡히 실려 있으므로 갑판이라는 공간이 없다. 배의 양쪽으로 사람이 딱 하나 지나갈 만한 통로가 있을 뿐이다. 배의 전체 길이가 363미터, 덱하우스에서 선수 쪽으로 270미터, 선미 쪽으로 90미터의 아주 길고 좁은 통로가 있다. 그 통로를 따라 선수에 가면 정박할 때 사람 팔뚝보다 더 굵은 줄을 풀어주고 묶어주는 무시무시한 기계, 윈들라스가 두 대 있고, 그것보다 더 무서운 기계, 하나의 무게가 수십 톤에 달하는 쇳덩어리인 닻이 양쪽에 각각 하나씩 있다. 그리고 포어캐슬(forecastle)이라고 불리는 이 공간과 컨테이너 사이에는 웨이브 브레이커(wave breaker)라고 불리는, 길이는 배 전체의 폭만 하고 높이는 6미터쯤 되는 무지막지한 쇠로 된 벽이 있다. 선수에서

친 파도가 가급적 컨테이너를 덜 때리도록 막아주는 벽이다.

선수는 사람이 거의 오지 않는 공간이다. 그리고 엔진에서 가장 멀리 떨어진 곳이기 때문에 가장 조용한 곳이기도 하다. 그래서 선장은 이곳에 와서 명상을 하곤 한다. 그러나 선수는 대개 바람이 세기 때문에 조용히 명상하기는 힘든 곳이다. 여기에 있는 것이 심심하고 재미가 없어지면 배에서 가장 은밀하고 괴물이 숨어 있는 곳, 배의 심장이라 할 수 있는 엔진실로 간다. 10만 마력의 주 엔진이 며칠이고 같은 회전수*로 돌아가는 이곳은 배에서 가장 뜨겁고 가장 시끄럽고 가장 진동이 심하고, 하여간 가장 열악한 근무 조건을 가진 곳이다. 주 엔진, 발전용 엔진, 보일러, 압축기, 변압기 등 여러 가지 기계들이 몰려 있는 이곳은 배에서 가장 흥미로운 곳이기도 하다. 기관장이나 오일러 등 사관의 안내를 받아 엔진실을 둘러보는 것은 괴물들의 전시장을 보는 것 같아 무척이나 흥미진진하다. 그러나 가파른 사다리를 타고 오르내려야 하는 곳이 많고 너무 덥고 시끄러워서 엔진실을 나설 때쯤이면 기진맥진한다. 이곳에서 위아래가 붙은 작업복을 입고 항상 일하는 사람들은 참 특이한 사람들이라는 생각이 든다. 배에서 하는 일 중에 항해 관련처럼 덥지도 시끄럽지도 않고 깨끗한 일도 있는데….

비평가의 일과 중에서 하찮아 보이지만 가장 중요한 것이 매일매일 어떤 메뉴가 나오나 체크하는 것이다. 왜냐면 이번 항해의 목적 중 하나가 디지털화되고 첨단화된 오늘날의 항해에서 모든 것이 조야하고 위험했던 대항해시대를 상상해보는 것이었는데, 그중 음식이 중요한 비교 품목이었기 때문이다. 이는 '사람은 먹어야 산다'는 나의 평소 철학 때문이기도 했지만 'You are what you eat'이라는 서양 격언 때문이기도 했다. 즉 뱃사람들이 무엇을 먹는지 보면 그들이 어떤 사람인지 알 수 있다고 생각했기 때문이다. 그래서 매일 아침마다 식사를 하러 식당으로 내려가면 우선 주방으로 들어가서 조리사인 차베스에게 오늘은 무엇을 하느냐고 물어본다. 그러면서 조리대를 주욱 살펴보고 무엇을 어떤

*대체로 90RPM 정도다.

식으로 요리하느냐고 묻는다. 동해안의 오징어잡이 배라면 갓 잡은 오징어를 투박한 칼로 썰어서 초고추장에 비벼 먹거나 거기다 밥을 비벼 먹는 것이 뱃사람 특유의 음식이지만 건현의 높이가 20미터나 되고 최대 시속 24노트나 되는 페가서스에서 낚시를 한다는 것은 상상도 할 수 없는 일이다. 배를 탄다고 하면 사람들이 꼭 물어보는 것이 두 가지인데, 하나는 배에서 낚시를 할 수 있느냐는 것과 또 하나는 배에서 인터넷이 되느냐는 것이다. 아마 두 가지 질문은 육지 사람들이 생각하는 생존의 두 가지 조건을 말하는 것 같다. 낚시는 바다에서 조달할 수 있는 가장 기본적이고 유일한 식량원을 말하는 것이며, 인터넷은 우리가 육지에서 금융 정보에서부터 피자 배달에 이르기까지 생활의 모든 것을 해결하는 통로이므로 그게 되는지 궁금해하는 것이다. 예를 들어 배가 조난당했을 때 식량이 떨어지면 낚시를 하든가 인터넷으로 메일을 보내 살려달라고 구조 요청을 해야 할 테니 낚시와 인터넷은 생존의 두 가지 중요한 수단이기는 하다. 그러나 오늘날 항해에서 생존과 인터넷이 연결되는 방식은 좀 다르다. 차베스는 다음 항구에서 실을 음식의 목록을 엑셀 파일로 만들어 USB 메모리 카드에 담아서 선장에게 준다. 그러면 선장은 그 내용을 첨부 파일로 마르세유에 있는 CMA CGM 본사에 보낸다. 그러면 본사에서는 다음 기항지에 있는 CMA CGM 지사에 연락하여 미리 배에 실을 식료품을 준비해놓고 있다가 항구로 가져가서 별도의 크레인으로 배에 싣는다. 고마우신 선장은 나를 위해 홍콩에서 김치를 특별히 선적하도록 했다.

    매일 아침마다 조리대를 검사하듯이 살펴보고, 냉장고와 냉동고를 샅샅이 살펴보고 얻은 결론은 오늘날 뱃사람들이 먹는 것에 어떤 특징은 없다는 것이다. 육지 사람들이 먹는 것은 다 먹는 것이다. 페가서스에는 식당이 두 개 있는데, 선장 이하 항해사와 기관장 등 사관들은 서양식으로 먹고, 선원들은 다 필리핀 사람들이므로 필리핀 식으로 먹는다는 점이 다르다. 사관 중에서 필리핀 사람들은 필리핀 식당에서 필리핀 선원들과 필리핀 식으로

큰 고추를 넣은 매콤한 홍합국에 닭볶음이
곁들여진 필리핀 식 식사. 저쪽의 김치는 내가
부탁하지도 않았는데 선장의 배려로 홍콩에서
특별히 선적한 것이다.

먹는다. 밥을 잔뜩 담고 리춘이라고 불리는 튀긴 돼지고기나, 생선을 많이 쓰는 요리를 곁들여 먹는다. 서양식은 문자 그대로 다채롭다. 스테이크도 나오고 스튜도 나오고 폭찹, 프라이드치킨 등 우리가 알고 있는 서양 요리는 다 나온다. 맛있는 샐러드가 나오는 것은 아니지만 신선한 채소와 과일은 항상 먹을 수 있다. 차베스가 한국의 이탈리아 식당에서 해주듯 발사믹 식초와 갖은 드레싱을 섞어서 맛있는 샐러드를 만들 수 있다면 좋으련만 페가서스에서의 샐러드는 그냥 날채소를 접시에 담은 것일 뿐이다. 대항해시대의 선원들이 신선한 채소를 먹지 못해 구루병에 걸린 것을 생각하여 나는 억지로 채소를 먹었다. 가끔은 필리핀 식 후식으로 쌀가루와 코코넛 밀크를 섞어 만든 고소하고 달콤한 비빙카가 나오기도 했는데 나와 선장은 맛있게 먹었지만 성격이 좀 안 좋은 1등 항해사는 이런 음식을 어떻게 먹으라는 거냐고 불평하는 것을 보기도 했다.

    필리핀 식은 밥과 요리가 놓여 있어서 선원들이 떠먹는 식인 반면, 서양식인 사관 식당에서는 전채에서부터 후식까지 일일이 주방 보조원인 에두아르도가 날라다준다. 필리핀 음식은 압도적으로 생선을 많이 쓴다. 도미도 쓰고 라푸라푸라는 열대성 생선도 쓰고 길이가 30센티미터는 되는 아주 큰 뼈가 들어 있는 큰 오징어도 쓴다. 생선은 튀길 때 비늘을 긁지 않는다. 선원 식당의 테이블에는 바궁(Bagoong)이라는, 생선을 절인 까나리액젓 비슷한 비리고 찝찔한 소스가 있는데 나는 그걸 음식에 많이 넣어 먹었다. 그런데 필리핀 선원들은 그 소스를 그렇게 많이 먹지는 않는 것 같았다. 뱃사람들의 식사는 칼로리라는 면에서는 전혀 모자라지 않는 것 같다. 그러나 채소 반찬이 전혀 없이 튀긴 음식이 주를 이루는 필리핀 식 음식은 영양 밸런스가 좀 안 맞는 것 같았다. 가끔 국에 채소가 들어가는 경우는 있지만 신선한 채소가 나오는 것은 한 번도 못 봤고, 그 대신 후식으로 먹는 사과나 오렌지 같은 과일로 비타민C를 보충하는 것 같았다.

    너무나 당연한 얘기지만, 오늘날의 항해는 선박 건조술이나 항법 장비 같은 데서만 대항해시대와 다른 것이 아니라 음식에서도 수백 년 세월의 차이를 보여준다. 어디를 가든 그곳 사람들은 무엇을 어떻게 먹고 살까에 관심이 많아서 수많은 지역의 음식 문화를 관찰해온 내가 보기에 대항해시대와 지금의 항해 식량의 차이는 옛날의 추측항법과 요즘의 GPS항법만큼이나 다른 것이다. 오늘날의 항해자가 음식 문제 때문에 병이 걸리는 일은 없을 것이다. 특정한 음식이 개인 입맛에 맞지 않을 수는 있어도 적어도 어떤 것을 못 먹어서 병이 들어 죽는 일은 항해 도중에는 일어나지 않는 것이다. 그러므로 매일 아침마다 차베스에게 오늘 무엇을 조리하느냐고 물어보는 것은 뱃사람들의 생존술보다는 취향을 엿보는 기회였다.

배의 맨 앞부분. 수많은 구멍이 뚫려 있는 회색 벽은 웨이브 브레이커(wave breaker 波除堤)로서 파도가 컨테이너를 직접 때리는 것을 막아준다. 엔진에서 제일 멀기 때문에 배에서 제일 조용한 곳이다. 사진의 오른쪽 바깥쯤에 영화 「타이타닉」에서 여주인공이 온몸으로 바람을 맞던 배의 맨 앞쪽 끝이 있는데 페가서스는 너무 큰 배라서 앞쪽 끝이 어디라고 딱 집어서 말할 수 없을 정도로 둔중하게 둥글다.

배에서 제일 먼저 둘러본 시설이 구명보트였다. 이 작은 공간에 20여 명의 선원들이 타고 구조를 기다린다고 생각하니 갑자기 폐쇄 공포가 몰려오는 듯했다. 구명보트에는 동력 장치와 며칠간 버틸 수 있는 물과 비상식량이 있었지만 이것을 타는 일은 제발 없기만을 바랐다.

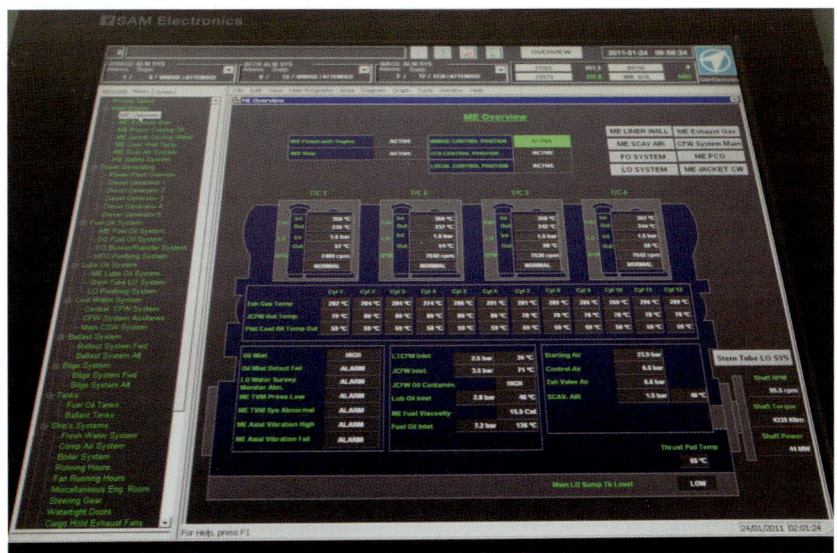

10만 마력의 힘이 고스란히 걸려 있는 엔진 축. 페가서스에는 단 하나의 엔진만이 있으며 그것이 10만 마력의 힘을 낸다. 사진 오른쪽 바깥에 엔진이 있고 왼쪽 벽 너머에 직경 14미터의 프로펠러가 있다.

주 엔진의 전반적인 상태를 보여주는 디스플레이. 4대의 터보 차져의 각 부분의 온도와 압력, 회전수, 12개의 실린더 각 부분의 온도와 압력이 나타나 있다. 이 스크린에 나오는 세부를 클릭하고 비밀번호를 넣으면 더 자세한 부분을 볼 수 있다. 브리지와 엔진실은 똑같은 모니터로 이 데이터를 공유하고 있다.

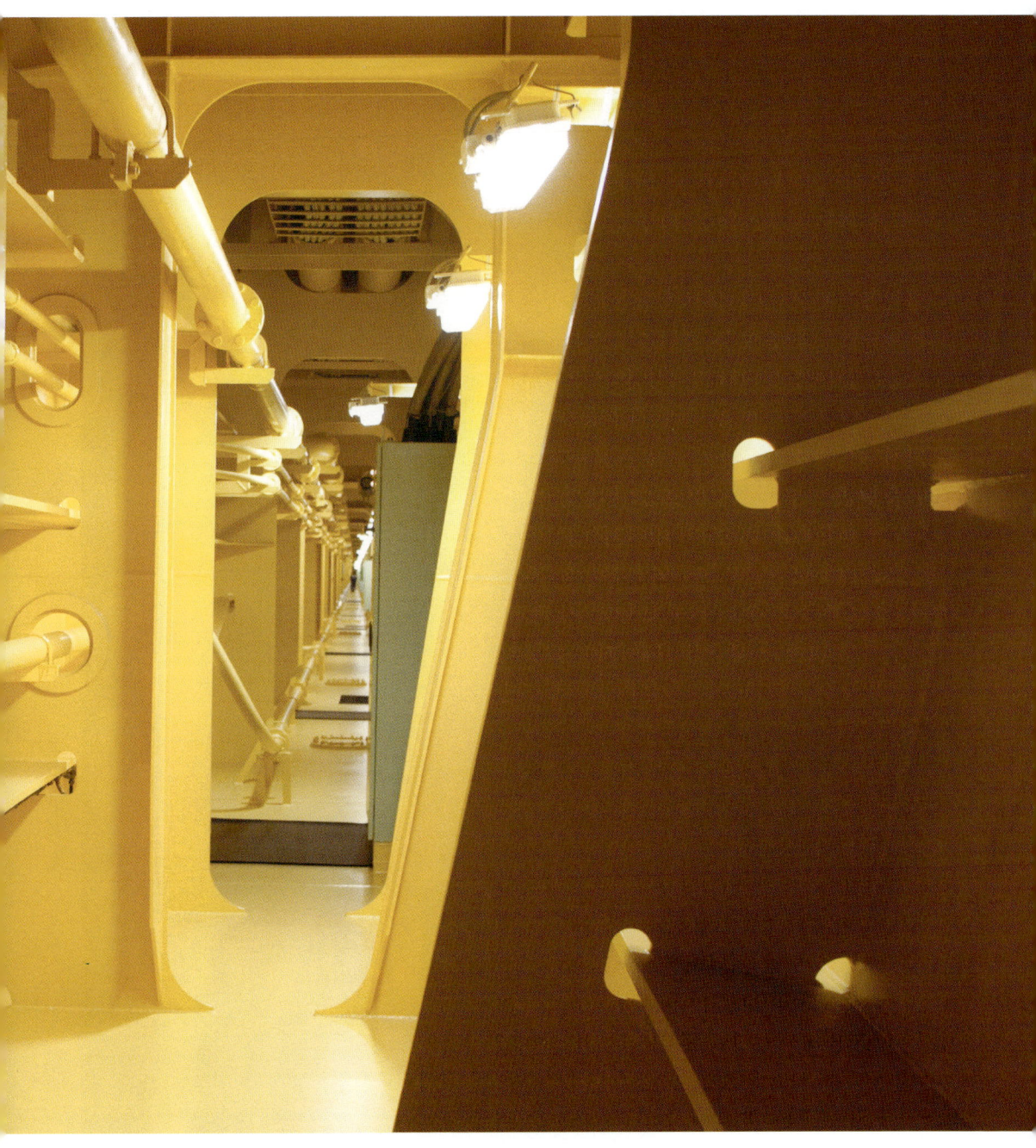

363미터에 이르는 배의 통로. 페가서스의 길이를 실감할
수 있는 유일한 공간이다. 페가서스에서 가장 묘한
공간감을 가지고 있는 곳이기도 하다.

배 안의 케이블은 중량이 무겁고 양이 많으므로 고정시켜 모양을 좋게 하고 공간을 최소한으로 차지하도록 했다. 또한 기관실이나 방향타를 조절하는 조타 장치실(steering gear room)에는 진동이 많으므로 케이블을 고정시켜 손상을 방지하고 케이블의 진동에 의한 소음을 방지한다.

기관장조차도 개수를 모르는, 소화용 이산화탄소 탱크. 화재가 발생하면 이 탱크 안에 있는 이산화탄소가 급히 불난 곳으로 보내진다.

선박이라는 기계, 인간과 환경의 인터페이스

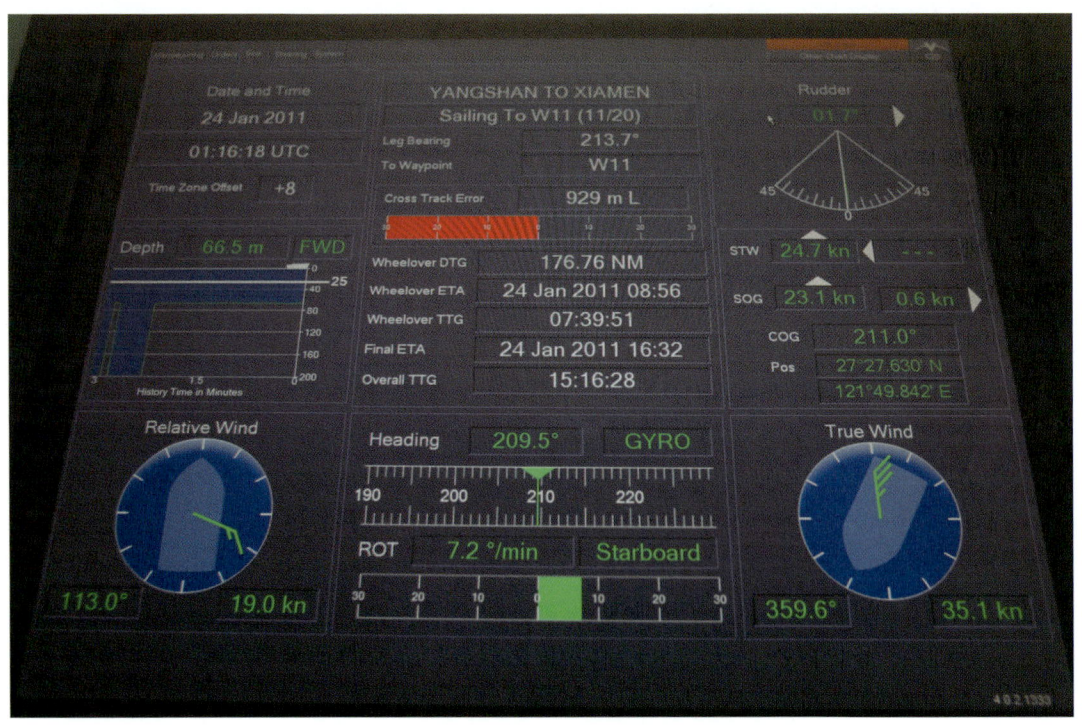

브리지에 있는, 배의 운항에 대한 모든 정보를 보여주는 가장 중요한 디스플레이. 양산에서 샤먼까지 운항하고 있음을 나타내고 있다. 위도, 경도상의 배의 위치가 도, 분, 초 단위로 나와 있고 속도와 진행 방향, 다음 목표까지의 거리, 방향타의 각도, 바람의 방향과 세기, 배가 기울어 있는 각도와 기울어지는 속도 등의 데이터가 나타나 있다.

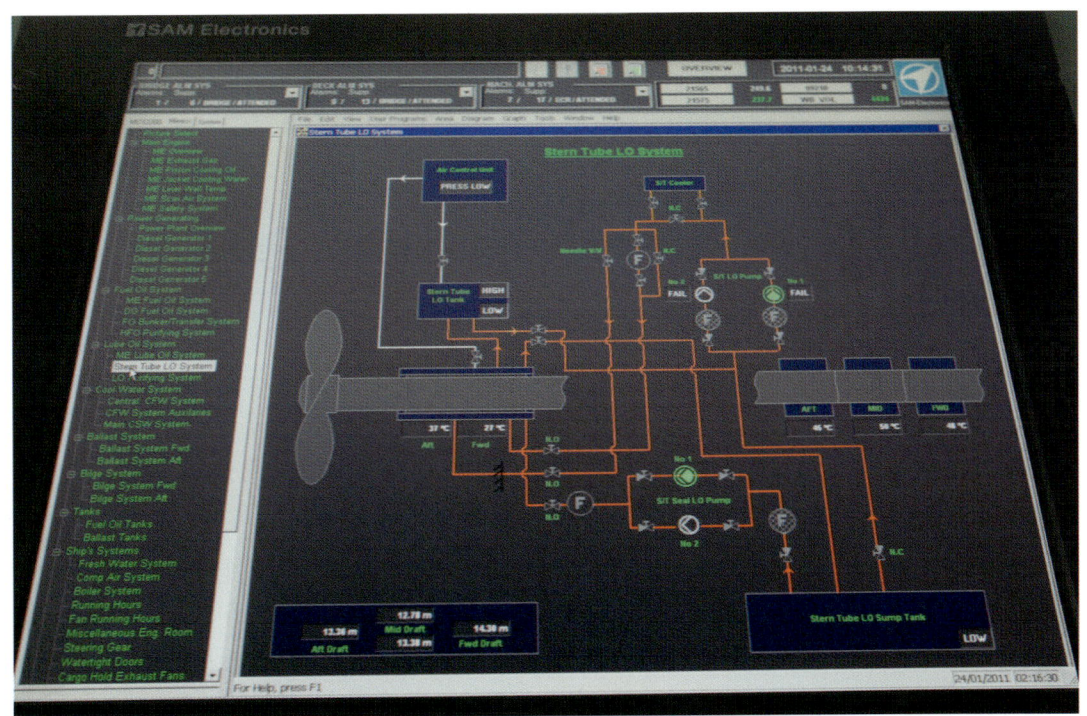

인터페이스라는 말은 주로 디지털에 쓰이는 말이지만 인간과 기계, 환경이 만나는 그 지점으로 폭을 넓혀서 쓸 수 있을 것이다. 이번 항해에서 가장 궁금했던 점 중 하나가 엔진의 막대한 힘을 프로펠러에 전달하는 추진축은 배의 내부와 외부에 관통해 있는 유일한 장치인데 과연 배 안으로 바닷물이 유입되지 않으면서 어떻게 축은 회전하게 만들까 하는 것이었다. 스턴 튜브 LO(Lubricating Oil) 시스템에 대한 디스플레이가 그런 궁금증을 해소해주었다. 스턴 튜브(stern tube)란 추진축을 담고 있는 튜브를 말한다. 튜브와 프로펠러 축 사이에는 윤활유가 들어 있으며, 윤활유는 바다 쪽으로 새나가도 안 되고 바닷물이 유입돼도 안 되는 까다로운 조건에 맞는 것이어야 한다. 윤활유가 바다로 새나가면 환경에 나쁜 영향을 미칠 것이며 바닷물이 유입되면 배가 침수될 것이다. 윤활유는 추진축이 원활하게 돌아가도록 하는 동시에 바닷물의 유입은 막는 두 가지 역할을 한다. 이 화면은 스턴 튜브의 윤활유 압력을 항상 모니터링해준다.

Jorge Luis Borges, *Collected Fictions* (Penguin Books, 1999), 209쪽.

보르헤스는 어떤 기계에 대해 다음과 같은 말을 썼다. "그 용도는 모르겠지만 뭔가 영원히 죽지 않을 지성이 그 구조 속에 숨 쉬고 있을 복잡한 기계를 볼 때와 같은 그런 느낌을 받는다."• 배에는 많은 기계들이 있다. 배는 하나의 기계가 아니라 아주 작은 기계에서부터 제일 큰 주 엔진에 이르기까지 수많은 단계의 기계들이 러시아 인형처럼 속속들이 맞춰져 있는 기계이다.

배에 헬리콥터가 내리는 작업에 대한 매뉴얼을 읽다가 흥미로운 점을 발견했는데, 헬리콥터가 배에 내릴 경우 바닷바람이 심하므로 기상 조건에 주의해야 한다는 것이다. 그런데 주의해야 할 것은 기상 조건만이 아니다. 배의 연돌에서 나오는 뜨거운 공기도 주의해야 하고, 그 매연에는 검은 입자들이 포함되어 있기 때문에 이것이 헬리콥터 엔진의 공기 흡입구에 들어가지 않도록 주의해야 한다. 헬리콥터가 배에 착륙할 때는 연돌의 매연이 헬리콥터로 향하지 않도록 접근 방향을 미리 설정해야 한다. 그런데 가장 재미있는 부분은 찬 공기다. 겨울에 헬리콥터가 배에 착륙하려 할 때 바다의 찬바람이 헬리콥터 엔진의 공기 흡입구에 들어갈 수 있다. 이때 엔진이 꺼질 수도 있다고 한다. 아마도 헬리콥터의 가스터빈 엔진의 특성 때문에 그런 것 같다. 헬리콥터의 엔진은 사람의 호흡기와 비슷하다는 생각을 했다. 겨울에 찬 공기를 들이마시면 감기가 걸리듯이 헬리콥터 엔진도 찬 공기에 약한 것이다! 사람이 만들었으니 기계라고 해서 완전히 사람의 습성을 벗어날 수는 없는 것 같다.

이제 배는 홍해로 접어들었다. 왜 홍해인가 했더니 지구상에서 가장 수온이 높은 바다라서 그렇다. 겨울인데 수온이 34도. 거의 뜨뜻미지근한 목욕물 수준의 온도다. 서쪽으로 수단과 이집트, 동쪽으로 사우디아라비아의 광대한 사막이 있고, 북쪽으로는 시나이반도와 수에즈운하에 가로막혀 있어서 물이 대류할 수 없다. 사막의 열기로 더워진 홍해의 물은 빠져나갈 곳이라곤 남쪽의 아덴만밖에 없다. 그 더운 물이 엔진 냉각수로 들어오면 문제가 된다. 엔진을 냉각하기 위해서는 수온이 낮아야 하기 때문이다. 그래서 더운 바닷물을 끌어올려 온도를 낮춘 다음에야 냉각수로 쓸 수 있다. 거대한 엔진이 더위를 먹으면 안 되는 것이다. 지금이 겨울이고 위도도 중위권임에도 불구하고 양쪽에 사막이 있는 홍해의 낮은 뜨끈하다. 한여름 같은 기온이다. 헬리콥터 엔진에 찬 공기가 들어가면 안 되는 만큼, 선박의 엔진에는 뜨거운 물이 들어가면 안 된다. 인간의 호흡기가 외기에 민감하듯 엔진도 외기에 민감하다. 호흡하는 것이 외부 공기를 빨아들여 산소를 태우는 것이듯 엔진이 연소하는 것도 외부 공기 속의 산소를 태우는 것이기 때문이다.

거친 바다와 까다로운 인간을 매개해주는 인터페이스인 배는 바다와 인간 양쪽의 조건과 요구 사항을 다 충족해야 하는 고달픈 신세를 가지고 있다. 인간이 더 많은 짐을 싣도록 배를 만들면 그렇게 해야 하며, 바다가 거친 파도로 후려치면 배는 다 맞아야 한다. 인간이 빨리 가도록 재촉하면 배는 몸이 부서져라 프로펠러를 돌려야 하며, 짠 바닷물이 선체를 적시면 부식을 견뎌야 한다. 배는 바다의 여러 조건들과 인간의 여러 요구들 사이에 적절한 매개를 취해야 하는, 참으로 미묘한 인터페이스이다. 또한 배에 있는 여러 설비들은 전체적인 요구를 들어주는 세부적인 인터페이스다. 주 엔진은 연료인 벙커씨유를 회전력에 이어 추진력으로 바꿔주는 인터페이스이며, 며칠을 계속해서 같은 속도를 유지하면서도 과열되거나 마모되지 않아야 한다는 가혹한 조건을 이겨야 하는 인고의 인터페이스이다. 벙커씨유는 점도가 매우 높아서 바로 연료로 쓸 수 없기 때문에 보일러를 때서 온도를 올려 점도를 떨어트려야 한다. 이때 보일러는 벙커씨유와 엔진을 매개해주는 인터페이스이다. 방향타는 어느 방향으로 가고자 하는 인간의 의지와, 물의 엄청난 저항을 이기고 배를 그 방향으로 가게 해주는 인터페이스이다. 러더 스티어링 기어(rudder steering gear)에는 두 개의 축이 있어서 축이 좌우로 움직이며 방향타를 움직이며, 각각의 축에는 두 개의 엄청나게 큰 액츄에이터와, 그것을 작동시키는 큰 모터가 달려 있다. 방향타의 각도는 1도 단위로 움직이기 때문에 이 기계는 섬세하면서도 무지막지한 물의 저항력을 이겨야 한다는 모순된 요구에 부응해야 하는 인터페이스이다. 앵커는 선체와 바다의 바닥을 연결해 배를 고정해주는 인터페이스다. 모든 인터페이스들이 주변의 환경 조건에 맞춰야 하듯이, 앵커도 바다의 깊이와 해저의 모양에 따라 적절히 내려줘야 한다. 그렇지 않으면 최악의 경우 앵커 체인을 끊고 앵커를 버려야 하는 일도 생긴다. 배의 모든 부분은 바다와 철과 연료와 인간을 매개하는 복잡한 인터페이스를 이루고 있다.

그런데 배에서 본 최고의 인터페이스는 출력 10만 마력의 주 엔진도, 17톤에 달하는 앵커도, 4천 마력의 발전용 디젤엔진도 아니다. 물론 그런 엄청난 숫자를 자랑하는 기계들은 다 압도적인 규모와 거기 걸맞는 포효를 가지고 있다. 그 기계들은 어안이 벙벙해질 정도로 크고 강력하다. 초현실적이고 숭고미가 느껴지는 기계들이다. 물론 그런 기계들이라고 해서 미련하게 힘만 센 것이 아니라 온갖 정교하고 세심한 주의와 관리가 있어야 돌아가는 것들이다. 요즘 정말 인기 있는 사람은 노래, 말솜씨, 춤과 더불어 개인기를 가지고 예능 프로를 달구는 연예인이듯이, 다양한 재주를 가진 소프트웨어가 무지막지한 하드웨어보다 더 어필하는 시대다.

역시 새로운 요술 상자는 디지털이었다. 인간과 환경을 매개해주는 인터페이스라는 점에서도 그랬다. 363미터라는 길이와 13만 톤이라는 무게는 마치 거대한 댐이 홍수를 막아주듯이 어떤 환경조건도 이길 수 있는 보루인가? 환경을 이기는 것은 무지막지한 쇳덩이 자체가 아니다. 거친 바다 환경에 맞게 그런 것들을 효과적이고도 조심스럽게 운용하는 지혜가 보루였다. 요즘의 지혜는 사람 머릿속에 들어 있지 않다. 컴퓨터 칩 속에 들어 있다. 역시 해결사는 디지털이고 소프트한 것이었다. 배에서 만난 최고의 기계는 봉 보야지(Bon Voyage)라는 기상예보 프로그램이었다. 구글어스가 그랬고 유튜브가 그랬고 위키피디아가 그랬다. 그것들이 처음 나왔을 때 그것들이 열어 보여주는 새로운 가능성의 세계와 새로운 차원의 정보의 세계에 모든 사람들이 밤을 새웠던 기억이 있을 것이다. 봉 보야지가 그랬다. 구글어스가 인터넷과 위성사진의 결합이듯이, 봉 보야지는 기상정보와 항해 정보를 결합하고 있다. 즉

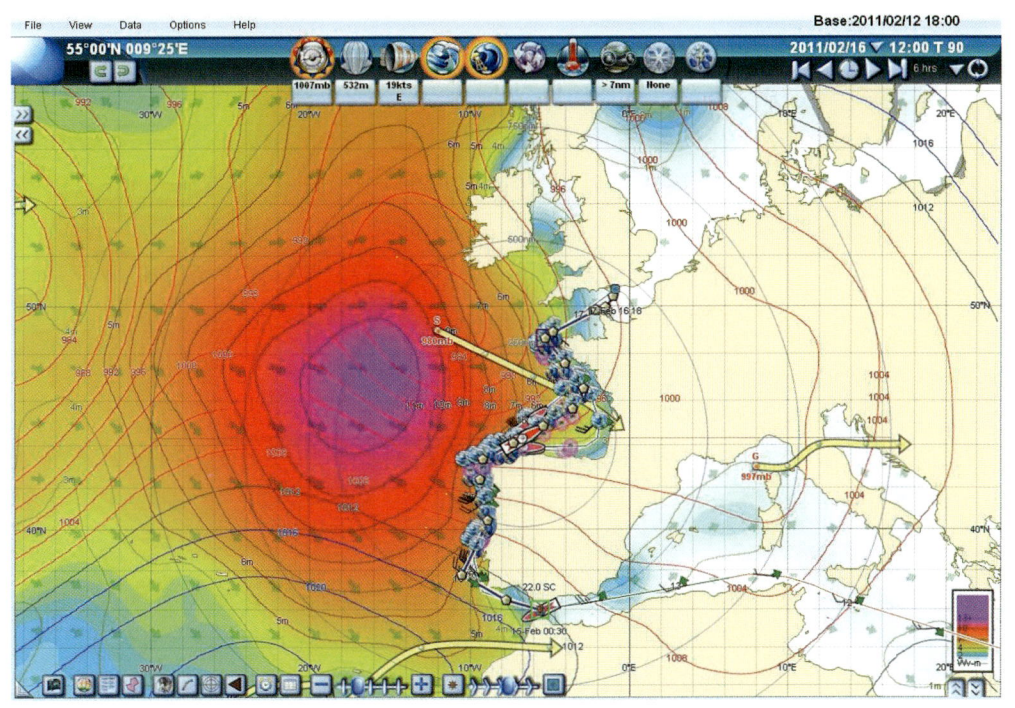

봉 보야지라는 프로그램은 기상 데이터와 배의 제원을
결합하여 앞으로 몇 시간 후에 어떤 해역에 갔을 때 배가
좌우로 몇 도나 기울어질지 계산해주는 아주 똑똑한 기계다.
역시 최고의 기계는 디지털이었다.

수시로 업데이트되는 기상정보에 내가 가고 싶은 진로를 대입하면 앞으로 24시간 후에 그 진로에 어떤 방향에서 어떤 세기로 바람과 파도가 닥칠지 예보해준다. 이 기계가 스마트한 것은, 그런 것뿐 아니라 배의 크기와 속도, 연료량을 넣어주면 앞으로 몇 시간 후의 기상 조건에서 어디쯤 가고 있을지까지 예측해준다는 점이다. 왜냐면 바람이 어느 방향에서 부느냐, 파도가 어느 방향에서 치느냐에 따라 배의 속도가 달라지기 때문이다. 더구나, 배의 크기를 바탕으로 해서 어떤 파도에서 배가 어느 정도나 기울지 예측할 수 있다. 어떤 구조물이든지 공진(resonance)에 걸리면 버티지 못하고 파괴돼 버리는데, 배가 그 길이에 맞는 놀에 걸려 같은 주기로 흔들리기 시작하면 두 동강이 나버린다. 그래서 봉 보야지는 놀의 주기와 배의 주기가 일치하는 신크로노스 롤(synchronous roll)이 몇 도이고 위험한 수준인 파라매트릭 롤(paradigmatic roll)이 몇 도인지 예측해준다. 또한 대형 선박은 뒤쪽에서 놀이 오면 조향하기 힘들어지므로 어떤 방향으로 항해해야 할지 예측해준다.

    페가서스는 지브롤터를 빠져나와 대서양을 북상하여 영국으로 가게 되어 있는데, 대서양 한가운데 945밀리바의 초저기압이 놓여 있고 높이가 10미터에 달하는 놀이 일고 있다고 한다. 이 정도면 태풍에 해당하는 세기다. 스페인과 프랑스 사이의 비스케이 만은 최악의 상태라고 한다. 선장이 날씨에 대해 걱정하는 것은 처음 보았다. 그리하여 봉 보야지는 우리 배더러 대서양 쪽으로 항해하지 말고 포르투갈과 스페인 해안으로 바싹 붙어서 항해하라고 일러준다. 스마트폰으로 수시로 어디서든지 이메일을 체크하며 빠르게 일을 처리하면서 도대체 이게 없을 때는 어떻게 일을 했을까 궁금해지듯이, 봉 보야지가 없었을 때는 도대체 어떻게 항해를 했을까 싶다. 놀이 고약해질수록 붉은색에서 핑크빛으로 바뀌는 그래픽 인터페이스도 예쁘지만, 날씨에 맞춰서 항해 진로를 예측해준다는 그 기능과 온갖 부가 기능들이 아름다웠다. 봉 보야지 덕분에 나는 제시간에 사우샘프턴에 갈 수 있을 것이다! 봉 보야지!

배가 환경을 견디지 못하면 어떤 결과가 오는지 잘 보여주는 사진이다. 6500티이유의 컨테이너선 머스크 셈바왕은 (프랑스와 스페인 사이에 있는) 악명 높은 비스케이 만에서 악질적인 파도를 만나 과도하게 흔들리다가 26개의 컨테이너를 바다에 잃고 말았다. 봉 보야지는 기상 상태와 배의 상태를 결합해서 이런 사태가 일어나지 않도록 적절한 항로를 예측해준다. © Medvedev

바다의 힘, 넓음

전에 자동차 운반선을 타고 항해할 때 본 바다의 힘은 거칠음이었다. 보퍼트 풍력계급으로 9에 해당하는 황천에 바다 전체는 흰 파도로 뒤덮였고 물의 표면에는 바람의 방향대로 흰 줄이 죽죽 생겼다. 바람이 너무 세서 물을 끌어올려 날리기 때문에 생기는 것이다. 그때 느낀 바다의 험악함은, 어떤 물건이든 이런 바다 한가운데 던져놓으면 거대한 그라인더처럼 갈아서 산산이 부숴버릴 것이라는 느낌이었다. 배는 사방으로 롤링, 피칭, 파운딩 등 온갖 연기를 다 보여주며 물의 폭력에 놀아나고 있었다. 싱가포르에서 홍콩으로 가는 남중국해에서 그런 바다를 보았다. 그때 육지에서 먼 바다가 거칠어지면 얼마나 무서워질 수 있는지 처음 알았다. 그런 사나운 바다의 폭력은 경외감마저 불러일으키는 것이었다.

    이번 항해에서 느낀 바다의 힘은 전혀 달랐다. 지난번의 경험에 따라 인도양 한가운데 나가면 바다가 더 험할 것이라 예상했으나 바다는 잔잔하기만 하다. 바람과 조류에 떠밀려 이렇게 많은 물이 거대한 에너지를 가지고 움직이는데 어떻게 이렇게 잔잔할 수 있을까 싶을 정도다. 생각해 보니 이번 항해에서 제일 거칠었던 구간이 지난번 항해에서 고생했던 그 구간이었다. 인도양이 보여주는 힘은 거칠음이 아니라 넓음이었다. 일주일 이상을 망망대해를 항해하자 도대체 이 넓음이라는 것은 어떻게 할 수 없다는 무력감, 나는 이 세계로부터 완전히 고립되어 있다는 느낌이 나를 사로잡았다. 이것은 사람의 심리 깊숙이 작용하는 다른 종류의 힘이다. 보르헤스는 쓴다. "바다 한가운데처럼 강력한 사막 한가운데"라고. 그는 바다와 사막의 넓음의 힘을 잘 알고 있다.

    포트켈랑을 떠난 지 8일이 지났는데 육지라고는 섬 하나도 못 봤으니 이 넓음이라는 것은 정말 대단한 것이다. 대서양이나 태평양

같이 큰 바다가 아닌데도 말이다. 물론 인도양은 인도 서남부에서 아프리카 동해안까지 이르는 매우 넓은 바다이기는 하다. 그러나 우리 배는 포트켈랑에서 홍해로 들어가는 가장 짧은 항로다. 즉 해로로 아시아에서 유럽으로 가는 가장 짧은 길을 가고 있는 것이다. 그런데도 이 넓음은 사람을 기가 질리게 만든다. 처음에는 사방 360도에 망망대해가 펼쳐져 있는 이 모습이 너무나 멋있어서 흠뻑 취해 있었다. 그러나 취기는 오래 가지 않았다. 술이 깨면서 숙취가 오듯이, 이 넓은 바다에서 깨어나자 나는 심한 숙취를 겪고 있었다. 그래서 언제나 이 바다를 벗어날까 매일 아침 해만 뜨면 브리지에 가서 해도를 들여다보지만 시간은 정말 무정하게도 안 가고, 우리 배는 넓은 바다 위에서 꼬물꼬물 움직이고 있을 뿐이었다. 물론 일주일 후면 수에즈에 닿는다. 원고 마감이 닥쳐 있을 때는 일주일이 정말 빨리 간다. 이 망망한 바다에서는 시간이 서 있는 듯하다.

그렇다고 이 넓은 바다가 모든 것이 균질해서 시간이나 거리를 알 수 있는 참조점 하나도 없는 무의미의 공간은 아니다. 이 세상에 같은 사람이 하나도 없듯이 이 세상에 같은 바다란 있을 수 없다. 그래서 영어에서 물은 셀 수 없으므로 'water'는 복수형이 없지만 여러 다른 바다를 지칭할 때는 'waters'라는 말을 쓴다. 수돗물, 맥주, 포도주 하는 식으로 자잘한 스케일에서 물을 구별하는 사람은 쓸 일이 없는, 먼 바다를 항해하는 바닷사람들만 쓰는 말이다. 각 바다마다 물 색깔이 다르고 거기 사는 생물들도 다르고 온도도 다르고 조류도 다르고 파도도 다르다. 그러나 일주일 이상을 바닷물을 보고 있으니 그 바다가 그 바다 같고, 해양학자에게나 의미가 있을 것 같은 그런 차이들은 나에게는 의미가 없다. 물은 오로지 물일 뿐이다. 만일 이런 상태가 오래 가면 정말로 우울증이 걸릴 수도 있을 거라는 생각이 든다. 이게 바로 바다의 힘인 것이다.

『대항해시대』에 보면 1857년 일본의 고베에서 나가사키로 가던 작은 범선이 풍랑에 방향타와 돛을 잃고 표류하다가 17개월이나 바다를 떠돌다 미국 서해안까지 간 적이 있다고 한다.

태평양은 인도양보다 더 넓다. 그 바다에서 방향타도 돛도 없이, 아마 위치를 파악할 수 있는 항법 장치도 없었을 테고 그렇게 긴 항해를 위한 식량도 없었을 텐데 인간이 어떻게 17개월이나 생존할 수 있었는지 정말 대단하다는 생각이 든다. 1916년 남극 탐험을 떠났다가 얼음에 갇히는 바람에 배를 버리고 육로로 2년간 남극을 떠돌다 구조된 어니스트 섀클턴의 얘기도 인간의 한계를 뛰어넘은 인내심의 본보기이다. 그런 사람들에 비하면 나는 너무나 나약한 도시인일 뿐이다.

인간은 약하므로 넓은 바다의 힘 앞에서 작은 것으로 스스로를 세운다. 가족 생각, 맛있는 음식, 재미있는 영화 등 세속에서 인간을 서 있게 만들고 돌아다니게 만드는 그 작은 힘들 말이다. 인간이 정말로 강하다면 그런 작은 것들 없이 오로지 맨손으로 바다의 넓음에 맞서야 한다. 그러나 그런 것은 신화 속의 얘기일 뿐이다. 어니스트 섀클턴이나 17개월을 태평양을 표류한 일본 배의 사례는 이제는 신화일 뿐이다. 에베레스트 산을 인류 최초로 공기통의 도움 없이 단독으로 등정하는 일이 라인홀트 메스너에게는 가능했지만 다른 사람에게는 가능하지 않았고, 그래서 이제껏 신화로 남아 있듯이, 바다와 고독을 이겨낸 이야기는 신화로만 남을 뿐이다. 알 수 없는 무섭고 거대한 자연 앞에서 무기력한 인간이 제우스가 구름 속에서 벼락을 친다는 식의 신화를 만들 듯이, 끝없이 넓은 바다의 힘 앞에서 인간은 신화에 의존할 수밖에 없다. 아니면 꿈을 꾸든가.

바다 한가운데서 무기력증과 우울감에 사로잡혀 축 늘어져 있을 때 그제서야 그간 내가 살아가는 사회에서 사람들을 만나고 신나게 강의하고 열띠게 글 쓰고 집 안을 치우고 운전하는 일들을 하면서 내가 얼마나 에너지에 차 있었는지 알게 되었다. 물론 그게 원래의 나였는데, 사람은 그런 활기로 가득 차서 사는 것이 정상이다. 사람을 유지시켜 주는 것은 정신적이고 육체적인 에너지다. 한국에 있을 때는 아침을 먹지 않고 힘들게 스케이트를 타고 와도 별로 배가 고프지 않았는데 여기서는 하루 세끼를 기름지게 꼬박꼬박

챙겨 먹어도 항상 배가 고프다. 바다가 사람을 무기력하게 만드는 이유는 아무것도 잡을 것이 없는 균질성의 공간이기 때문이다. 길거리를 걸을 때는 전봇대나 가게 간판, 쓰레기통 등 자잘한 것들이 지표가 되어 공간을 가늠할 수 있게 해준다. 물론 바다에서 공간을 가늠하게 해주는 장치들은 있다. GPS와 레이더, 전자 해도 등이 그것이다. 그러나 그런 장치들이 제공해주는 데이터들은 방위각 286도, 거리 17마일, 속도 18노트 하는 식으로 우리의 실존적이고 신체적인 감각과는 거리가 먼 것들이다. 레이더 화면에 나타나는 다른 배와 만날 일이 없으며, 그것은 다가왔다가 사라지는 기호일 뿐이다. 대개의 경우 다른 배들은 쌍안경으로 봐야 이름을 식별할 수 있을 정도의 아주 먼 거리로 지나가기 때문에 그 실체를 느낄 수도 없다. 조류가 다르고 색깔이 다르고 파도의 모양이 매일 다름에도 불구하고 바다는 균질한 공간으로 인식된다. 매일매일의 차이라면 어제는 안개가 좀 있었는데 오늘은 수평선이 좀 잘 보인다는 정도이다. 내가 아무것도 없는 이 세상에 그냥 내팽개쳐져 있다는 이 느낌이 무기력감의 원천이다. 육지에서의 여행은 싫증이 나면 기차나 버스를 타고 다른 도시에 갈 수도 있고, 여정을 바꿀 수도 있다. 그러나 이 항해 여행에서 나는 철저하게 수동적인 방관자다. 내가 하이재킹을 하지 않는 한 이 배의 진로를 바꿀 수는 없다. 그래서 더 무기력하다.

  이 망망한 바다 한가운데서, 방랑하는 화란인은 나라는 생각이 든다. 브리지에 가면 이 배가 어디쯤 가고 있는지, 목적지에 언제 도달할지 알려주는 온갖 수치들에도 불구하고, 나는 이 세상의 거죽을 떠돌고 있는 것만 같다.

  선장이 겪어본 가장 거친 바다는 북해였다. 항상 춥고 바람은 세게 불고 파도는 높게 치는 바다다. '北' 자가 붙은 것은 무엇이든지 춥고 거칠고 사나운 느낌이 드는데, 북해가 바로 그런 곳이었다. 영국과 독일, 덴마크, 노르웨이 사이에 있는 북해는 면적이 동해 정도로 그리 넓은 편은 아니다. 수심은 대체로 90미터로 그리 깊은 편이 아니다. 지구상에는 북해보다 더 춥고 거친 바다도 많을 것이다. 그럼에도 선장이 북해가 가장 거친 바다라고 하는 이유는 작은 배를 타고 파도를 두려워하지 않고 바다로 나가는 덴마크 사람들을 많이 봤기 때문이다. 그는 여러 번 말했다. "덴마크 사람들이 정말 바닷사람이다. 그들은 작은 배를 타고 아무리 험한 바다라도 나간다." 그는 이 말을 여러 번 힘주어 말했다. 그때마다 선장의 목소리는 영화 「모비 딕」에서 교회에서 연설하는 에이하브 선장처럼 비장하고 굵게 울렸다. 그것은 바다의 거칠음을 두려워하지 않는 사람들에 대한 가슴속 깊은 곳에서 나오는 경외감의 표현이었다. 덴마크 뱃사람만이 아니라, 어떤 뱃사람이든 배가 못 견뎌서 거친 바다에 못 간다고는 얘기해도 자기 자신이 못 견뎌서 바다에 못 간다고는 말하지 않는다. 배가 어떤 바다에 가려면 흘수가 어느 정도니까 수심이 어느 정도 이상이어야 하고 폭이 어느 정도면 파나마운하는 통과할 수 없고 하는 기준들이 있다. 그런데 인간의 능력에는 기준이 없다. 사람은 그냥 버티라고 있는 것이다. 그들에게 바다의 거칠음은 그냥 조건일 뿐이다. 기계가 못 버티는 것이 문제가 될 뿐이다. 바다는 다양한 조건을 가지고 뱃사람을 괴롭히지만 그들은 불평 한마디 안 한다. 그냥 어깨를 으쓱할 뿐이다. 그 대신 육지에 있는 사람들에 대한 온갖 불평을 토해낸다.

마르세유 앞바다에는 미스트랄이라는 북서풍이 분다. 미스트랄은 프랑스에서 지중해 쪽으로 분다. 미스트랄이 불 때 날씨는 쾌청하다. 미스트랄은 대단히 센 바람이기 때문에 작은 배는 마르세유 쪽으로 가려고 하지만 바람에 밀려 접근하지 못한다. CMA CGM의 본부가 마르세유에 있는데, 미스트랄이 부는 날 배가 육지 쪽으로 가려 하지만 도무지 앞으로 나아가지 못하니 육지에 앉아 있는 사람은 이해를 못한다. 이렇게 날씨가 쾌청한데 왜 배가 움직이지 않는 걸까 하고 생각할 뿐이다.

선원 생활을 오래 했던 어떤 분이 자신의 블로그에 항구며 지역마다 물 색깔이 다르다는 얘기를 썼었다. 그러면서 그는 한국 바다의 물 색깔에 힘이 있다고 썼었다. 나는 그런 얘기, 즉 한국의 뭐는 어떻더라는 식의 얘기를 믿지 않는 편이다. 예를 들어 일본 사람은 눈에 힘이 없다더라는 식의 얘기 말이다. 어떤 지역을 들어 거기는 어떻다더라는 식의 얘기는 보편적인 특성이라기보다는 개인적인 경험으로 파악한 단편이거나 편견인 경우가 많다. 그런데 이번 항해에서 바다들의 물 색깔을 보니 정말로 항구마다 물 색깔이 다르다는 것을 알 수 있었다. 상하이의 물 색깔은, 색깔이 문제가 아니라 성분이 완전히 진흙이다. 색깔이 진흙색인 것이 아니라 완전한 뻘인 것이다. 배가 얕은 바다에서 프로펠러를 역회전시키면 바다 밑바닥의 뻘이 휘말려 올라와서 물이 진흙으로 변하는 것을 볼 수 있는데 상하이는 바다 전체가 그런 뻘이었다. 이런 탁한 바다의 물 색깔에서 어떤 힘도 느낄 수 없음은 당연하다. 홍콩 항구의 물 색깔은 정말로 힘이 없어 보이는, 바닷물빛 고유의 푸르른 생기가 빠져나간 듯한 옅은 옥색이다. 옥은 바탕이 돌이므로 그 나름의 힘을 가지고 있다. 시각적으로 힘이 느껴진다는 말이다. 그러나 홍콩 항의 바닷물 색깔은 흐리멍덩한 옅은 빛의 옥색일 뿐이다. 그것은 샤먼이나 얀탄도 마찬가지다. 반면, 먼 바다로 나오면 바다가 깊어지고 물 색깔은 짙어지고 시퍼래진다. 정말로 힘이 느껴진다. 무언가 깊은 곳에서부터 강하게 자리 잡은 어떤 힘의 근원이 있을 것 같은 느낌이 드는 색깔이다. 실제로 그런 바다의 파도는 천천히 높지 않게 움직이는 것 같아도 큰 배를 천천히 롤링하고 피칭하게 만든다. 실제로 힘이 있는 물이다. 바다가 깊은 만큼 물이 가진 운동 에너지의 양도 클 것이기 때문이다.

인도양의 물 색깔은 완전히 에메랄드빛 파란색이다. 이렇게 깊고 짙푸른 파란색의 물은 이제껏 본 적이 없다. 이제야 내가 한 번도 와본 적이 없는 새로운 세계에 와 있다는 느낌이 든다. 이 물은 마치 에메랄드빛의 염료를 짙게 풀어놓은 듯 아주 짙으면서도 밝은 파란색이다. 파아랗다고 강조해서 말해야 하는 그 색깔이다. 무겁게 검푸렀던 남중국해의 물 색깔과는 또 다르다. 물 색깔에 영향을 미치는 요소들은 수심, 플랑크톤의 유무와 종류, 햇빛의 색깔과 정도, 각도 등 여러 가지 요인들이 있을 것이다. 그런데 나는 마침 『대항해시대』에서 영국이 어떻게 인도를 지배하게 되었는지 서술한 부분을 읽고 있다. 그 순간 인도 앞바다를 지나게 되니 묘한 느낌이다. 이 물 색깔이 더 푸르게 느껴지는 것은 이 책을 읽고 있기 때문이 아닌가 하는 생각이 든다.

시나이반도와 수에즈운하

수에즈운하 중간에 있는 대염호에서 대기하던
컨테이너선들이 시간이 되자 일제히 운하로 진입하고 있다.

2월 9일. 8일간 망망대해만 보던 여정이 드디어 끝나는 날이다. 나는 알량하게도 하루에도 몇 번이나 해도를 들여다보면서 이놈의 지겨운 망망대해 언제나 끝나나 속으로 탄식만 하고 있었다. 그런 것에 상관없이 묵묵히 일만 하는 선원들에게 미안한 노릇이다. 이들은 9개월 내내 바다에서 생활하는데 말이다. 오후 5시, 북위 24도 46분, 동경 65도 29분, 좌현 쪽 멀리 내가 생전 처음으로 보는 이집트 땅이 나타난다. 정확히 말하면 섬이다. 자지라트 샤리르 섬이다. 그 섬에 누가 사는지, 어떤 마을이 있는지 통 몰라도 8일 만에 보는 땅이라 반갑다. 나의 반가움에 화답이라도 하듯 핸드폰에 신호가 온다. 8일 만에 집에 전화했더니 아버지께서는 이집트의 정정 불안으로 수에즈운하가 폐쇄되지 않을까 걱정하셨다고 한다. 어째 이번 여행에서는 가는 곳마다 걱정거리가 따라다니는 것일까. 이제 배는 서쪽으로 이집트, 동쪽으로 시나이반도를 두고 그 사이에 난 구발 해협으로 들어간다. 시나이반도의 한가운데에는 한국의 기독교 신자들이 성지순례 여행을 많이 오는 해발 2285미터의 시나이 산이 있다. 이 해협에는 수로 양쪽으로 유전들이 많다. 이렇게 천연자원이 많아서 복 받은 이집트가 가난하고 정정이 불안한 나라라니.

 시나이반도는 문명의 기호를 부여받은 어떤 것이 아니라 멀리 살벌한 땅덩어리로 먼저 다가온다. 어떤 지역이 수평선에 살짝 드러날 때는 오로지 땅으로 보이지 그곳이 어딘지 식별할 수는 없다(대개 수평선에 어떤 것이 살짝 보이기 시작할 때의 거리가 30마일쯤 된다). 그곳이 어디인지 알려면 해도를 먼저 봐야 한다. 그러면 방위각 135도에 거리는 23마일 떨어진 곳이므로 저곳이 시나이반도의 남단인 샤름 엘 셰이크쯤 되겠군 하고 짐작하게 된다. 땅이 다가온 다음에 시설이 다가온다. 어디 어디에 있는 정유시설, 무슨 무슨 컨테이너 터미널 하는 시설이다. 이것도 어떤 표지판도 없이 그냥 저 혼자 서 있다. 해도에 나와 있기 때문에 여기가 시나이반도의 남쪽 끝에 있는 엘 투르 유정이구나 하고 알게 될 뿐이다. 시나이반도는 성경에 예수님이 광야를 떠돌던 그런 역사성과 상징성을 모두 빼앗겨버린 채 그냥 땅덩어리로 다가온다. 통성명을 하기 전에 발가벗은 사람을 먼저 만나는 식이다. 그래서 화물선을 타고 어디를 처음 가는 것은 무척이나 신선한 체험이다. 어떤 장소에 개입해 있는 선입견은 끼어들 여지가 없다. 길도, 건물도, 차도, 심지어 도시도 식별되지 않는 오로지 땅으로 다가오기 때문이다.

홍콩에 들어갈 때도 마찬가지였다. 처음에 흉하게 헐벗은 삭막한 섬 산들이 나타난다. 악마의 근위병들을 사열하듯이 그 섬들 사이를 빠져나오면 저 멀리 아파트들이 다가온다. 그것이 어느 동네에 있는 무슨 아파트 몇 동인지는 알 수 없다. 오로지 아파트의 덩어리들이 다가올 뿐이다. 중간에 산꼭대기에 지어놓은 테마파크도 어린이들이 즐겁게 노는 꿈의 동산이라기보다는 산꼭대기에 손오공을 가둬놓은 화염산 바위처럼 삭막하고 기괴하게만 보인다. 이런 것들이 무엇인지 확인하기 위해서는 육지의 지도라는 별도의 액자를 들이대야 한다. 그러다가는 갑자기 스톤 커터스 브리지를 지나서 어물어물하다 보면 어느덧 배는 선석에 닿아 있다. 그렇게 생전 처음 가본 홍콩은 길거리에 발도 못 들여놔봤지만 더 신선했었다.

지금 시나이반도가 그런 식으로 다가오고 있다. 그것은 배의 우현 쪽에 깊은 어둠과 미친 바람 속에 잠겨 있을 뿐이다. 그 어둠 속에는 도시의 불빛이 없기 때문에 정말 예수가 방랑하던 그 광야가 그대로 있을 것 같다. 몇 개의 불빛이 보이길래 쌍안경으로 자세히 보니 유정 시설들이다. 오늘밤 안으로는 시나이반도의 실체를 못 볼 거 같다. 내일 아침 날이 밝으면 시나이반도는 어떤 모습으로 다가올까.

선장은 수에즈운하에 들어가기 전에 비디오카메라의 배터리를 완전히 충전해두라고 말한다. 참 친절한 분이다. 이제 막 지중해를 건너서 수에즈운하를 빠져나와 우리와 반대 방향으로 남하하는 컨테이너선 OOCL 샌프란시스코가 컨테이너를 잔뜩 싣고 우리 배의 좌현 3마일 지점쯤에 가고 있다. 유럽에서 아시아를 향해 가는 저 배를 보고 선장은 말한다. "유럽에서 빈 컨테이너만 잔뜩 싣고 아시아로 오고 있구나!" 저 컨테이너들이 비어 있는지 꽉 차 있는지 어떻게 아느냐고 물었다. 과연 선장은 쇠로 된 컨테이너의 속을 보지 않고도 그 안에 뭐가 들었는지 알 수 있는 혜안을 가지고 있단 말인가?! 선장은 선지자인가? 사실 답은 의외로 간단했다. 배가 물건을 잔뜩 실으면 물속으로 가라앉는다. 소위 건현이 낮아지는 것이다. 그런데 OOCL 샌프란시스코는 건현이 높다. 물건을 많이 싣지 않았기 때문에 물속으로 많이 가라앉지 않은 것이다. 선장은 폭군도 선지자도 아니다. 그저 자신의 경험에 따라 판단하고 행동하는 것일 뿐이다.

 2월 9일! 내일이면 이번 항해의 꽃 수에즈운하로 들어가는 날이다. 수에즈운하 통과는 이번 항해에서 제일 기대해온 광경이다. 도대체 수에즈운하는 어떻게 생겼을까? 얼마나 넓고 길고 깊을까? 배들은 어떤 식으로 통과할까? 어떤 배들을 보게 될까? 화물선 꼭대기에서 보는 수에즈운하는 어떤 모습일까? 궁금증과 기대감은 한없이 부풀어 오른다. 인도양에서 해적들을 뿌리치고 아덴만을 지나서 길이가 2000킬로미터쯤 되는 길고 뜨거운 홍해를 통과하여 시나이반도의 남쪽 끝이 눈에 들어왔을 때 그렇게 기쁠 수가 없었다. 오랜만에 땅을 봐서 그렇고 수에즈운하에 들어가게 돼서 그렇다. 운하의 입구까지 가기 위해서는 시나이반도의 서쪽에 있는 수에즈만을 300킬로미터쯤 올라가야 한다. 수에즈운하 자체의 길이는 193킬로미터다. 시속 10노트(18킬로미터)의 느린 속도로 통과하는 데 열두 시간쯤 걸린다. 1869년 개통할 때는 8미터였던 평균 수심은 계속 준설하여 지금은 24미터까지 깊어졌다. 운하를 준설하는 것이 왜 중요한가 하면 나날이 배가 커지기 때문에 흘수는 더 깊어진다. 페가서스의 최대 흘수는 15.4미터다. 그리고 최대 여유 흘수는 2미터다. 즉 수심이 최소 17.4미터는 돼야 페가서스가 안전하게 통과할 수 있는 것이다. 그런데 이는 물이 잔잔할 때 얘기고, 파도가 치거나 배가 롤링이나 피칭을 하여 평소보다 더 깊이 잠기면 물이 그보다 더 깊어야 바닥에 닿지 않고 통과할 수 있다. 수에즈운하에 파도는 치지 않지만 급격하게 좌선회하거나 우선회하는 부분이 있다. 좌선회하면 좌현이 밑으로 가라앉고 우선회할 때는 우현이 밑으로 가라앉는다. 그럴 경우에 대비해서 운하의 깊이가 깊어야 하는 것이다. 그래서 오늘날의 수에즈운하에서는 끝없이 준설 작업이 이루어지고 있다. 수에즈운하를 관리하는 수에즈운하 관리국(Suez Canal Authority)은 옆으로 3도 이상 기울어져 있는 배는 운하 진입을 금지하고 있다. 또한 수에즈운하에서는 다음과 같은 것들이 금지돼 있다. 운하를 통과하는 도중에는 앵커나 스러스터를 써서는 안 되며 조향을 자동 모드로 두어서는 안 되며 반드시 수동으로 배를 조종해야 한다. 운하를 통과하는 도중 기적을 울려서도 안 된다. 대개 이런 규정들은 과거에 일어난 사고 때문에 생겨난 경우가 많다.

    수에즈운하에 접근하고 있을 무렵 불안한 소식이 들린다. 늑대를 피하자 호랑이를 만난다고, 인도양에서 해적을 피하자 이번에는 무바라크 대통령 퇴진을 요구하는 시위 때문에 수에즈운하가 폐쇄될지도 모른다는 소식이 들린다. 이집트, 수단, 이스라엘이 엉켜 있는 복잡한 지형만큼이나 착잡한 수에즈운하의 역사는 내가 이곳을 통과하는 오늘도 작용하려고 하고 있다. 운하가 폐쇄됐을 때 할 수 있는 것은 두 가지다. 하나는 수에즈운하 앞에서 무작정 기다리는 것이다. 또 하나는 멀리 아프리카의 남단 희망봉을 돌아서 북상하는 것이다. 나는 이 두 가지 가능성에 대해서 선장한테 물어보지 않았다. 그런 일을 떠올린다는 것 자체가 너무나 힘 빠지는 일이었기 때문이다.

    다행히도 그런 일은 벌어지지 않았고 페가서스는 수에즈운하의 남단에 있는 정박 지점에서 앵커를 내리고 대기하게 되었다. 나는 17톤의 앵커가 배 전체를 울리는 굉음을 내며 시커먼 바닷속으로 사라져가는 장엄한 광경을 보기 위해 밤 12시에 선수 갑판에서 기다렸다. 영화 「타이타닉」에서 남녀 주인공이 배의 제일 앞에서 나는 새처럼 두 팔을 벌리고 바람을 맞은 그 부분이다. 사실 대형 선박의 맨 앞쪽 끝부분은 타이타닉처럼 뾰족하지 않고 아주 둔중하게 둥글기 때문에 그 앞에 서봐야 어떤 끝에 서 있다는 느낌은 들지 않는다. 단지 세차게 불어오는 바람이 얼굴을 때릴 뿐이다. 앵커를 내리는 일은 위험하기 때문에 나는 미리 선장에게 허락을 받아놓았다. 모든 위험 요소는 선장에게 보고해야 하기 때문이다. 그는 앵커 체인이 무겁고 위험하기도 하지만 체인의 표면에 슨 녹이 튀어서 눈에 들어갈 수 있으므로 보안경 같은 것을 쓰고 가라고 일러준다. 친절한 분이다. 선수 갑판에서 한 시간을 기다리자 갑판장 광코와 갑판원 에두아르도가 앵커를 내리는 작업을 하기 위해 나타났다. 그들은 비디오카메라를 들고 있는 나에게 앵커에서 멀리 떨어져 있으라고 한다. 나는 아프리카의 초원에서 사자가 얼룩말을 잡아먹는 장면을 나무 뒤에 숨어서 찍는 비디오카메라맨처럼 윈들라스 뒤에 몸을 숨기고 앵커를 내리는 광경을 찍었다. 찬바람이 부는 깊은 어둠 속 심야의 선수 갑판, 강철과 강철이 목숨을 건 맹수들의 싸움처럼 부딪히며 포효하는 모습은 내가 이제까지 본 기계의 광경 중에서 가장 장엄한 것이었다. 앵커를 매달고 있는 체인의 마디들은 서로 부딪히면서 붉은 쇳가루를 공중에 흩날렸다. 흡사 피가 튀는 듯했다. 사실 그 장면은 엄청난 소리와 액션으로 돼 있기 때문에 필설로 묘사할 수는 없다. 나는 놀라움만을 적을 뿐이다. 멀리 어둠 속에 정박해 있는 다른 배에서도 여기저기 앵커를 내리는 소리가 쿠르르릉 하고 났다. 그 소리도 멀리서 맹수가 포효하는 듯했다. 이 광경은 기계가 만들어낸 가장 극적인 순간으로 내 뇌리에 각인되어 언제까지나 비평적 상상력을 자극할 것이다.

새벽 5시 30분이 되자 페가서스는 앵커를 올리고 안개에 쌓인 수에즈운하를 향해 천천히 진입하기 시작했다. 페가서스는 북상하는 스무 척의 선단 중 아홉 번째로 출발이다. 출발 시간이 되자 정박하고 있던 배들은 일제히 앵커를 올리고 고속도로 매표소에서 돈을 낸 차들이 차선에 따라 합쳐지듯이 일제히, 그러나 아주 천천히고도 신중하게 합쳐지고 있었다. 수만 톤, 수십만 톤의 배들이 한 줄로 늘어서서 운하로 진입하는 장면은 지구상의 다른 곳에서는 찾아볼 수 없는 장관이었다. 그 광경에 취해 있을 때 대한민국 외교부에서 친절하게도 문자가 왔다. "귀하는 여행 제한 국가 방문 중, 비긴급 용무 시 신속 출국 요망." 외교부는 내가 이집트 근방에 있다는 것을 어떻게 알았을까? 친절하게 안내해주는 것은 고마운데 이 멀리까지 나와 있는 국민의 위치를 정부가 알고 있다는 것은 왠지 섬뜩한 일이다.

높이가 40미터에 이르는, 대형 화물선의 브리지라는 초특급 전망대에서 본 수에즈운하 주변의 경치는 좌우가 너무 달라서 충격적이었다. 시나이반도의 최남단을 통과하자마자 수에즈 시는 도시가 갖추고 있는 온갖 면모를 다 보여주는데 특징적인 것은 사막을 열심히 일궈서 작물을 많이 심었다는 점이다. 초록색 들판에 야자수도 많고 아주 기름져 보인다. 어떤 집에서는 낙타를 기르고 있는 것이 보인다. 길거리는 깨끗하지는 않지만 그래도 활기차 보인다. 어떤 곳에는 이슬람 사원 바로 옆에 기독교 교회가 있어서 놀라기도 했다. 반대편 시나이반도에는 아무것도 보이지 않는다. 시나이반도의 사막은 황량함 그 자체이다. 거칠게 파헤쳐진 흙을 제외하면 어떤 살아 있는 것도 보이지 않는다. 이곳은 결코 젖과 꿀이 흐르는 땅으로 보이지는 않는다. 내 생애에 이렇게 황량한 풍경은 처음 보았다. 이집트가 이스라엘과의 완충 지역으로 두기 위해 황량하게 비워놓은 것이다.

여기야말로 발터 베냐민이 말한, '신에게서조차 버림받는 땅'이 아닌가 하는 생각이 든다. 여기서 기독교가 생겼건만 시나이반도의 땅은 언제 그런 일이 있었냐는 듯이 모든 의미를 발가벗기운 채 그냥 땅으로만 누워 있을 뿐이다. 그런데 쌍안경으로 자세히 보니 뭔가 사람 같은 것이 있다. 어떤 남자가 모래로 된 둔덕 위에 서서 지나가는 배를 보고 있다. 이런 황량한 곳에서 지나가는 배나 보고 있다니 실업자거나 선지자거나 둘 중의 하나일 것이라고 생각했다.

앞쪽. 누군가 신에게서 버림받은 땅이라는 말을 쓴 적이 있는데, 시나이반도의 풍경이 그랬다.

수에즈운하 양쪽의 땅은 군인들이 일정한 간격으로 경비를 서고 있다. 과거 이스라엘과의 수많은 전쟁 때문에 이곳은 아직도 긴장이 감돌고 있다.

모스크와 교회가 나란히 있는 묘한 풍경.

시나이반도의 풍경은 더 이상
삭막하고 기괴할 수 없다.

시나이반도 중간에 있는 이
건물은 아마도 사단장이 병사들을
사열하는 곳으로 보인다. 역시
기괴한 건축물이다.

그들은 군인들이었다. 이집트 제일의 수입원인 수에즈운하를 경비하기 위해서 일정한 간격으로 근무를 서고 있는 것이었다. 자세히 보니 앉아서 책을 보는 군인도 있고 초소 안에 아예 침낭을 펴고 자고 있는 군인도 있고 운하 쪽으로 등을 돌리고 잡담하고 있는 군인도 있다. 그들도 어느 나라 군인들처럼 적을 향해 눈을 부릅뜨고 있는 것이 아니라 중대장이 오나 안 오나만 살피고 있는 것은 아니겠지. 운하 양쪽 전 구간에 걸쳐서 소대, 중대, 대대 정도 돼 보이는 부대시설들이 일정 간격으로 있다. 이집트 쪽으로는 부교를 운용하는 부대들이 많다. 만일의 사태가 났을 경우 시나이반도로 병력을 급파하기 위한 것이다. 이제야 여기가 이집트와 이스라엘이 불구대천의 원수가 되어 수도 없이 전쟁을 한 곳이라는 생각이 들었다. 운하 양쪽에는 몇 번의 전쟁을 기념하는 아주 크고 기괴한 기념비들이 있다. 1973년 10월의 중동전을 기념하는 비는 소총 총구에 대검을 꽂은 모양으로 돼 있는데 멀리서 봐도 규모라든가 모양이 엽기적이다. 해운의 입장에서 수에즈운하에서 벌어진 가장 황당한 일은 1967년 벌어진 아랍과 이스라엘의 6일 전쟁의 결과로 1975년까지 운하가 폐쇄된 것이다. 이때 14척의 화물선은 8년을 운하에 갇혀 있어야 했다. 이 황량한 땅을 차지하기 위해 프랑스와 영국이 각축을 벌였고 미국도 개입했으며 이제는 무바라크를 쫓아내기 위해 격류가 흐르고 있다.

    수에즈운하를 따라 시속 10노트로 진행하는 높이 40미터의 배 위에서 도시를 본다는 것은 전 세계 어디에서도 경험할 수 없는 기묘한 시각적 스펙터클을 제공한다. 아마 12시간을 내내 어떤 도시 옆을 40미터 높이의 시점에서 시속 20킬로미터의 속도로 일정하게 보는 체험은 없을 것이다(지도상으로 봤을 때 길이 77킬로미터의 파나마운하 주변에는 큰 도시가 없어 보이며 주로 꼬불꼬불한 밀림을 통과하므로 그런 광경을 제공하지 않는 듯하다). 도시는 꿈속에서처럼 주욱 일정한 높이와 속도로 흘러간다. 골목에는 동남아에서 타는 것과 같은 뚝뚝도 지나가고 노새와 낙타도 지나가고 렉서스도 지나간다. 건물들은 대체로 벽돌로 돼 있는데 이상하게도 창에 유리들이 다 없다. 수에즈(Suez سويس: 수에즈는 영어식 표기이며 아랍어로는 아스 수와이스, As Suwais), 이스마일리아(Ismaïlia الإسماعيلية), 알 칸타라 엘 샤르키야, 포트사이드(Port Said بورسعيد: 아랍어로는 부르 사이드 Būr Sa'īd) 등의 도시를 지나가는데, 운하 초입에 있는 수에즈에는 조선소도 있고 파업하느라 아랍어로 뭐가 적혀 있는 플래카드를 건 직장도 있고 호텔도 있고 다양한 편이다. 수에즈운하의 딱 중간쯤인 이스마일리아에는 수에즈운하의 모든 것을 관장하는 수에즈운하관리국의 건물도 있다. 나는 생전 처음 보는 이집트의 이국적인 모습을 비디오카메라와 디지털카메라로 찍느라 정신이 없다. 더구나 내 눈으로도 봐야 한다. 수에즈운하를 통과하는 12시간 내내 두 카메라의 눈과 내 눈은 서로 자기가 봐야 한다고 치열하게 각축하고 있었다. 즐겁고도 피곤한 상황이다. 그래서 할 수 없이 비디오에 전념하기로 했다. 수에즈운하의 도시들은 영원히 다시는 돌아오지 않을 것처럼 천천히 흘러간다. '이국적(the exotic)'이라는 것은 다른 곳의 모습과 문화를 지배하려는 오리엔탈리즘의 혐의가 짙게 배어 있는, 오염된 개념이기는 하지만 막상 이국적인 광경을 본 나는 강렬한 호기심에 사로잡힌다. 이집트라는 나라는 도대체 어떤 곳일까. 나도 저 길거리를 걸어보고 싶다. 그러자 선장은 나의 이국 판타지에 찬물을 끼얹듯이 자신이 실제로 가본 이집트는 너무나 못 살고 구질구질하여 가볼 필요가 없다고 타이르듯 말한다. 그제서야 나는 꿈에서 깬 듯 비평가의 태도로 되돌아온다.

    수에즈운하 중간에 대염호(Great Bitter Lake)라는 큰 호수가 있는데 이곳은 많은 배들이 교행하기 위해 앵커를 내리고 기다리는 곳이다. 컨테이너선, 원유 운반선, 자동차 운반선, LNG선, LPG선 등 전 세계에서 가장 많은 종류의 배들을 한자리에서 볼 수 있는 곳인 것 같다. 나는 갈라파고스에 상륙한 다윈이 정신없이 동식물을 채집하듯이 배들을 정신없이 사진 찍으며 그 모습들을 관찰하고 그런 배에서의 삶과 노동에 대해 생각해보았다. 이때 운 좋게도 페가서스와 크기와 모양이 똑같은 자매선이라 할 수 있는 안드로메다가 앵커를 내리고 있는 모습이 보인다. 한 달을 페가서스를 타고 항해를 해도 배가 워낙 커서 이 배 자체를 사진 찍을 기회가 없었는데 안드로메다야말로 페가서스의 모습을 사진 찍을 수 있는 기회다. 멀리서 보는 안드로메다의 선체는 늘씬하고도 풍만하다. 우리 배처럼 컨테이너를 완전히 가득 싣고 있어서 부피감이 가득 찬 느낌이다. 나는 안드로메다의 어떤 디테일도 놓치지 않겠다는 듯이 갑판 위아래로 뛰어서 오르내리며 미친 듯이 셔터를 눌렀다. 선장은 반가운 마음에 규정도 무시하고 기적을 세 번 울렸다. 그런데 안드로메다는 대답이 없다. 서울의 시내버스도 마주치면 반갑다고 손을 들어 인사하는 법인데 안드로메다는 자신의 자매선이 반갑지 않은 걸까. 선장은 다들 자고 있을 거라고 한다. 아니면 정신줄을 안드로메다에 두고 왔던지. 하긴 배가 앵커를 내리고 정박하고 있는 동안은 브리지에 아무도 없기 때문에 기적 소리에 응답할 수 없었을 것이다.

대염호를 떠나 좀 더 가자 수에즈운하에 놓인 가장 큰 다리인 무바라크 브리지 밑을 지나게 되었다. 다리에 국기들이 있길래 카메라로 클로즈업해 보니 'Mubarak Peace Bridge', 또 그 옆에는 'Egypt Japan Friendship Bridge'라고 쓰여 있다. 무바라크가 쫓겨나게 생긴 판에 다리에 이름을 새긴 것이 무슨 소용이 있을까. '이집트 일본 우정의 다리'라고 붙어 있는 이유는 이 다리를 만들 때 일본이 건설비의 60퍼센트인 130억 엔의 돈을 댔기 때문이다. 이 다리는 수에즈 카날 브리지라고도 불린다. 알 칸타라라고도 불리는데 그 말은 아랍어로 '다리'라는 뜻이다. 하여간 수에즈운하를 둘러싼 정세가 복잡한 만큼 이름도 많고 복잡한 다리다.

운하 위로는 러시아제 Mi8 헬리콥터가 끊임없이 왕복하며 순찰을 돌고 있다. 아무튼 긴장감으로 가득 차 있는 곳이다. 관광객들이 유람선을 타고 수에즈운하를 지날 때는 사진을 못 찍게 한다고 하는데 13만 톤의 컨테이너선 위에서 내가 카메라를 들고 있는 것을 볼 수 있는 사람은 아무도 없다. 세 개의 눈이 정신없이 각축하는 동안 페가서스는 어느덧 운하의 북쪽 끝인 포트사이드에 닿았고 날은 저물어간다. 그러고는 다시 넓은 바다 지중해로 나아간다.

하루에 수에즈운하를 통과하는 배는 40척 정도다. 길이 363미터, 재화 중량 13만 톤, 컨테이너 층수 10층인 페가서스가 수에즈운하를 통과하는 비용은 대략 100만 달러. 통행료 치고는 아마 세계에서 제일 비싸지 않을까 싶다. 수에즈운하 당국이 나름의 공식에다 배의 길이와 무게, 적재한 화물의 높이와 부피 등 여러 가지 변수들을 대입하여 산출한 가격이다. 그들의 홈페이지에 가면 통행료 산출 공식이 있으므로 계산해볼 수 있다. 운하를 대낮에 통과하는데도 뱃머리에 램프를 달아야 하고, 그 램프를 관리하기 위한 이집트 전기수(electrician)가 타야 한다(물론 그를 위해 돈을 내야 한다). 운하가 좁기 때문에 야간에 배의 앞쪽에 장애물이 있나 봐야 하기 때문이라는데 굳이 불이 잘 켜진 걸 확인하기 위해서 전기수까지 필요한지 정말 의문이다. 그런 건 우리 배에서도 얼마든지 챙길 수 있는데 말이다. 더군다나 페가서스는 수에즈를 낮에 통과했다! 물론 새벽 6시에 출발했으므로 깜깜하긴 했지만 곧 밝아졌으므로 램프를 켤 시간은 기껏해야 한 시간 남짓했던 것이다. 그런데도 수에즈 전기수는 하루 종일 동승하고, 그만큼의 비용을 받아간다. 이집트가 이런 식으로 돈을 버는구나. 좁은 운하를 지나야 하므로 도선사가 두 명이 탔는데 한 사람은 전혀 일을 안 하고 자기 차가 한국 차라서 좋다고 자랑만 하고 있고, 구경꾼인 내가 보기에도 수에즈운하를 둘러싼 경제는 이상한 구석이 많다. 수에즈운하가 이집트의 독점물이니 어쩔 수가 없다. 전에는 이 운하의 별명이 말보로 운하였다고 하는데, 도선사에게 말보로 담배 한 보루를 꼭 선물해야만 했었기 때문이라고 한다. 그중 한 명인 아셈 엘 귄디는 말보로 담배를 얻었는지는 모르지만 나에게 사진을 계속 찍어달라고 엄청나게 졸라서 많은 사진을 얻어갔다. 그리고 이집트에 오면 꼭 연락하라고 명함도 건넸다. 수에즈운하. 지정학적으로, 인간적으로, 스펙터클적으로 참으로 묘한 곳이다.

이집트에 올 때 이 도선사 아저씨에게 연락을 하게 될지는 모르겠지만 어쨌든 이집트는 한 번쯤 꼭 와보고 싶은 곳이다. 수에즈운하에 들어서기 전날 밤 마침 호르헤 루이스 보르헤스의 책을 읽고 있었는데 거기에는 다음과 같은 단편이 나온다.

두 꿈에 대한 이야기
(아랍 역사가 알 이샤키가 이 이야기를 해줬다)

신앙이 독실한 사람이 해준 얘긴데(알라만이 전지전능하고 자비로우며 잠들지 않는다) 카이로의 한 남자가 많은 재산을 가지고 있었다고 한다. 그런데 그는 너무 관대한 나머지 아버지의 집을 빼고는 자신의 부를 다 나눠줘 버렸다고 한다. 그래서 그는 완전히 궁핍하게 되었고 힘들게 일해서 먹고 살아야만 했다. 하룻밤은 정원의 무화과나무 아래서 자는데 가위가 눌려 꼼짝도 할 수 없었다. 그러다 꿈에 물을 뚝뚝 흘리는 어떤 사람이 그의 입에서 금화를 꺼내더니 다음과 같이 말했다. "당신의 재산은 사실은 페르시아의 이스파한에 있소. 거기서 그것을 되찾으시오." 그래서 그는 배, 해적, 이교도, 강, 들짐승, 사람들 등 온갖 사막의 위험을 다 겪으면서 먼 길을 거쳐 페르시아로 갔다. 거기 도착했을 때 밤이 되어 모스크에서 자게 되었다. 모스크 옆에는 집이 있었는데 알라가(그 이름 찬양하라!) 명한 대로 한 패거리의 도적들이 모스크에 들어왔다가는 그 집으로 들어왔다. 도적들의 소란에 놀라 깬 사람들이 울부짖자 이웃들도 울부짖었다. 왈리가 졸개들을 데리고 집으로 들어오자 도적들은 지붕으로 도망갔다. 왈리가 집에 들어왔을 때 카이로 남자가 자고 있는 것을 보았다. 왈리는 그를 잡고는 미크라로 거의 죽을 때까지 심하게 때린 다음 감옥에 넣어버렸다. 감옥에서 사흘이 지났을 때 왈리는 그를 불러다가 물었다. "어느 나라에서 왔느냐?"

그는 카이로에서 왔다고 대답했다. "페르시아에는 무슨 일로 왔느냐?"고 왈리가 묻자 카이로의 남자는 "꿈에 어떤 남자가 저의 재산이 이스파한에 있으니 가서 찾으라고 했습니다. 그런데 제가 여기서 찾은 거라곤 미크라 매질밖에 없습니다."라고 대답했다.

이 말을 들은 왈리는 어금니가 드러날 정도로 웃고는 말했다. "뭘 모르는 자여, 나는 꿈에 어떤 사람이 세 번이나 다음과 같이 말하는 것을 들었다. '카이로에 가면 어떤 지역에 이러저러하게 생긴 집이 있는데 그 정원의 한쪽 끝에 샘이 있고 그 안에 대단한 부가 숨겨져 있다. 그러니 그걸 가지도록 하여라.' 그러나 나는 가지 않았다. 그런데 너는 생각도 없이, 꿈이 뒤죽박죽된 것도 모르고 꿈속에서 본 것을 찾아 도시에서 도시를 거쳐 왔단 말이냐." 그러고는 그에게 돈을 주며 말했다. "이 돈으로 너의 도시로 돌아가라."

그래서 그는 그 돈을 받아서 카이로로 돌아왔다. 왈리가 말한 집이란 바로 자기 자신의 집이었다. 집에 와서 샘 아래를 파보자 엄청난 보화가 나타났다. 그래서 신은 그를 부유하게 해줬고 살 수 있게 해줬다. 이것은 엄청난 우연의 일치이다. (천일야화 중에서, 351번째 밤)

수에즈운하에서 보는 이집트는 마당에 금은보화가 숨어 있을 듯한 모습은 아니다. 이집트의 주요한 수입원이 수에즈운하와 관광이라고 하니 그들은 당대에 만든 것보다는 결국은 조상들이 만들어놓은 금은보화 덕분에 먹고 사는 사람들이었다.

수에즈운하를 건너며 사람과 자동차를 나르는 배. 대형 선박들이 오가는 사이로 운항해야 하기 때문에 양옆을 더 잘 볼 수 있도록 된 브리지의 위치가 특이하다.

이스마일리아 부근의 특이한 건물.

수에즈운하 중간의 대염호에 앵커를 내린
채 통과할 순서를 기다리는 CMA CGM
안드로메다. 페가서스와 크기와 모양이 같은
자매선이다. 이 모습이 내가 페가서스의 전체를
본 유일한 기회였다.

다음 쪽. 페가서스가 시속 10노트의 속도로 수에즈운하로 진입하고 있다. 왼쪽은 이집트의 도시, 오른쪽은 시나이반도다. 시나이반도도 이집트 땅이지만 이스라엘과의 사이에 완충지대로 놔두고 있어서 사람이 살지 않는 황무지일 뿐이다.

항해와 미신

수에즈운하를 빠져 나온 페가서스는 다시 망망한 지중해로 들어섰다. 지중해의 딱 중간에는 작은 섬나라 몰타가 있는데, 그 수도 발레타는 페가서스의 고향이다. 페가서스가 태어난 곳은 한국의 울산이지만 현재의 선적이 있는 주소지는 발레타이기 때문에 그곳이 고향인 것이다. 그러나 오대양을 떠도는 페가서스가 고향에 들를 시간은 없다. 아름다운 휴양지 몰타에 기항하려나 기대를 해봤지만 페가서스는 유럽에서 아시아 쪽으로 올 때만 몰타에 들르고 유럽으로 가는 길에는 스쳐 지나갈 뿐이다. 다시 육지가 그리워진 나는 몰타의 땅이 어떻게 생겼나 쌍안경으로 열심히 들여다보지만 페가서스의 항로는 몰타를 먼발치에서만 지나칠 뿐이다. 해도상으로는 몰타의 아래쪽을 바싹 지나는 것으로 돼 있으나 실제 거리는 20마일 이상 떨어져 있다. 땅을 좀 보고 싶은 나의 간절한 욕구는 지브롤터에 닿을 때까지 이틀을 더 기다려야 한다. 바다라는 것이 참 넓다는 것을 또 뼈저리게 느낀다.

  페가서스는 절대로 가라앉지 않을 것처럼 크고 절대로 항로를 틀리지 않을 것처럼 정확하고 믿을 만하다. 옛날에는 어땠을까? 큰 배라고 해봐야 길이가 50미터도 안 되고, 먹을 것이라고는 냄새 나는 썩은 물과 하도 딱딱해서 바닥에 던져도 안 깨진다는 말린 빵, 역시 이상한 냄새가 나는 소시지밖에 없었던 대항해시대의 항해에서 궁극적으로 믿을 수 있는 것은 기도의 힘밖에 없었다. 지금의 사람도 합리적인 수단이 동났을 때 믿을 수 있는 것은 기도밖에 없기는 매한가지이기는 하다. 현대인은 옛날 사람과 근본적으로 달라진 것이 아니라 근대적 문명의 힘을 빌어 잠시 그와 거리를 두고 있는 것이다. 그 문명의 힘이 다하면 현대인도 옛날 사람과 같은 처지에 떨어질 수밖에 없다.

대양의 물은 서로 통해 있으므로 바다의 길은 결코 끝이 없으며, 바닷사람의 항해도 끝이 없다. 바다는 한없이 거칠고 인간은 한없이 약하다. 바다는 미신이라는 바이러스가 생장하기 딱 좋은 조건이다. 바다에서의 삶은 너무나 고달프고, 바다는 넓지만 거기서의 삶은 폐쇄돼 있다. 거기서 인간은 한없이 나약하고 자신의 존재를 붙들어 매줄 강한 어떤 것을 필요로 한다. 그때 생겨난 것이 미신이다. 자신이 어디에 있는지도 알 수 없는 망망하고 캄캄한 바다에서 폭풍우는 사정없이 몰아치고 산더미 같은 파도에 배는 농락당하듯 요동친다. 나 자신은 나를 구원해줄 힘이 없어 보인다. 이럴 때 초자연적인 힘에 빌어보지 않은 사람은 없을 것이다.

그래서 나온 것이 옛날 배의 머리에 주로 여성의 상을 새겨 붙인 선수상(figurehead 船首像)이다. 뱃머리에 선수상을 달기 시작한 것은 16세기부터였다. 당시의 뱃사람들은 선수상이 악령을 쫓아줄 것이라고 믿었다. 거친 바다를 열악한 조건에서 항해한다는 것은 끊임없는 죽음의 위협과 싸우는 것이기 때문에 굳이 악령의 존재를 믿지 않는다고 해도 뭔가 힘을 줄 부적 비슷한 것이라도 필요했을 것이다. 선수상은 바다에 산다고 믿었던 정령을 나타내는 형상이다. 독일, 벨기에, 네덜란드에서는 뱃머리에 바다의 정령이 살고 있어서 뱃멀미와 폭풍우로부터 뱃사람들을 지켜준다고 믿었다. 네덜란드의 뱃사람들은 선수상을 달지 않은 배가 가라앉으면 선원의 혼령이 영원히 바다를 떠돌게 될 거라고 믿었다. 그런 생각이 돌고 돌아서 방랑하는 화란인(Flying Dutchman)이란 대표적인 전설이 된 것으로 보인다.

방황하는 화란인이란 폭풍우의 곶을 돌아 반드시 돌아와야 하는 한 선장이 악마와 계약을 맺었다는 내용의 전설이다. 안전한 귀환의 대가로 그는 최후의 심판일까지 바다 곳곳을 떠돌아다녀야 하는 운명을 부여받았다. 그는 7년에 한 번 육지에 상륙할 수 있는데, 그를 사랑하고 헌신하는 여인을 만나야 구원을 얻고 죽음의 안식을 얻을 수 있다. 이 전설에는 몇 가지 해상 사고가 섞이면서 점차 이야기가

1933년 독일에서 발행한 방랑하는
화란인 전설에 대한 우표.

발전해갔다. 모든 전설과 미신이 그렇듯이, 방랑하는 화란인이라는 얘기는 정확한 근거를 가지고 시작된 것이 아니다. 뱃사람들이 바다를 떠돌며 이야기들이 이리저리 옮겨가듯이, 이 전설은 엉뚱한 어원으로부터 생겨났다. 1690년 페르훌더 플라밍(Vergulde Vlamingh) 호가 남아프리카의 테이블 만에서 증발하듯 사라진 사건이 있었는데, 이 배의 이름이 유사한 발음의 플리헌더 플라밍(Vliegende Vlamingh 떠다니는 플라밍 호)이 되었다가 영어식 발음인 플라잉 플레밍(Flying Flemingh 떠다니는 네덜란드인)이 되었고 곧 플라잉 더치맨(Flying Dutchman)으로 변했다. 그러니까 방랑하는 화란인이라는 말은 전설이 바다 위를 떠돌면서 발음도 점차 변하고 거기에 이야기들이 덧씌워져서 생겨난 것이다. 19세기에 많은 작가들이 이 전설을 각색하여 시와 소설을 썼고 최종적으로 바그너가 이 제목으로 오페라를 써서 더 유명해졌다.

  항해와 연관된 가장 뿌리 깊은 미신은 여자가 배에 타면 재수가 없다는 것이다. 오늘날에는 더 이상 이런 미신을 믿는 사람은 없다. 외국에서나 한국에서나 배에 여성이 타는 것에 대한 미신은 거의 깨진 지 오래다. 선원이 가족을 태우고 항해할 수도 있으며, 선원 중에 여성도 간혹 눈에 띈다. 전에 부산항에서 본 머스크의 컨테이너선 선장과 1등 항해사는 여성이었다. 북유럽 여성으로 보이는 그들은 체격도 성격도 강하고 당당해 보였다. 한국의 해군사관학교에도 여생도가 많아지고 있다. 페가서스의 갑판원 에두아르도는 전에 현대상선의 배를 탄 적이 있는데 소주 네 병을 마시는 20대의 한국 여성이 선원으로 있었다고 한다. 미신은 시대가 변하면서 불합리해서 깨지기도 하지만 당차고 적극적인 사람들에 의해 깨져버리기도 하는 것이다.

  하지만 방랑하는 화란인의 전설은 단순한 미신은 아닌 것 같다. 그것은 지구상에 드넓은 바다가 있고 그 바다를 떠돌며 생활하는 바닷사람이 있는 한은 언제까지나 계속되는 삶에 대한 은유이다. 왜냐하면 바닷사람은 육지의 집에 쉽게 돌아갈 수 없으며,

집에 갔다가도 다시 바다로 돌아와서 항해를 해야 하기 때문이다. 오늘날 인터넷과 디지털 산업 덕분에 어떤 것을 멀리 보낸다는 것이 엄청나게 쉬워졌다. 그리고 육지에 사는 우리들에게는 어떤 물건이 한 장소에서 다른 장소로 가기까지의 힘든 노고는 보이지 않는다. 그런 일은 육지에서는 전혀 볼 수 없는 바다에서 벌어지고 있기 때문이다. 처음 라디오가 발명됐을 때 사람들은 이제 무전으로 송수신을 하니 사람이 직접 돌아다닐 일이 없어졌다고 했다. 그러나 그렇지 않았다. 라디오가 보급되면서 정보의 소통이 많아지고 빨라졌고, 세상은 더 복잡해졌고, 사람들은 더 바빠졌고 해야 할 일들은 더 많아졌다. 그래서 교통량은 더 늘어났다. 결국 라디오의 발명은 이 세계가 팽창하는 징후였던 것이다. 마찬가지로, 오늘날 인터넷으로 소통하여 사람이 오고갈 일이 적어진 것 같지만 바로 그 점 때문에 세계는 더 복잡해졌고 돌아다닐 일이 많아졌다. 문제는, 오늘날의 우리는 오대양을 건너 물건을 움직이기 위해 힘들게 돌아다니는 바닷사람들의 존재에 대해 눈을 감아버렸다는 점이다. 방랑하는 화란인은 자신을 사랑하고 헌신하는 여인을 만나야 구원과 안식을 얻을 수 있다고 했다.

컨테이너선은 화물선 중에 가장 빠르고, 항로가 정해져 있어서 바다 위를 정처 없이 떠돈다는 느낌이 적다. 정말로 방랑하는 화란인의 전설이 딱 맞는 배는 원유 운반선이다. 원유 가격은 나날이 높아가고 주 단위로 바뀌므로 배에 실려 있는 동안에도 상품 가치가 바뀐다. 원유를 실은 탱커는 정해진 목적지가 없이 느린 속도로 공해상을 떠돌다가 어느 지역의 원유가가 높다는 메시지가 오면 그 항구로 가야 한다. 그러므로 원유를 실은 탱커는 자신의 목적지가 어딘지 모르고 영원히 떠도는 방랑하는 화란인 같은 존재다. 세계 각국을 다닌다는 것을 자랑이라도 하듯이 갑판에 색색 가지의 컨테이너를 울긋불긋하게 실은 컨테이너선과는 달리, 원유 운반선은 원유를 잔뜩 실으면 물밑으로 선체가 푹 가라앉은 채 건현이 낮아져 파도를 흠뻑 뒤집어쓰며 묵묵히 항해할 뿐이다. 항해한다기보다는 정처 없이 떠도는 것이다.

항해의 어려움

멕시코의 엔세나다 해변에서 좌초된 APL 파나마.

CMA CGM 페가서스는 철저히 자동화, 디지털화되어 있다. 브리지에 앉아서 엔진실의 모든 작동 상황을 모니터링할 수 있으며, 몇 번의 클릭으로 엔진 회전수, 엔진 온도, 오일 압력 등을 조절할 수 있으며, 여러 개의 밸러스트 탱크(배의 균형을 잡기 위해 바닷물을 끌어들여 담아놓는 탱크)에 물을 적절히 넣고 빼서 균형을 맞출 수 있다. 그리고 항로를 따라서 순항하거나 자동 순항 모드를 해제하고 비좁고 복잡한 항구로 들어가는 진땀 나는 기동들은 다 무리 없이, 마치 당연히 그렇게 되도록 되어 있는 듯이 매끄럽게 이루어진다. 즉 모든 것이 정상일 때는 그것들이 다 쉬워 보인다. 하지만 그것은 수많은 장치들과 사람들이 완벽한 조화를 이루어야 가능한 일이다. 자동이 아닌 것이다.

그중에서 어떤 장치 하나, 사람 하나가 잘못되면 바로 탈이 날 수 있음을 말해주는 사례 중 대표적인 것이 APL 파나마의 경우이다. 사고 당시 3만 톤에 달하는 화물을 싣고 있던 4000티이유의 컨테이너선 APL 파나마는 2006년 크리스마스 날 멕시코의 엔세나다에 입항하다 좌초됐다. 좌초된 이유는 선장이 멕시코 도선사와 예인선을 기다리지 않고 독자적으로 판단하여 입항할 수 있다고 생각했기 때문이다. 그는 엔세나다의 바다가 조류간만 차이에 따라 얼마나 얕아질지 모르는 상태에서 무모하게 독자적으로 배를 몰다가 좌초시킨 것이다.

전 세계에서 불러온 많은 사람과 기계의 도움을 받아 그 배를 다시 바다로 띄우는 데 두 달이 걸렸다. 물에 떠서 다녀야 하는 배가 좌초된다는 것은 불구가 되는 것이다. 일단 엔세나다의 해변 근처 모래밭 위에 좌초된 APL 파나마는 꼼짝도 할 수 없었다. 그 배를 도로 바다로 끌어내리는 첫 번째 시도는 예인선을 이용하여 잡아당기는 것이었다. 그러나 해안가의 모래 속에 깊이 처박힌 선저는 꼼짝도 하지 않았다. 배에 컨테이너를 가득 싣고 있기 때문에 무거워서 끌 수 없다고 판단한 선사와 엔세나다 항구 측 사람들은 일단 컨테이너들을 하나씩 꺼내서 배를 가볍게 하기로 했다. 그들이 제일 먼저 한 일은 육지에서 배까지 트럭이 갈 수 있는 둑을 쌓는 것이었다. 자그마한 토목공사 끝에 둑을 쌓아 컨테이너를 하나씩 옮기기 시작했지만, 정상적인 항구라면 당연히 작동해야 할 갠트리 크레인 없이 컨테이너를 한 개씩 일반 크레인으로 들어서 트럭에 옮기는 작업은 고통스러울 만큼 느렸고, 하루에 기껏해야 30개를 옮길 수 있을 뿐이었다. 4000개의 컨테이너를 이런 식으로 옮긴다는 것은 시간이 무한정 걸리는 일이었다. 그래서 세계에서 제일 큰 러시아제 헬리콥터 Mi26을 부르기로 했지만 그 헬리콥터가 유럽에서 어느 세월에 엔세나다까지 오느냐는 것은 아무도 장담할 수 없는 일이었다. 어쨌든 굼벵이처럼 느린 속도로 컨테이너를 한 개씩 육지의 트럭으로 옮겨서 배의 무게를 덜어내는 동안 더욱 더 많은 예인선들이 달라붙어 APL 파나마를 끌어내려 했으나 배는 꼼짝도 하지 않았다. 그동안 시간은 속절없이 흘러 APL의 손해는 눈덩이처럼 불어났다.

　이때 누군가 기발한 아이디어를 냈다. 배 밑에 있는 모래를 파내면 그만큼 공간이 생길 것이고 그 공간으로 물이 들어올 테니 배가 뜰 것 아니냐는 것이었다. 그래서 모래를 파내는 준설선을 동원하여 배 밑을 파들어갔다. 그러나 결과는 예측한 대로 나타나지 않았다. 모래를 파내자 그 자리로 배는 더 깊이 가라앉았고, APL 파나마는 더욱 더 모래 깊이 처박힌 꼴이 돼버리고 말았다. 그런 식으로 한 달이 지나갔다. 설상가상으로 조류는 바다에서 해안 쪽으로 흘러서, 가뜩이나 모래 속에 처박혀 있는 배를 더욱 더 해안 쪽으로 밀어붙였다. 이제 APL 파나마는 해수욕객들이 산책하는 바닷가로 바싹 올라와 있었다.

　언제 도착할지 모르는 Mi26을 속절없이 기다릴 수 없었던 APL은 대만의 해운 회사 에버그린의 S64 스카이 크레인 헬리콥터를 빌려서 컨테이너를 하나씩 옮겼으나 이 또한 시간이 무한정 걸리는 일이었다. 한편으로는 시애틀로부터 일곱 척의 예인선이 동원되어 도합 4만 마력의 힘으로 배의 선수를 끌어냈지만 몇 미터만 움직일 뿐이었다. 그 와중에 기름 유출을 우려한 엔세나다 항만 측의 요구로 APL 파나마에 싣고 있는 모든 종류의 기름을 빼내는 번거로운 작업이 시작되었다. 한편, 이후의 조사로 밝혀진 바에 따르면, 도선사가 늦게 도착한 것이 아니라 배가 한 시간 일찍 엔세나다에 도착했는데 선장은 도선사가 없는 것에 화가 나서 스스로 배를 몰다가 사고를 낸 것이었다. 배를 안전하게 운항하는 데 선장 같은 책임자의 역할이 얼마나 중요한지 알려주는 대목이다. 결국 조사로 밝혀진 것은 이 사고가 인재(human error)라는 것이었다.

일곱 척이나 되는 예인선으로 끌어낼 수 없자 강력한 힘의 유압식 풀러 바지선(hydraulic puller barge)이 동원되었다. 그러나 이 또한 실패했다. 사고 41일째인 2월 3일, 이제 APL 파나마는 완전히 땅 위에 내동댕이쳐진 형국으로 있었다. 결국 사고 두 달 후인 2월 25일, 배는 온갖 노력들의 축적 덕분에 극적으로 다시 바다에 뜰 수 있게 되었다. 하지만 두 달이나 화물 운송이 지연된 것에 대한 화주들의 클레임, 손상된 선저 수리 등, APL은 막대한 손해를 입어야 했다. 이 모든 일이 배를 운항하는 데 필요한 온갖 지식과 판단력, 주변 상황 등이 얽혀서 나타난 최악의 좌초 사고로 이어진 것이다.

배를 안전하게 모는 것이 저절로 되는 것이 아니라는 또 다른 사례를 보자. COSCO 부산은 중국의 COSCO 해운으로부터 한진해운이 임대한 5500티이유 급 컨테이너선이다. 이 배는 캘리포니아의 오클랜드 항을 떠나 부산으로 향하다 2007년 11월 샌프란시스코의 베이 브리지에 충돌했다. 이 충돌로 좌현 쪽 선체가 50미터 찢어졌고, 두 개의 연료 탱크가 파열되어 4만 톤의 벙커씨유를 바다에 쏟아냈다. 샌프란시스코 해변은 검은 벙커씨유로 뒤덮였고 수천 마리의 바닷새들이 죽었다. 한진해운은 이 사고에 대한 배상금 115만 달러를 물어야 했으며, 배를 수리하는 데 막대한 비용을 써야 했다. 이 사고의 원인은 어처구니없는 것이, 샌프란시스코의 도선사 존 코타가 약물에 취해 있었다고 한다. 이후의 조사에서

샌프란시스코의 베이 브리지를 들이받은 COSCO 부산(사진의 배는 한진해운에 임대된 상태)의 옆구리가 50미터나 찢어졌다. 많은 벙커씨유가 유출돼 샌프란시스코 앞바다가 크게 오염되는 피해를 입혔다.
© 미해안경비대

운알라스카 앞바다에 좌초됐다가 둘로 쪼개진 셀렌당 에이유에서 많은 양의 기름이 유출되고 있다.
© 미해안경비대

이 약물은 마약류나 술이 아니라 감기약으로 드러나긴 했지만, 이 또한 도선사가 적절한 판단을 내릴 수 없는 상황에서 생긴 사고라 인재라 할 수 있다. 존 코타는 캘리포니아 법원으로부터 10개월 형을 선고받았고 캘리포니아 주지사 아널드 슈워제네거는 비상사태를 선포했다. 결국 이 사고의 트라우마를 잊기 위해 COSCO 부산은 한진 베네치아로 이름을 바꿨다. 후버 선장이 항상 하던 말, "big ship, big trouble"이란 말이 생각나는 대목이었다. CMA CGM 페가서스는 APL 파나마나 COSCO 부산에 비하면 두 배 이상 큰 배다. 만약 CMA CGM 페가서스가 이런 사고를 일으켰다면 훨씬 큰 피해를 일으켰을 것이다. 그러나 오늘도 페가서스는 아무 일도 없다는 듯이 육중한 엔진 소리만 내면서 바다를 순항하고 있다.

배를 운항한다는 것이 수많은 어려움들을 아슬아슬하게 피해나가는 일이라는 것을 보여주는 또 다른 사례가 말레이시아의 곡물 운반선 셀렌당 에이유 호의 경우이다. 2004년 8월 알래스카 주의 운알라스카 앞바다를 운항하던 셀렌당 에이유는 엔진 고장으로 멈춰버렸다. 선원들이 엔진을 다시 가동시키려고 필사의 노력을 하는 동안 바다는 거칠어졌고, 배는 육지 쪽으로 흘러가 얕은 바위 위에 걸쳐 좌초되고 말았다. 그 상태에서 파도에 이리저리 밀리던 셀렌당 에이유는 두 동강이 나고 말았고 35만 갤런의 벙커씨유가 유출됐다. 싣고 있던 4만 톤의 콩도 바다에 유출되고 말았다. 선원들을 구출하기 위해 미국 해안경비대의 HH60J 제이호크 헬리콥터가 출동했으나 선수 부근을 강타한 변종 파도(rogue wave)*로 인해 헬리콥터의 엔진에 물이 들어갔고, 헬리콥터는 추락하여 승무원과 선원들이 순직하게 된다. 셀렌당 에이유의 경우는 배가 정상적으로 운항한다는 것이 얼마나 어려운 일인지 알려준다. 아무튼 나는 페가서스가 별 탈 없이 망망한 인도양을 헤쳐나가는 것에 감사하고 있다.

* 직역하면 '깡패 파도'가 되는데, 일반적인 파도와 강도와 방향이 달라서 배에 큰 피해를 입히는 파도를 말한다.

바다의 노동

페가서스의 덱하우스 1층은 상갑판(upper deck)이라 불리는데, 그곳에는 'Ship's Changing Room'이라는 방이 있다. 그냥 Changing Room이라고 해도 되는데 왜 굳이 Ship's를 붙였는지 알 수 없다. 그 방에는 선원들이 입는 모든 옷과 신발류들이 있다. 그들은 갑판이나 엔진실에 작업하러 나갈 때 여기서 옷을 갈아입고 나간다. 그들이 입는 아래위가 한데 붙은 작업복은 두껍고 질겨서 배에서의 험한 노동을 견딜 수 있게 생겼다. 신발도 그렇다. 배에는 무거운 것들이 많기 때문에 발을 다치지 않기 위해서는 항상 안전화를 신어야 한다. 나 같으면 그 옷을 입고 동남아의 날씨에 견딜 수 없지만 이들은 다 필리핀 사람들이기 때문에 잘 견디는 것 같다. 마구 걸려 있는 옷과 신발은 선원들의 전투 용구 같은 느낌을 준다. 옷에는 쇠의 녹, 페인트 자국, 기름때 등 전투의 흔적이 역력히 배어 있다. 걸려 있는 옷들을 보면 격전지에서 돌아온 것같이 보인다. 탈의실은 전투 준비실이다. 그들은 여기서 두껍고 거친 옷으로 갈아입고 때로는 쇳덩어리와, 때로는 파도와, 때로는 기름과, 혹은 동료 선원과 전투를 벌이러 나간다. 상당한 위험성이 있는 실전이다.

    배에서는 항상 전투 중이다. 해군으로 치면 항상 '전투 배치'의 상태다. 갑판장 광코 나발레는 항상 무언가 일을 하고 있다. 배가 정박할 때 앵커를 내리는 중요하고 위험한 일에서부터, 바닷물에 부식돼 페인트가 벗겨지고 녹이 슬어가는 갑판 바닥을 물청소하는 것까지, 그는 언제나 길이 363미터의 갑판을 오가며 뭔가를 하고 있다. 몸집이 크고 험상궂게 생긴 그는 만날 때마다 반갑게 인사해준다.

    페가서스에서는 모두가 멀티 플레이어다. 선장은 배의 모든 것을 관장해야 하므로 당연히 멀티 플레이어일 수밖에 없다. 더군다나 옛날에는 통신사가 하던 일을 선장이 하니 여러 가지

갑판장 광코. 힘든 일을 하다가도
만나면 항상 반갑게 웃어주었다.

일을 할 수밖에 없다. 브리지에 있다가 자기 방으로 내려갈 때 선장이 항상 하는 말은 "이메일이 들어온 게 있나 체크하러 간다"는 것이다. 선장이 하는 일 중 상당 부분은 본사로부터 운항 일정과 조건에 대한 이메일을 받아서 조치를 취하고 답장을 보내는 것이다. 때로는 본사로부터 사보같이 새로운 소식이 오기도 한다. 한번은 본사의 어떤 직원이 미래에 원자력 상선이 실현될 거라는 제안을 한 것에 대해 선장과 논의한 적이 있다. 선장은 꽨스레 희망과 기대가 가득 찬 표정으로 멀지 않은 미래에 원자력 상선이 등장할지도 모른다고 말했다. 그래서 나는 원자력 상선은 1959년에 지어진 서배너(Savannah)•밖에 없으며, 그 후로 군용 외에 한 번도 민간 원자력선이 지어진 적이 없는 것은 경제성이 맞지 않아서이기 때문이라고 대답했다. 선장의 직분이 손님 접대는 아니지만 페가서스의 후버 선장은 언제든 손님과 어떤 대화든 할 준비가 돼 있는 멋진 분이었다.

    1등 항해사는 선장 다음으로 중요한 일을 하는 사람이다. 그는 가장 중요한 시간에 브리지 당직을 서며, 페가서스를 채우고 있는 수많은 밸러스트 탱크들에 물을 적절히 분배하여 배가 균형을 맞추는 역할을 맡고 있다. 그가 맡은 가장 중요한 일은 6000개에 달하는 컨테이너들을 어떻게 안전하고 효율적으로 적재하고 내리는가 하는 것이다. 컨테이너들은 부두에서 일정한 순서에 따라 싣고 순서에 맞춰 내려야 한다. 그렇지 않으면 엉뚱한 트럭에 실려가게 되므로 큰 혼란이 생긴다. 야적장에서부터 배의 화물창까지, 각각의 컨테이너에는 주소가 할당되어 있어서, 정확하게 실어야 한다. 그렇다고 화주나 야적장의 이해관계를 위해서만 컨테이너를 싣고 내려서는 안 된다. 한 개의 무게가 30톤에 이르는 컨테이너를 한쪽으로만 너무 쌓으면 중심이 쏠려서 배가 기울어질 수 있으므로 그는 컨테이너를 적절히 배분하여 실을 수 있도록 해야 한다. 그리고 컨테이너를 내려놓아 배가 가벼워지면 너무 떠오를 수 있으므로 밸러스트 탱크에 물을 채워 균형을 맞춰야 한다. 어떻게

이 배는 지금 사우스캐롤라이나 주의 마운트 플레즌트에 있는 패트리어츠 포인트 해군해양박물관에 전시돼 있다고 위키피디아가 가르쳐준다.

보면 선장이 맡은 일보다 더 복잡해 보이는 일이다. 그래서 그는 항상 사무실 컴퓨터 앞에 앉아 컨테이너의 하역과 배치를 짜주는 프로그램과 씨름하고 있다.

페가서스의 1등 항해사는 어찌 보면 가장 전형적인 선원이다. 선장과 같이 크로아티아 사람인 그는 큰 체구에 험상궂은 얼굴, 무뚝뚝한 표정 때문에 가까이 다가가기 힘든 인물이다. 브리지에서 당직을 서는 동안에도 항상 담배를 태우는 그에게 나는 거의 말을 붙여보지 못했다. 내가 고향이 어디냐고 묻자 짧게 "두브로브니크"라고만 답했을 뿐이다. 절대로 타인의 접근을 허용하지 않는 분위기다. 어디서 만나든 반갑고 선한 미소로 맞아주는 필리핀 선원들과는 달리, 그는 나를 만나도 전혀 반가운 얼굴을 짓지 않았다. 한번은 그가 아침에 주방에 들어서자마자 "굿 모닝" 하고 인사하는 조리사에게 자기가 두 시간 동안 컴퓨터 작업한 것을 조리사가 날려버렸다고 온갖 쌍욕을 퍼붓는 것을 보았다. 그를 보면 갱영화에 나오는 전형적인 동유럽 악당의 얼굴이 생각난다. 아마 말은 안 해도 그는 자기의 작업 공간인 배에 엉뚱한 사람이 타서 이것저것 물어보고 사진 찍고 하는 것이 몹시 거슬렸던 것 같다. 하지만 기계비평가란 그런 사람이다. 기계의 현장에 들어가서 기계가 작동하는 것을 보고 서술하고 이해하려고 노력하는 사람이다. 그러므로 현장의 누군가와는 부딪힐 수밖에 없다. 페가서스에서는 선장 다음으로 고급 정보를 많이 알고 있는 1등 항해사와 친하지 않았다는 것이 나에게는 아쉬울 뿐이다. 그와 친했더라면 선체를 가득 채우고 있는 수많은 밸러스트 탱크에 물은 어떻게 넣고 빼는지, 컨테이너의 적재는 어떻게 프로그램돼 있는지 상세하게 설명을 들을 수 있었을 텐데. 하지만 그게 선원인 것 같다. 거친 바다에서 거친 바다와 싸우는 사람에게 친절을 기대할 수는 없다. 아마도 나는 전형적인 선원을 만난 것 같다. 그 만남이 그리 유쾌하지 않았다는 것이 아쉬울 뿐이다.

반면 2등 항해사인 카를로스 데 로스 앙헬레스는 나에게 무척이나 친절했는데, 어쩌다 내가 하루 동안 브리지에 나타나지 않다가 다음 날 나타나자 "롱 타임 노 시" 하고 인사한 적도 있다. 그는 나에게 필리핀의 한심한 정치 상황에 대해 이것저것 말해줬다. 나는 쫓겨난 독재자 페르디난드 마르코스의 부인이자, 수많은 사치품 신발 수집으로 유명했던 이멜다 마르코스가 필리핀의 어느 시골에서 국회의원으로 있다는 말을 듣고 거의 기절할 뻔했다. 그러면서 그는 한국은 아무 걱정이 없는 잘사는 나라라고 했다. 우리도 걱정이 많은데…. 후퇴하는 민주주의, 4대 강 사업, 나날이 치솟는 물가, 해결이 보이지 않는 교육 문제…. 하지만 그런 얘기는 하지 않았다. 그냥 그가 한국에 대해 가지고 있는 환상을 깨고 싶지 않았다.

카를로스는 브리지 당직을 서는 틈틈이 종이와 칼과 풀을 가지고 항해 매뉴얼에서 업데이트되는 내용을 수시로 오려붙이고 있다. 큰 배를 지휘해야 하는 항해사가 종이와 풀이라니 웃을 노릇이지만 항해에 대한 사항들은 항상 업데이트되기 때문에 잠시도 손에서 놓을 수 없는 것이다. 샤먼에서 배가 부두를 떠날 때 나는 궁금증을 이기지 못해 비디오카메라를 들고 윈들라스 스테이션에 갔다. 배에서 가장 위험한 작업, 로프를 풀고 감는 작업을 보기 위해서다. 거기 나타난 나를 보자 평소에 그렇게 친하던 카를로스의 얼굴이 굳어진다. 그곳은 배에서 제일 위험한 곳이기 때문이다. 그는 절단된 로프에 맞아서 중상을 입은 선원들의 얘기를 마치 유명 배우의 출연 목록을 말하듯이 줄줄이 말해준다. 그것은 나에 대한 주의이기도 했지만 사실은 그 자신이 노출돼 있는 위험에 대한 얘기이기도 했다.

엄청나게 큰 페가서스에 선원이 20명밖에 안 되는 이유는 모든 설비가 자동화되고 컴퓨터화돼 있기 때문이기도 하지만 선장을 포함한 모든 선원들이 멀티 플레이어기 때문이다. 그래서 모두들 쉴 틈이 없다. 컨테이너를 싣고 내리는 시스템은 자동이지만 배에 실어놓은 컨테이너를 관리하는 것은 절대로 자동화될 수 없다. 누군가 6000개에 달하는 모든 컨테이너들의 상태에 대해 일일이 돌봐줘야 한다. 배가 부두에 접안하면 래싱 갱이라고 불리는 하급 부두 노동자들이 배에 올라탄다. 그들은 막노동꾼이므로 혹시나 밀항자가 있을까 하여 선사가 발행한 신분증을 차고 있어야 하며 모든 인원이 올라타고 내리는 것을 다 점검한다. 포트켈랑에서 본 래싱 갱은 인도 사람들로 보였는데, 시커먼 피부에 찌들은 얼굴이 한눈에 하급 노동자들임을 알 수 있었다. 컨테이너가 적재되면 래싱 갱은 컨테이너와 컨테이너를 래싱 바라고 불리는 쇠막대로 고정시켜야 한다. 컨테이너와 컨테이너는 주먹만 한 크기의 트위스트 조인트로 맞물려 있지만 바다가 험해서 배가 요동칠 때 그 힘을 견딜 수 없으므로 래싱 바로 고정시켜 주는 것이다. 배가 부두를 떠나서 운항을 시작하면 래싱 바를 들고 다니며 컨테이너를 다시 고정시키고 확인하는 것은 선원들의 몫이다. 내가 가느다래 보이는 래싱 바를 들어봤더니 무게가 30킬로그램은 나가는 것 같다. 선원들은 그걸 들고 3, 4층으로 쌓여 있는 컨테이너를 고정시킨다. 이 작업은 아마도 앞으로도 자동화될 수 없을 것이다.

새로운 기계 모델이 나올 때마다 항상 따라 나오는 말이 있다. 정비가 용이하고 비용이 절감된다는 것이다. 페가서스에서 나는 그게 무슨 뜻인지 알았다. 비용이 절감되는 이유는 인원을 줄였기 때문이다. 덕분에 선원들은 멀티 플레이어가 되어 밤낮을 일해야 하고 항구에 접안해도 상륙해서 쉴 틈도 없이 20시간 안에 컨테이너 적재를 마치고 다음 항구를 향해 후딱 출발해야 한다. 새로운 테크놀로지는 낡은 테크놀로지에 비하면 정비가 용이해졌을지 몰라도 페가서스의 상당 부분은 사람 손과 근육으로 일일이 정비해줘야 하는 부분이 많다. 스위치를 누르면 자동으로 척 하고 되지 않는 부분이 많다는 말이다. 선원들을 따라 배의 온갖 구석을 다 다녀본 결과 배를 정비한다는 것은 매우 힘들고 위험한 일임을 깨달았다. 기관실에 가보니 기관부 선원인 엘머가 뭔가를 밧줄에 묶어 열심히 아래로 내리고 있었다. 주 엔진이 4층으로 돼 있는데 맨 위층에서 아래층으로 뭔가를 내리고 있었다. 연료펌프 하나를 손보는 데 수많은 부속들이 필요하고, 그것들은 너무 무겁기 때문에 한꺼번에 나를 수 없어서 전부 분해해서 부품을 하나씩 밧줄로 묶어서 아래로 내리면 아래에 있는 사람이 일일이 받아다가 밧줄을 풀고 한쪽에 놔두면 위에 있는 엘머가 또 다음 부품을 묶어서 내려보내는 식이었다. 모든 것이 자동화, 컴퓨터화돼 있는 페가서스에서 두 선원들은 철저히 손과 근육에 의존해서 노동하고 있었다. 물론 기관실의 천장에는 몇 톤의 무게를 감당할 수 있는 크레인이 있다. 하지만 지금 두 선원들이 나르고 있는 물건들은 몇 톤짜리가 아니며, 더군다나 크레인은 수평으로만 물건을 나르지 기관실 위층에서 아래층으로 나르는 기능은 없다. 배에는 엘리베이터가 있지만 그것은 상갑판과 맨 위층의 브리지를 연결할 뿐 기관실에는 닿지 않는다. 그래서 기관실에서 이루어지는 노동의 대부분은 근육 노동이다. 지중해에 드리프팅하는 동안 급유 담당은 열심히 주 엔진 바깥에 기름때와 먼지가 엉겨 붙은 것을 걸레로 닦아내고 있었다. 주 엔진을 운행하는 시스템은 자동화되고 컴퓨터화돼 있지만 바깥을 청소하는 일은 앞으로도 자동화돼지 않을 것이다.

어느 날인가 바우 스러스터에 기름을 치기 위해 갈 일이 있다는 기관장의 말을 듣고 배의 맨 앞 아래쪽에 있는 바우 스러스터가 어떻게 생겼는지 궁금한 나는 따라가 보았다. 바우 스러스터는 수직의 사다리를 타고 배의 아래 쪽으로 깊숙이 내려가야 하므로 나는 헬멧을 쓰고 따라나섰다. 바우 스러스터로 가는 길은 멀고도 멀었다. 길이가 363미터나 되는, 미국 콜로라도의 산속 지하 깊은 곳에 있다는 북미방공사령부의 터널을 연상시키는 배의 통로를 따라 걸어가자 배의 앞부분에 이르게 됐다. 모든 것이 균일하고 곧게 돼 있는 중간 부분과는 달리, 앞부분은 점차로 홀쭉하게 좁아지는 형태로 돼 있기 때문에 구조가 점점 복잡해지며 미로같이 변한다. 여기가 배 안이라기보다는 지구상에서 가장 비밀스럽고 불가사의한 곳이라는 생각이 들 정도로 그 구조는 복잡하고 꼬불꼬불하다. 한참을 가자 이윽고 아래로 내려갈 차례다. 수직 사다리를 타고 내려가야 하는데, 이는 손님의 편의를 위한 것이 아니라 노동자인 선원을 위한 것이기 때문에 대단히 위험하고 불편하고 무섭다. 수직 사다리는 뚜껑으로 덮여 있는데, 무거운 뚜껑을 열어 지지대로 괴어놓은 모습은 너무나 위태롭고 무서워 보인다. 20미터쯤 아래로 내려가자 이윽고 4000마력의 모터가 들어앉아 있는 바우 스러스터가 나타난다. 선원의 임무는 이 모터의 축에 기름을 칠하는 것이다. 그런데 기름을 칠해야 하는 부위가 접근이 쉽지 않다. 선원은 발만 간신히 걸칠 수 있는 턱에 올라타서 허리를 잔뜩 구부리고 마치 19세기 미국의 석탄 광산에서 어린이들이 석탄을 캐는 자세로 몸을 틈새에 비집어 넣고는 가져간 기름통으로 힘겹게 기름을 쳤다. 왜 선원들이 조금이라도 편한 자세로 서서 기름을 칠 수 있게 널찍하고 안전한 발판을 만들어주지 않았을까? 이 배를 설계한 사람은 바우 스러스터에 가서 힘겹게 기름을 쳐야 하는 선원의 처지는 생각해보지 않았을 것이다. 이것은 절대로 '정비가 용이'한 시스템이 아니다.

만일 바우 스러스터에 기름 치는 것을 자동화하려면 어떻게 해야 할까? 일단 바우 스러스터에 윤활유가 얼마나 남아 있는지 알아보는 센서가 있어야 할 것이다. 그 센서가 기름 양이 모자란다는 경고를 보내면 기름을 치면 된다. 브리지에 앉아서 모니터를 보면서 엔진 온도를 체크하듯이 말이다. 그다음은 실제로 바우 스러스터까지 기름을 쳐야 하니까 부근에 기름 탱크를 마련해둬야 한다. 그러고는 센서에 불이 들어올 때마다 브리지나 기관실에서 스위치를 누르면 적정량의 기름이 들어가게 하면 된다. 그리고 그 기름 탱크에는 남은 기름의 양을 재는 센서가 있어서 얼마가 남아 있는지 모니터링할 수 있어야 한다. 결국 기름 센서+센서 회로+여분의 기름 탱크+잔여 기름양 센서+바우 스러스터에 기름을 공급해줄 펌프+기름을 바우 스러스터까지 보내줄 파이프 배관=많은 액수. 계산은 이런 것이다. 이 돈보다 하급 선원을 시켜서 하는 것이 훨씬 빠르고 간단하다. 게다가 시스템을 정비해줘야 하는 요소도 줄어든다. 컨테이너의 래싱도 마찬가지다. 이런 이유로 배에서의 노동은 손으로 하는 것이 많다. 자동화의 신화가 깨지는 순간이다.

한 선원이 힘겨운 자세로 바우 스러스터에
윤활유를 치고 있다.

주방 보조를 포함한 모든 선원들이 정기적인 화재 훈련을 위해 예정된 소집 장소(muster station)에 한데 모였다.

지브롤터해협

지브롤터해협. 어렸을 적부터 무척이나 궁금하던 곳이었다. 세계지도를 보면 아프리카의 북쪽 끝(최북단은 아니다)과 유럽의 남쪽 끝(최남단은 아니다)이 아슬아슬하게 닿아 있는 것이 무척이나 신기했었다. 나의 중학교 시절 지리부도의 스케일로 보면 거대한 두 대륙이 거의 붙어 있는 듯 보였다. 두 대륙이 잘록 들어간 곳에 아주 좁은 해협이 있다는 것을 안 것은 한참 후의 일이었다. 이렇게 특이한 지형이라면 도대체 땅과 바다는 어떻게 생겼을까, 아프리카와 유럽은 어떤 모양으로 만나고 있을까 무척이나 궁금했었다.

그래서 지브롤터해협 통과는 이번 여행의 꽃이다. 지브롤터해협을 초대형 컨테이너선을 타고 통과한다는 것은 바닷사람을 빼고는 일생에 한 번 있을까 말까 한 무척이나 진기한 경험이다. 그런 나의 기대를 저버리지 않겠다는 듯, 지브롤터해협의 양쪽에는 충분히 기괴한 경관이 펼쳐지고 있었다. 유럽의 남쪽 끝은 스페인이지만 영국령인 '지브롤터'라는 작은 도시가 있고, 그 옆에는 흰 암질로 된 바위산이 지중해를 바라보며 우뚝 서 있다. 모로코 쪽은 세우타인데, 그쪽도 험상궂은 바위산이 버티고 있다. 두 대륙이 만나는 폭 13킬로미터의 좁은 바다를 사이에 두고 양쪽은 서로 자기 쪽이 세상의 끝이라는 듯 기묘한 풍경으로 버티고 있다. 한국 사람들은 최남단, 땅끝, 최북단, 이런 것들에 대해 많은 가치를 두고 있다. 사실 최남단이나 최북단 너머도 사람이 살고 있는 또 다른 땅이고 바다이므로 어떤 끝이라고 해서 이 세상의 끝은 아니지만 한국 사람들은 땅의 끝이라는 것을 유독 강조하는 지리 감각을 가지고 있다. 그래서인지 유럽의 끝과 아프리카의 끝이 만난다는 것이 나에게 무척이나 신기하게 다가왔다. 사실 그것은 끝이 아니라 사람들이 수시로 왕래하는 두 지점일 뿐이다. 모로코 사람들은 헤엄을 쳐서 스페인으로 가기도 한다고 한다.

유럽과 아시아를 오가는 수많은 배들이 메우고 있고, 스페인의 알헤시라스와 모로코의 탕헤르를 왕래하는 페리는 그들 사이를 가로질러 다니고 있다. 많은 교통량과 급한 조류 때문에

앞쪽. 지브롤터는 아프리카와 유럽이 만나는 끝답게 물 색깔이 완전히 달랐다. 두 물이 서로 섞이지 않고 흐르는 모습이 무척이나 신기했다.

지브롤터해협은 항해하기 어려운 곳이라고 한다. 내 눈으로 보기에도 그런 것이, 많은 배들이 각기 다른 방향으로 항해하고 있고, 아프리카와 유럽의 물 흐름은 어찌나 다른지 두 물이 섞이지 않고 뚜렷이 색이 다른 채로 평행을 달리고 있다. 지브롤터해협은 지중해의 끝에 바로 있는 것이 아니라 알보란 해라는 길이 300킬로미터에 폭은 180킬로미터쯤 되는 바다의 끝에 있다. 알보란 해의 표면 바닷물은 대서양에서 지중해 쪽으로 흐르고, 염도가 더 높은 깊은 물은 지중해에서 대서양 쪽으로 흐른다. 그만큼 지브롤터해협에는 위험이 상존하고 있었다. 지브롤터해협이 보일 무렵 하늘은 푸르고 대기는 투명해서 시정이 좋았다. 왼쪽에는 모로코가, 오른쪽에는 스페인이 있고 지브롤터해협이 그 중간을 가로지르는 기막힌 광경을 향해 가고 있을 때 우현 쪽에서 한진해운의 컨테이너선 한진 헬싱키가 아주 느린 속도로 다가오고 있었다. 해상 교통의 규칙으로는 우현 쪽에 있는 배가 우선권을 가지고 있으므로 그 배가 속도를 줄이지 않고 진행하면 페가서스가 비켜줘야 한다. 그러나 페가서스는 그 배에 비해 훨씬 크다. 저 배의 용량은 5500티이유니까 페가서스의 딱 절반만 한 크기다. 총 톤수로도 페가서스의 반이다. 6000개의 컨테이너를 만재한 페가서스는 비켜주고 싶어도 비켜줄 수가 없다. 지금 속도에서 프로펠러의 회전을 급히 역전시켜 급정거를 한다고 해도 최소 1마일은 미끄러져갈 것이다. 결국 페가서스는 그 배와 거의 부딪힐 듯이 몇 백 미터 간격으로 스쳐 지나갔다. 뱃머리에 '한진 헬싱키'라고 한글로 쓴 것이 선명하게 보인다. 나중에 선장에게 물어보니 그때 아찔했었다며 훨씬 작은 한진 헬싱키가 먼저 속도를 줄여 페가서스의 뒤로 돌아갔어야 한다고 투덜댄다. 육지의 네거리에서 접촉 사고가 나면 운전자끼리 언쟁을 하는데 바다에서도 마찬가지 상황이 벌어질 수 있을 것 같다. 아마 한진 헬싱키의 선장에게 얘기를 들어보면 당연히 우선권이 없는 페가서스가 속도를 줄여야 한다고 말할 것이다.

  그런 논쟁을 뒤로 하고 페가서스는 말레이시아의 포트켈랑을

한진 헬싱키가 페가서스 앞으로 아주 가깝게 지나가고 있다. 양쪽 배의 속도는 다 느렸지만 아슬아슬한 순간이었다.

전자 해도에 나타난 지브롤터해협. 대서양의 날씨가 나빠서 3일이나 드리프트(할 일 없이 둥둥 떠 있는 것)해야 했다. 그 궤적이 사진의 오른쪽 끝에 나타나 있다.

떠난 지 보름 만에 모로코의 탕헤르 메드에 기항한다. 선장은 남미에서 콩을 싣고 아프리카의 남단을 돌아 아시아로 갈 때 47일을 육지에 전혀 닿지 않고 항해한 적이 있었다고 하는데, 나로서는 15일의 바다는 참 힘들다. 어떤 책무도 마감도 스트레스도 없이 15일을 오로지 구경만 한다는 것이 왜 힘든지는 심리학적으로 따져봐야 할 문제다. 모로코에서 유럽으로 가는 관문인 탕헤르에는 수심이 얕아서 큰 항구가 없기 때문에 지중해 쪽으로 조금 더 들어간 곳에 새로 만든 항구가 탕헤르 메드다. 사실 탕헤르 메드는 갠트리 크레인이 열네 대밖에 없는 아주 작은 항구다. 탕헤르 메드는 북서쪽을 보고 있으므로 지중해에서 지브롤터해협을 향해 서쪽으로 나아가던 페가서스는 급좌회전을 해야 한다. 총 톤수가 20만 톤이 넘는 길이 363미터의 페가서스가 급좌회전하는 모습은 마치 커다란 사건같이 극적인 광경이다. 덩치만 보면 회전 반경이 아주 클 거 같지만 "하드 포트(급좌회전)"를 명하는 선장의 한마디에 페가서스는 급격하게 몸을 왼쪽으로 틀며 목표를 향해 나아간다. 페가서스의 몸은 왼쪽으로 기울어져 있으며 뒤로는 물 위에 아주 큰 호(弧)를 남기며 장엄하게 좌회전한다. 연돌에서 나온 매연의 궤적도 페가서스가 급좌회전을 했음을 알려주고 있다. 페가서스가 항구에 드나들 때 예인선에 이끌려 유턴하는 것은 봤지만 스스로 항해하다가 이렇게 급격하게 좌회전하는 것은 이번 항해에서 처음 봤다. 아마도 방향타를 조절하는 러더 스티어링 기어에 달린 네 대의 모터는 최고의 출력으로 방향타를 왼쪽으로 밀어붙였을 것이다. 엄청난 무게의 배가 선회하려면 방향타가 아주 큰 수압을 받아내야 하므로 그것을 버티기 위해 모터들도 열심히 일을 해야 하는 것이다.

    좌회전을 끝내고 방향타를 중간에 놓고 눈앞의 탕헤르 메드를 향해 직진할 때 보니 폭 1킬로미터의 항만 입구가 페가서스에게는 한참 좁아 보인다. 콘크리트 방파제 사이에 난 입구를 향해 다가갈 때 페가서스는 거의 오른쪽 방파제에 닿을 듯 위태롭게 다가간다. 나는 윙 브리지(브리지 양쪽으로 뻗어져 나와서 배가 접안할 때

살펴볼 수 있는 구조물) 위에서 몸을 최대한 오른쪽으로 바싹 붙이고 페가서스가 어떻게 여기를 빠져나갈지 지켜보고 있었다. 이제 페가서스의 우현은 방파제보다 더 오른쪽으로 치우쳐 있다. 이대로 직진하면 방파제를 들이받을 것이다. 지금 속도는 사람이 걷는 것보다 느리지만 엄청난 무게의 페가서스가 방파제에 부딪히면 대형 사고가 날 것은 당연하다. 방파제에서 몇 백 미터 안 떨어진 지점에서 페가서스는 정신을 차렸다는 듯이 방향을 왼쪽으로 틀어 간신히 입항할 수 있었다. 이럴 때는 선장에게 말을 걸지 않는다. 나중에 물어보니 그때 좌현(포트) 쪽으로 갔어야 하는데 모로코 도선사가 두 번이나 스타보드(우현)를 명령했다는 것이다. 그래서 페가서스는 대책 없이 오른쪽으로 갔던 것이다. 무언가 잘못됐다고 판단한 선장이 바로 잡지 않았더라면 탕헤르 메드의 크지도 않은 방파제 시설은 페가서스에 들이받혀 큰 피해를 입었을 것이다. 많이 자동화된 큰 배를 모는 선장의 어려움이 무엇이냐고 물었을 때 '배가 크면 말썽도 크다'고 말했던 것이 생생하게 생각나는 순간이었다.

 선석의 길이가 1700미터밖에 안 되는 항구 탕헤르 메드에는 사진 찍을 것이 별로 없었다. 그래도 여행의 기록이라도 남기기 위해 카메라를 들이대니 고약하게 생긴 모로코 사람이 땅 위에 서서 드높은 뱃전에 선 나를 향해 사진 찍지 말라고 소리를 지른다. 이번 항해에서 많은 항구를 들렀지만 사진 찍지 못하게 하는 것은 이번이 처음이다. 전에 모로코 여행을 했을 때 만난 사람들이 다 고약했었는데 여기도 그렇다. 모로코, 결코 좋은 인상으로 다가오지 않는 나라다.

 이윽고 선적이 끝나고 이제 눈앞에 있는 좁다란 바다만 빠져나오면 대서양이고 나는 집으로 갈 수 있지만 대서양의 날씨가 나빠져서 페가서스는 도로 지중해 안쪽으로 들어가서 나흘이나 기다려야만 했다. 바다 위에서 둥둥 떠다니며 날씨가 좋아질 때까지 시간만 보내는 것이다. 페가서스는 탕헤르 메드 항을 떠나 멀리 안 가고 근처의 해안가에 떠 있었다. 그러자 탕헤르 메드 항만 당국으로부터 비키라는 연락이 왔다. 대형 선박이 자기네 영해에 있으면 오염 물질을 배출할 수 있고 보안상 사고도 있을 수 있기 때문에 비키라는 것이다. 그래서 배를 북쪽으로 옮겨 스페인 쪽의 마르베야라는 휴양도시의 앞바다에 띄워놓았다. 마르베야의 호텔과 별장들 불빛이 멀리 눈에 들어왔다. 이제는 육지가 그립다. 마르베야의 사람들이 부러웠다. 그런데 스페인 항만 당국은 또 페가서스를 쫓아냈다. 그래서 페가서스는 지중해 안쪽의 공해상에 떠 있어야 했다. 항구에 묶어놔도 되지만 돈을 내야 하므로 공해상에 떠 있는 것이다. 차도 남의 집 담벼락에 세워놓으면 싫어하는데 배도 마찬가지였다.

페가서스는 그 자리를 맴돌고 있으므로 전자 해도에 나타난 궤적은 거의 변화가 없다. 그저 조류에 떠밀려 조금씩 움직이고 있을 뿐이다. 지구 전체의 시간이 멎은 느낌이다. 주 엔진도 멎었기 때문에 들리는 소리라고는 지중해의 파도가 페가서스를 때려서 배 전체가 '쿠쿵!' 울리는 소리뿐이다. 배가 쪼개지는 소리가 나서 걱정스런 표정을 짓자 기관장은 '정상'이라며 나를 안심시킨다. 바다는 페가서스를 잠시도 놔두지 않는 것이다. 밀도가 없는 시간이란 흘러가지 않는다. 컨테이너선은 실을 화물이 없을 때 운항하면 비용이 드므로 항구에서 무작정 대기해야 하는데, 그때도 발전기의 엔진은 돌려야 하고 펌프를 돌려서 물을 순환시켜줘야 하며 선원들은 배를 관리해줘야 한다. 차를 오랫동안 안 타고 세워두면 오일은 말라버리고 배터리는 방전되기 때문에 계속 운행해줘야 하듯이, 배도 계속해서 작동시켜줘야 한다. 하지만 컨테이너의 운임과 배의 운항 비용이 수시로 변하므로 전 세계의 컨테이너선 중 일정 수는 운항을 하지 못하고 항구에 묶여 있어야 한다. 해운 산업의 특징은 주식시세처럼 부침이 심해서 어떤 때는 컨테이너선이 운항하지 못하고 묶여 있는 상태의 비율이 수시로 변한다. 용선할 곳이 없으면 컨테이너선은 빈 배인 채로 무조건 대기해야 한다. 컨테이너 없이 텅 빈 화물창의 모습은 뱃사람의 입장에서 보면 서글픈 광경이 아닐 수 없다. 기관장 말에 따르면 어떤 배는 무려 9개월을 아무 데도 안 가고 한 자리에 꼼짝 없이 묶여 있은 적도 있다고 한다. 물론 모든 선원이 타서 일상적인 관리는 하면서 말이다. 그래서인지 페가서스의 누구도 단 3일의 드리프팅에 대해 불평하지 않는다. 그들은 드넓은 바다만큼이나 느리게 흘러가는 시간에 익숙한 것 같다.

　2월 17일. 예정대로라면 사우샘프턴에 닿아 감격스럽게 땅을 밟았을 시간이다. 페가서스는 아직도 지중해에 묶여 있다. 지중해에 묶인 지 3일째 되는 날이다. 시간을 보내기 위해 바다에 둥둥 떠 있는 드리프팅이 이렇게 지겨운 건 줄 정말 몰랐다. 시간이 해저에 가라앉은 무거운 닻처럼 가지 않는다. 누군가 시간을 뒤에서 잡아끌어 앞으로 가지 못하게 막고 있는 것 같다. 오전 11시 42분. 지루해서 지쳐버린 마음을 다스리며 내 방에 앉아 있는데 배가 부르르 하고 떨리는 소리와 진동이 느껴진다. 주 엔진이 돌아가고 있다는 뜻이다. 출력 3000마력의 발전용 디젤엔진은 항상 돌아가고 있지만 그 진동이나 소리는 객실에까지는 미치지 않는다. 출력 10만 마력의 주 엔진은 다르다. 배 전체를 움직이는 주인공답게 주 엔진이 돌기 시작하면 배 전체에 진동과 소리가 미친다. 브리지에 올라가 보니 코스는 311도, 출력은 전속 전진(full ahead)에 맞춰져 있다. 다시 지브롤터해협을 향해 출발이다! 지중해는 보퍼트 풍력계급으로 5정도의 흰 파도들이 사방에 보이고 풍속이 시속 40노트 정도로 좀 거칠지만 대서양은 잠잠할 것이라는 예보가 있다. 선장은 드디어 항해가 다시 시작됐다고 로드 스튜어트의 「I am Sailing」을 부른다. 그런데 주위를 둘러보니 갑판수가 브리지에 있는 의자를 바닥에 묶고 있다. 뭐하는 거냐고 물으니 이제 대서양으로 나가면 바다가 거칠어져서 롤링과 피칭이 심해질 테니 거기에 대비하는 거라고 한다. 브리지 한편에는 차와 과자가 준비되어 있어 언제든지 먹을 수 있게 되어 있는데 오늘은 커피와 설탕, 크림을 넣은 통들도 평소와 달리 한데 모아놓았다. 그러면서 내 컴퓨터와 카메라도 안전하게 묶어두라고 한다. 심상치 않은 생각이 든다. 도대체 얼마나 거칠어질 것이길래 이러는 것일까. 갑자기 무서운 생각이 들었다. 이전의 항해에서 더 심한 것을 겪어봤기에 어떨 것인지는 대강 짐작은 가지만 나는 지금 심리적으로 지쳐 있다. 사실 잔잔한 바다는 별로 사진을 찍을 것이 없기 때문에 좀 거친 바다를 기대했었다. 그런데 이번 항해에서는 거친 바다를 별로 보지 못했다. 인도양은 10일 내내 죽은 듯이 잠잠했었다. 바다가 거울 같은 날도 있었다. 그래서 많이 실망을 하고 거친 바다를 기대했는데 막상 거친 바다가 닥칠 거라고 하니 겁이 좀 났다. 하지만 이 배는 세계에서 제일 큰 배고 선원들은 산전수전 다 겪은 사람들이다. 험해도 대서양으로 가는 것이 낫다. 그게 집에 가는 길이니까.

지브롤터해협의 끝부분에 있는 모로코의
항구 탕헤르 메드로 페가서스가 접근하고
있다. 항구의 입구는 폭이 1킬로미터나
되지만 페가서스에게는 한없이 좁아보였다.
페가서스는 걷는 속도보다 더 느리게 접근했다.

기항지, 사우샘프턴

다음 날 아침 눈을 뜨니 롤링이 좀 심하다. 브리지로 올라가 보니 페가서스는 이제 대서양 한가운데로 나와 있고 코스는 1도 6분을 가리키며 북상 중이다. 해도를 보니 막 리스본 앞바다를 지났다. 대서양에 들어서 처음 본격적인 놀을 만났다. 놀은 큰 사이클로 배를 흔들어놓기 때문에 작은 파도보다 더 견디기 힘들다. 지금 이베리아 반도의 북서쪽 끝인 피니스테레 곶 앞을 지날 때 놀의 주기는 12초, 높이는 4미터 정도다. 원래 피해가려던 저기압이 소멸하면서 마지막으로 남긴 흔적인 이 놀은 바다라는 거대한 물의 덩어리가 가진 에너지라는 것이 얼마나 큰지 잘 보여주고 있다. 놀을 보면서 바다의 숭고미를 온 몸으로 느낀다. 페가서스는 워낙 큰 배라서 움직임이 둔중하지만 작은 다른 배들은 놀이공원의 바이킹처럼 물속으로 선수가 곤두박질쳤다가 다시 떠올랐다가 하는 것을 반복하고 있다. 아랍 역사가인 이븐 할둔의 이름을 가진 5800톤짜리 알제리 잡화선은 놀의 움직임에 완전히 놀아난다. 저 뒤에 따라오는 MSC의 컨테이너선도 미친 듯이 피칭하고 있다. 이 바다에서는 페가서스만 평온할 뿐, 누구나 바다의 힘에 놀아나고 있다.

2월 20일, 예정보다 3일 늦게 사우샘프턴에 입항하는 날이다. 무전기로 들려오는 사우샘프턴 항만 당국자의 목소리는 강한 영국 악센트의 여성이다. 그간 무전기에서 주로 중국식 영어와 아랍식 영어만 듣다가 영국식 영어를 듣는 것은 처음이다. 영국에 가까이 왔다는 실감이 난다. 해도를 보니 어떤 곳은 수심이 2~3미터밖에 안 되는 곳도 많다. 처음에는 그 숫자가 수심을 의미한다는 것을 믿을 수가 없었다. 사방이 갯벌이라서 그렇다. 최대 흘수가 15.4미터나 되는 페가서스에게 얕은 바다는 죽음이다. 그래서 페가서스는 양쪽으로 설치된 부표들 사이를 조심스럽게 진행한다.

곳곳에 자가용 요트를 탄 사람들, 부둣가에 나온 사람들이 페가서스의 장관을 구경하고 있다. 아마 소형 요트에서 보는 페가서스의 위용은 엄청날 것이다. 이들에게 이런 모습은 아마도 일상적인 광경일 것이다. 한국에서는 완전히 존재하지 않는 문화적 관습이다. 대형 선박이나 항구 구경하기. 한국에서는 산업적 스펙터클을 볼 기회라고는 포항제철이나 삼성중공업이 제공하는 견학 프로그램이 있는데 시간이 한 시간 정도로 아주 제한돼 있고, 사진은 절대로 못 찍게 한다. 그나마 항만을 볼 수 있는 기회는 전혀 없다. 전에 부산비엔날레 심포지엄을 위해 학술적 목적으로 부산항 견학 신청을 했을 때도 한 번 기각당한 후에 어렵게 들어갈 수 있었다. 만리장성이나 에펠탑 같은 유명한 관광지들도 결국은 엔지니어링 스펙터클이다. 엔지니어링 스펙터클을 구경한다는 것은 무엇을 의미하는가? 보는 사람들마다 느끼는 게 다르겠지만, 일반인들이 엔지니어링 스펙터클을 구경한다는 것은 그들의 일상적 시야에 엔지니어링이 들어와서 문화가 된다는 뜻이다. 그 전까지는 엔지니어링은 현장에서 일하는 사람에게만 개방돼 있는, 아직은 문화적 차원을 갖지 못한 하드웨어일 뿐이다. 엔지니어링이 문화적 차원을 가지는 게 왜 중요한가? 우리들 삶은 엔지니어링에 깊이 의존하고 있다. 그것이 없으면 거주도 출퇴근도 쇼핑도 여행도 할 수 없다. 그러나 그런 것들을 가능하게 해주는 엔지니어링 설비들은 우리들 눈에 띄지 않는 곳에 감춰져 있다. 그것들을 일반인에게 개방하지 않는 이유는 보안이나 안전 때문이겠지만, 더 크고 근본적인 것은 그런 것들을 문화적인 어떤 것으로 보지 않는다는 것이다. 배와 항구가 왜 문화냐는 식이다. 그러나 "바다가 육지라면", "남자는 배, 여자는 항구" 등등 노랫말에도 나오지만, 배와 항구는 분명히 우리들에게 문화적 의미로 다가오고 있다. 아무리 단순하고 1차원적이라고 해도 말이다.

어떤 것이 문화가 되는 것이 왜 중요한가? 문화란 '삶의 의미를 만들어내는 활동'이다. 예를 들어 데이트를 위해 예술의전당에 가서 비싼 티켓을 사서 알지도 못하는 고전음악 콘서트를 졸며 듣는 것은 문화가 아니다. 반면, 시골 할머니가 뒤꼍에 있는 장독에서 된장을 퍼내면서 그 된장의 내력과 집안에서의 의미에 대해 되새긴다면 그게 문화다. 엔지니어링 스펙터클에도 분명히 문화의 차원이 있다. 그것들이 우리들 삶을 지탱해주기 때문이다. 다만, 그것은 일반인들로부터 차단돼 있는 문화다. 유럽에서는 많은 사람들이 배, 항공기, 철도를 구경하고 기록하고 이야깃거리로 삼는 문화가 있다. 그런 사람들이 사우샘프턴이나 안트베르펜, 함부르크 같은 항구에서 거대한 배를 구경도 하고 사진도 찍고 이야깃거리로 삼는다. 한국에는 거의 없는 문화다. 인터넷 카페를 보면 철도를 사진 찍는 매니아들은 좀 있는 편이다. 가장 가깝게 접할 수 있는 교통수단이기 때문이다. 항공기도 좀 있는 편이다. 그러나 선박과 항만을 사진 찍는 매니아는 있을 수가 없다. 항만에 대한 접근이 완전히 차단돼 있기 때문이다. 그래서 사우샘프턴 사람들이 부러웠다. 그들의 문화에는 엔지니어링과 산업 문화라는 차원이 하나 더 있으므로 삼겹살 먹고 되지도 않는 콘서트홀 가서 허세 부리는 한국의 문화보다 한층 더 풍부하다.

     항해를 시작하기 전부터 인터넷 지도로 사우샘프턴을 보고 의아한 생각이 들었다. 사우샘프턴은 갠트리 크레인이 열 대밖에 없는 아주 작은 항구로서, 상하이나 홍콩, 부산항과 비교할 수 없을 정도로 작은 곳이다. 그나마 그 크레인들은 매우 낡아서, 한꺼번에 컨테이너를 두 개씩 나르는 싱가포르 항의 초대형, 초고속 크레인에 비하면 너무나 초라한 것들이다. 더구나 영국의 큰 컨테이너 항구로는 사우샘프턴에서 그리 멀지 않은 곳에 펠릭스토우가 있다. 선장에게 페가서스가 왜 사우샘프턴에 기항하느냐고 물어보니 그는 '상징적 가치' 때문이라고 한다. 배를 운항하는 첫째 목적이 돈인 상선에게 상징적 가치란 도대체 뭘까 궁금했다. 그것은 비즈니스적인 상징성인데 기계비평가인 나에게 경영의 영역은 알 수 없는 부분이다.

페가서스가 그 큰 몸집을 부두에 바싹 붙였을 때 나는 놀라운 모습을 보았다. 사우샘프턴에는 내가 이제껏 본 것 중에 제일 낡은 크레인이 버티고 서 있었다. 철판은 얇고 낡았으며 움직임은 매우 느렸다. 한 달간의 항해에서 알량한 안목이 생겨서 항구의 크기와 설비를 보면 낡은 곳인지 새로운 곳인지 어느 정도는 판단할 수 있게 됐는데, 사우샘프턴 항은 컨테이너 터미널의 골동품이었다. 그것이 얼마나 골동품인지는 나중에 상륙해서 해양 박물관을 가보고 알게 되었다. 그 크레인들은 1912년 타이타닉이 출항할 때부터 있던 것들이다! 상하이나 홍콩 항이라면 고철로 버렸을 크레인이 버티고 서 있는 모습을 본 나는 계속해서 "오 마이 갓"을 연발했다. 선장은 그런 나를 보고는 "영국에서는 모든 것이 오래 됐다"라고 말했다.

요즘의 갠트리 크레인은 이동할 때 '삑삑삑' 하는 전자 발진음의 경고음을 낸다. 그런데 사우샘프턴항의 갠트리 크레인은 '때르르릉' 하는, 그야말로 종이 울려서 나는 아날로그식 경고음을 낸다. 어릴 적 우리 집에 있던 구식 전화기에서 듣던 그 소리다. 순간 나는 아련한 과거로 초대받는다. 그것은 사우샘프턴이 나에게 주는 상징성으로의 초대다. 1912년 타이타닉 호가 비극의 처녀 항해를 시작한 곳이 사우샘프턴이며, 1915년 루시타니아 호도 사우샘프턴에서 항해를 시작하여 독일 유보트의 어뢰 공격을 받고 침몰했다. 제1, 2차 세계대전 때 수많은 영국의 젊은이들도 사우샘프턴에서 해군 함정에 몸을 싣고 출항하여 바다에 영혼을 묻었다. 내가 그런 분위기를 처음 감지한 것은 핑크 플로이드의 가사에서였다. "수많은 어머니들이 사우샘프턴 부두에서 아들을 떠나보낼 때 수건만 흔들 뿐 눈물은 흘리지 않았다…." 그 노래는 차분하고 약간 슬프게 전쟁으로 나간 젊은이들에 대해 말한다. 그래서 사우샘프턴이라는 이름은 내게 조용하지만 무겁게 다가왔다. 이 항해는 그런 곳을 순례한다는 의미도 지니고 있다.

사우샘프턴의 CMA CGM 에이전트가 선원들에게 전달할 몇 가지 우편물을 들고 페가서스에 올라왔을 때 선장은 그녀에게 온통 불평을 퍼부었다. 안쪽에 있는 선석이 더 수심이 깊은데 그곳에는 페가서스보다 훨씬 작고 흘수가 얕은 다른 CMA CGM 배를 넣고 큰 페가서스는 바깥쪽에 넣은 이유가 뭐냐고 마구 따졌다. 그러자 그녀는 갠트리 크레인 사정 때문에 그렇다고 했다. 페가서스에는 여러 줄의 컨테이너를 실을 수 있고, 그것들을 효과적으로 내리려면 여러 대의 갠트리 크레인이 동시에 달라붙어 작업해야 하는데 크레인이 10대밖에 없는 사우샘프턴에서는 모든 배에 넉넉하게 크레인을 배당할 수 없는 것이다. 이런!

 그 사우샘프턴에서 나는 그간 너무 많은 호의를 베풀어준, 평생 잊을 수 없는 다미르 후버 선장에게 깊은 감사의 인사를 드리고 육지에 발을 디뎠다. 한 달 만이었다. 그때 나는 페가서스의 앞머리를 처음 보았다. 페가서스는 상하이에서 탈 때와 마찬가지로 날렵하고도 거대한 모습을 한 채 나 같은 미물이 언제 탔었냐는 듯 위풍당당한 숭고미에 쌓여 있었다.

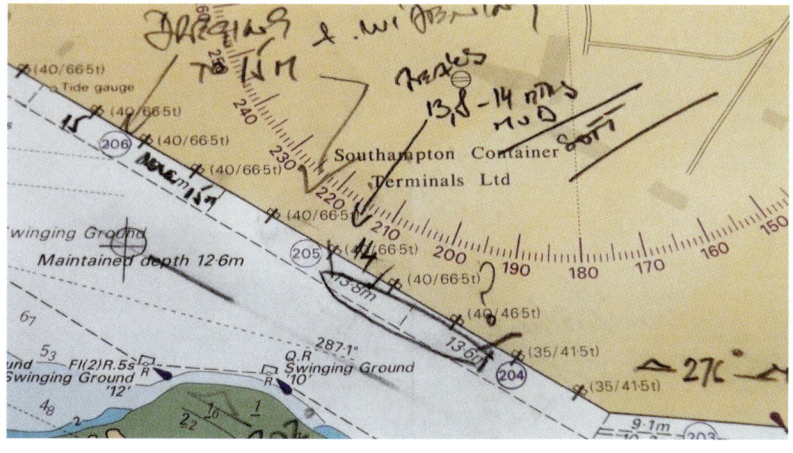

사우샘프턴은 한 맺힌 역사를 지닌 항구다. 1912년 타이타닉이 출항했던 바로 그 선석에 지금은 낡은 배 한 척과 수출용 로버만 잔뜩 서 있다.

해도에 표시된 사우샘프턴의 선석. 페가서스의 흘수는 14미터인데 수심은 13미터 정도밖에 안 된다. 그래서 페가서스는 밸러스트 워터를 다 빼서 흘수를 낮추는 등 부산을 떨어야 했다. 큰 배가 항구에 들어갈 때 가장 큰 문제는 수심 그 자체였다.

회색의 저 낡은 크레인이 타이타닉 호 시절의 것이라는 것을 나중에 알고 경악을 금할 수 없었다. "영국에서는 모든 것이 오래됐다"라는 선장의 말은 농담이 아니었다.

에필로그, 죽은 고양이

상하이에서부터 페가서스에 동승한 자가 있다. 사람이라면 밀항자로 적발되어 처벌받겠지만 이 자는 사람이 아니다. 살아 있는 것도 아니다. 그것은 죽은 채 컨테이너 위에 놓여 있는 고양이였다. 어린 고양인데 죽은 지 좀 됐는지 몸이 홀쭉하다. 항구에 들를 때마다 수많은 컨테이너를 싣고 내리고 하는데 그 고양이는 신기하게도 한 번도 페가서스를 떠나지 않고 사우샘프턴까지 따라왔다. 죽은 고양이는 결코 기분 좋은 것은 아니지만 그 작은 고양이가 왠지 동행자라는 생각이 들었다. 거대한 페가서스에 대해 아무것도 할 수 없이 오로지 수동적으로 따라다닐 수밖에 없다는 점에서 그 고양이는 나와 같은 처지였다. 그리고 내 방에서 브리지로 올라가는 외부 사다리로 나서면 항상 그 고양이가 누워 있는 컨테이너가 눈에 띄기 때문에 안 보려야 안 볼 수가 없었다. 한 달 내내 그 고양이의 존재에 대해 신경 쓴 것은 아니었고 가끔씩 눈에 띌 때마다 생각날 뿐이었다. 죽은 고양이는 왠지 불길한 징조인 것 같아서 선장에게는 얘기 안 했었다. 그 고양이에 대해 잊고 있다가 사우샘프턴에서 생각이 나서 들여다보니 그 고양이가 얹혀 있는 컨테이너는 사라지고 없었다. 그 컨테이너가 무엇을 싣고 어디로 가는지는 페가서스의 선장도 모른다. 나는 그 고양이에게 작별 인사도 못 했다. 페가서스에게는 작별 인사를 했지만 13만 톤의 배는 무심하기만 했다.

  이 배 안에 들어오려고 5년간 참 많이 애를 썼다. 나는 배에 관심이 많지만 배는 나에게 관심이 없었기 때문이다. 수많은 사람들에게 부탁하고, 거절당한 끝에 간신히 타게 된 것이 페가서스였다. 사우샘프턴에서 내리기 전날 선장이 나에게 물었다. "충분했는가?" 글쎄…. 하나의 기계를 한 달간 관찰한다. 과연 충분했는가? 하나의 컴퓨터를 한 달간 관찰하면 그것에 대한 모든 것을 다 알 수 있을까? 누가 나에게 윈도우라는 소프트웨어의 내부 구조에 대해 가르쳐준다면 몇 년이 걸려도 못 배울지 모른다. 배는 수도 없이 많은 기계들의 조합이다. 그 각각에 대해 아는 데만 몇 년이 걸릴 것이다. 배의 모든 기계들을 다 만져보는 데만 1년이 걸린다는 기관장의 말은 농담이 아닌 것 같다. CMA CGM 페가서스를 파악하는 데 한 달이란 시간이 충분했는가? 어떻게 보면 과도했다. 항공기 사고가 나면 하나의 부품 결함을 찾아내기 위해 몇 년의 조사가 필요한 것을 보면 기계를 파악한다는 것이 제한된 시간 안에 쉽게 되는 것은 아니라는 것을 알 수 있다. 나에게 페가서스에서의 한 달은 공학적으로는 아주 부족한 시간이다. 선박의 운항에 대해 배우고 그 기계적 구조에 대해 배우고 하려면 해양대학을 나오고 3등 항해사에서 시작해서 몇 년을 걸려서 차근차근 올라가야 한다. 한 달 만에 그 지식들을 다 배울 수는 없다. 하지만 페가서스에서의 한 달은 감각적으로 충분했다. 배에서 갈 수 있는 곳은 다 가봤고, 들어볼 수 있는 소리들은 다 들어봤고, 만날 수 있는 선원들은 다 만나봤으며 먹을 수 있는 음식도 다 먹어봤다. 그 한 달간 나는 페가서스를 탄 것이 아니라 페가서스라는 큰 고래의 뱃속에 들어갔다 나온 것이었다.

    페가서스를 타기 전 가장 궁금했던 것은 배라는 집의 속에서는 도대체 사람들이 어떻게 살아갈까 하는 것이었다. 그것은 프라하를 여행했을 때 너무나 아름다운 동화 속의 성처럼 생긴 집에서 따뜻한 불빛이 새어나올 때 도대체 저 아름다운 집에서는 어떤 사람이 어떤 음식을 먹으며 어떤 언어와 관습 속에 사는지 궁금했던 것과 비슷한 것이었다. 배라는 세계는 여행지 중에서도 좀 멀고 특수한 곳에 속한다. 이 여행의 동기는 결국 멀고 낯선 곳에 대한 동경이었던 것이다. 한 달간의 항해로 내가 얼마나 배 안으로 들어갔을까? 아니, 배는 얼마나 내 안으로 들어왔을까?

    얼핏 보면 우리는 배의 바깥에 살고 있는 것 같다. 뱃사람이 아닌 다음에야 매일같이 배를 타고 배에서 일하면서 사는 사람은 없기 때문이다. 도시인과 배는 서로 겹치지 않는 세계다. 우리는 전 지구적인 물질 순환의 세계에 살고 있다. 오늘날 우리가 쓰는 모든 물건은 다 어디선가 온 것들이다. 그 순환의 대부분은 배를 통해 이루어진다. 특히 중국은 오늘날 전 세계에서 가장 많은 물동량의 순환을 보이는 나라다. 중국 공산품들은 다롄, 톈진, 상하이, 샤먼 같은 항구에서 실려서 한국과 전 세계로 팔려나간다. 배가 없었다면 우리는 비싼 돈을 주고 한국산 물건들을 쓰고 있을 것이다.

우리가 배 안에 살고 있는가 하는 질문은 배가 우리 세계의 일부인가 하는 질문이다. 배는 분명히 우리 세계의 일부이긴 한데 보이지 않는 부분이다. 보통 사람은 아무도 화물선의 운항을 볼 수 없기 때문이다. 보통 사람은 항구에 들어갈 수도, 항로에 들어설 수도, 지나가는 화물선을 볼 수도 없다. 항만 시설의 보안 때문에 그렇기도 하고, 관심이 없어서이기도 하다. 그리하여, 항상 작용하는 중력이지만 눈에 보이지 않듯이 배는 항상 작동하고 있지만 눈에 보이지 않는다. 그러나 눈에 보이지 않는다고 해서 없는 것은 아니다. 우리가 넓은 세계를 보려면 작동하고 있으나 눈에 보이지 않는 것부터 탐색해야 할 것이다. 바이러스는 어떻게 병을 일으키는지, 자동차 엔진은 어떻게 꺼지지 않고 서울에서 부산까지 1분에 3000번 회전하면서 돌아가는지, 주민등록등본이라는 단순한 서류가 어떻게 신원을 확인해주는지 등 말이다. 그런 식으로, 배는 어떻게 오대양을 누비면서 힘든 항해를 하며 우리의 일상을 지탱하는지 지켜봐야 할 것이다. 그런 배 안으로 들어오기가 그렇게 힘들었다는 것은 우리가 우리 삶의 속 구조를 들여다보기가 힘들다는 말이다.

처음에 밝혔듯이 내가 기계비평가로서 초대형 컨테이너 선박인 페가서스를 타보기로 한 것은 모든 것이 철저히 자동화되고 디지털화된 오늘날의 항해에서 탐험의 판타지가 어떻게 변형되어 남아 있는지 알아보기 위해서였다. 그러나 나는 이 항해의 결론을 내릴 수 없다. 항해는 결코 끝나지 않을 것이므로 평론가가 그에 대해 몇 마디 말로 결론을 내린다는 것은 너무나 건방진 일이기 때문이다.

또한 내가 항해와 선박에 대해 아는 것이란 너무나 피상적인 것이기 때문에 '오늘날 항해와 선박의 의미는 이런 것이다'라고 결론을 내릴 수 있는 지식의 힘을 나는 가지고 있지 않다. 방랑하는 화란인처럼 언제 끝날지 모르는 항해를 계속해야 하는 모든 바다의 사람들께 항상 안전이 깃들기만을 바랄 뿐이다.

부록: 바다에서 만난 갖가지 배들

항해를 하다 보면 수많은 배들을 만난다. 동식물을 분류하여 계통을 세워보는 학문이 있듯이, 다양한 배들을 분류하는 지식의 체계가 있을 수 있겠다는 생각을 해봤다. 기능과 크기와 문화에 따라 참으로 다양한 배들을 만났다. 특이한 것들을 만나면 신에서 노루를 만났을 때처럼 반가웠다. 뭔가 다른 존재를 경험을 경험했을 때의 즐거움이다.

포트켈랑에서 만난 말레이시아의 전통적인 화물선. 완전히 목조로 돼 있다.

재화 중량 5000톤의 LPGd 운반선 가스 칼로게로스(Gas Kalogeros). LNG선은 많아도 LPG선은 그리 흔치 않다.

예인선 노블 스타(Noble Star)가 CMA CGM 아프리카 투(Africa Two)를 마중하러 나가고 있다. 보통 3000에서 4000마력 정도의 출력으로 수심만 보이 배를 끄는 예인선은 작지만 힘이 강한 존재다.

인도양에서 만난 팍 알카이드(Pac Alkaid)는 1344티이유의 자그마한 배다.

대우조선해양이 지은 재화 중량 10만 톤의 LNG선 알 사플리야(Al Safliya).

대우조선해양이 지은 1만 3000테이유의 컨테이너선 MSC 사보나(Savona).

홍콩 항에서 본 이름도 알 수 없는 피더선. 작은 컨테이너선이 입항료를 내지 않고 컨테이너를 내리기 위해 이런 피더선을 이용한다. 홍콩 항에서만 볼 수 있는 풍경이다.

홍콩항의 피더선

전 세계의 갠트리 트레인 시장을 90퍼센트 이상 점유하고 있는 중국 ZPMC 소속의 젠후아10(Zhen Hua 10). 이 배는 오로지 갠트리 크레인만을 나르기 위해 만들어졌다.

인터넷에서 찾은, 젠후아20(Zhen Hua 20)이 갠트리 크레인을 잔뜩 싣고 항구에 배달하기 위해 항해하는 모습. 위가 너무 커서 무척이나 위태로워 보이지만 무게중심이 맞은 상태라고 한다.

수에즈운하에 앵커를 내리고 있는 재화 중량 16만 톤의 원유 운반선 수잔기르드(Susangird). 건현이 낮은 이런 배는 해적의 습격에 취약하다.

수에즈운하 근방이 어느 이집트 도시에서 본 낡은 시골 어선. 이집트 특유의 형태인 것 같다.

수에즈운하의 북쪽 끝에 있는 포트사이드에서 배를 짓는 모습.

사우샘프턴 항 서쪽 독에 정박해 있는 자동차 운반선 피델리오(Fidelio).

사우샘프턴 항을 가로지르는 레드 퍼넬(Red Funnel) 사의 페리. 자동차를 2층 갑판에 싣는 것이 이채롭다.